DANÇANDO NAS RUAS

BARBARA EHRENREICH

DANÇANDO NAS RUAS
UMA HISTÓRIA DO ÊXTASE COLETIVO

Tradução de
JULIÁN FUKS

EDITORA RECORD
RIO DE JANEIRO • SÃO PAULO
2010

CIP-BRASIL. CATALOGAÇÃO-NA-FONTE
SINDICATO NACIONAL DOS EDITORES DE LIVROS, RJ

E82d
Ehrenreich, Barbara
   Dançando nas ruas / Barbara Ehrenreich; tradução Julián Fuks –
Rio de Janeiro: Record, 2010.

   Tradução de: Dancing in the streets
   ISBN 978-85-01-08218-3

   1. Festivais – História. 2. Festas religiosas – História.
   3. Comportamento de massa – História. 4. Felicidade – História.
   I. Título.

09-5056
                              CDD: 394.26
                              CDU: 394.2

Título original em inglês:
DANCING IN THE STREETS

Copyright © 2006 by Barbara Ehrenreich

Todos os direitos reservados. Proibida a reprodução, armazenamento ou transmissão de partes deste livro, através de quaisquer meios, sem prévia autorização por escrito. Proibida a venda desta edição em Portugal e resto da Europa.

Direitos exclusivos de publicação em língua portuguesa para o Brasil adquiridos pela
EDITORA RECORD LTDA.
Rua Argentina 171 – 20921-380   Rio de Janeiro, RJ – Tel.: 2585-2000
que se reserva a propriedade literária desta tradução

Impresso no Brasil

ISBN 978-85-01-08218-3

Seja um leitor preferencial Record.
Cadastre-se e receba informações sobre nossos lançamentos e nossas promoções.

EDITORA AFILIADA

Atendimento e venda direta ao leitor:
mdireto@record.com.br ou (21) 2585-2002

Para Anna e Clara — vocês sabem como se faz

Sumário

Introdução: Convite para dançar   9

1. As raízes arcaicas do êxtase   33
2. Civilização e retrocesso   59
3. Jesus e Dioniso   75
4. Das igrejas para as ruas: a criação do Carnaval   99
5. Matando o Carnaval: Reforma e repressão   121
6. Nota sobre puritanismo e reforma militar   147
7. Uma epidemia de melancolia   157
8. Armas contra tambores: o imperialismo enfrenta o êxtase   187
9. Espetáculos fascistas   219
10. A rebelião do rock   251
11. A carnavalização dos esportes   273

Conclusão: A possibilidade de um renascimento   299
Notas   317
Bibliografia   341
Agradecimentos   361
Índice   363

Introdução:
Convite para dançar

Quando os europeus empreenderam suas campanhas de conquista e exploração daqueles que lhes pareciam "novos" mundos, encontraram os nativos engajados em muitas atividades estranhas e lúgubres. Atos de canibalismo foram relatados, embora raras vezes documentados de maneira convincente, assim como sacrifícios humanos, mutilações, pintura do corpo e do rosto e práticas sexuais abertas. Igualmente estranha às sensibilidades europeias era a prática quase ubíqua de rituais extáticos em que os nativos se reuniam para dançar e cantar até a exaustão, ou mesmo, às vezes, até o transe. Onde quer que fossem — entre os grupos de caçadores da Austrália, horticultores da Polinésia, povoados da Índia — homens e, ocasionalmente, mulheres brancas testemunhavam esses ritos chocantes com tanta frequência que lhes parecia haver, entre "as presentes sociedades de homens selvagens (...), uma extraordinária uniformidade, a despeito das muitas variações locais, em termos de ritual e mitologia".[1] A ideia europeia do "selvagem" pôs em foco a imagem de corpos pintados e bizarramente fantasiados, batucando e dançando absortos à luz das fogueiras.

O que viram de fato? Cada ritual podia parecer muito distinto para diferentes observadores. Quando chegou ao Taiti, no final do século XVIII, o capitão Cook assistiu a grupos de garotas fazendo "uma dança muito indecente que chamavam de Timorodee, cantando as músicas mais indecentes possíveis e realizando os atos mais indecentes (...) Faziam isso mantendo o ritmo com grande precisão".[2] Cerca de 60 anos depois, Herman Melville considerou o mesmo ritual, nesse momento chamado de "Lory-Lory" e talvez modificado em outros aspectos, repleto de charme sensual.

> Em seguida, sublevando um estranho canto, elas começavam a se agitar com suavidade, gradualmente acelerando o movimento até que, afinal, por alguns apaixonados momentos, com os seios pulsantes e as bochechas incandescentes, entregavam-se a todo o espírito da dança, aparentemente esquecidas de tudo o que as rodeava. Mas logo se acalmavam e voltavam ao mesmo estado lânguido de antes, os olhos nadando em suas cabeças, juntas em um coro selvagem, e se entregavam aos braços umas das outras.[3]

Como o capitão Cook, Charles Darwin sentiu repulsa pelo rito *corroborree* dos australianos do oeste, reportando que

> a dança consistia numa corrida lado a lado ou em fila indiana por um espaço aberto, pisando o chão com grande estrépito à medida que marchavam juntas. As pesadas pegadas eram acompanhadas por algo como um grunhido, pela batida dos paus e das lanças ao mesmo tempo e por muitos outros gestos, como estender os braços e serpentear o corpo. Era uma cena rude, bárbara e, para as nossas ideias, sem qualquer tipo de significado.[4]

Para os antropólogos Baldwin Spencer e Frank Gillen, no entanto, um rito aborígine similar foi muito mais atrativo, talvez até sedutor: "A fumaça, as tochas ardentes, a chuva de faíscas caindo em todas as direções e a massa de homens dançando e gritando compunham uma cena selvagem sobre a qual é impossível verter qualquer ideia em palavras."[5] Foi essa descrição do *corroborree* que alimentou a noção do grande sociólogo francês Emile Durkheim de *efervescência coletiva*: a paixão ou o êxtase induzidos ritualmente cimentam os laços sociais e, como ele propunha, constituem a principal base da religião.

Por meio do estabelecimento da escravidão, americanos e europeus tiveram a oportunidade de observar de perto os próprios "nativos" cativos, que também forneceram relatos variados e contraditórios sobre os rituais extáticos dos africanos transplantados. Muitos brancos da classe detentora de escravos viam tais práticas como "barulhentas, brutas, ímpias e, simplesmente, devassas",[6] e adotavam medidas severas para suprimi-las. No século XIX, o ausente dono de uma *plantation* jamaicana flagrou seus escravos realizando uma dança *myal*, provavelmente derivada de um rito de iniciação do povo Azande, da África, e descreveu-os como engajados em "uma grande variedade de ações grotescas, o tempo todo entoando algo entre uma canção e um uivo".[7] De maneira similar, um inglês que visitava Trinidad, em 1845, relatou com desgosto que

> na véspera de Natal, era como se, sob o disfarce da religião, todo pandemônio tivesse sido liberado (...). A bebedeira se impunha em gritos e bacanais orgiásticos eram universais entre os negros (...). Dormir estava fora de questão, em meio àquela nojenta e satânica saturnal (...). Os músicos eram atendidos por uma multidão de bêbados de ambos os sexos, sendo as mulheres das classes mais baixas; e todos dançando, gritando e batendo as mãos, como vários demônios. Tudo isso era o efeito da "missa da meia-noite", terminando, assim como todas essas missas, em todo tipo de depravação.[8]

Outros observadores brancos, contudo, às vezes se surpreendiam ao se verem atraídos pelo poder peculiar de tais rituais e festividades derivados da África. Viajando em meados do século XIX, Frederick Law Olmsted compareceu a uma missa cristã de negros, em Nova Orleans, e foi arrebatado pelos "gritos e suspiros, gargalhadas impressionantes e expressões indescritíveis de êxtase — de prazer ou agonia", até o ponto que percebeu seu próprio rosto "incandescendo" e seus pés batendo no chão, como se ele tivesse sido "infectado inconscientemente".⁹ Clinton Furness, um viajante da Carolina do Sul, nos anos 1920, reportou uma experiência similar enquanto assistia a uma *ring-shout* afro-americana, uma forma dançada de adoração religiosa.

> Vários homens moviam seus pés de maneira alternada, numa estranha síncope. Um ritmo nascia, quase sem referência em relação às palavras do pregador. Parecia acontecer quase visivelmente, e crescer. Vi-me apanhado por um sentimento de inteligência de massa, uma entidade autoconsciente, gradualmente informando a multidão e tomando posse de todas as mentes presentes, inclusive a minha própria (...). Senti como se algum plano ou propósito consciente estivesse nos carregando, chame-o de mente coletiva, composição comunal ou do que quiser.¹⁰

De modo geral, entretanto, observadores brancos viam os rituais extáticos das pessoas de pele escura com horror e repugnância. *Grotesco* é uma palavra que aparece repetidas vezes em relatos europeus de tais acontecimentos; *horrível* é outra. Henri Junod, um missionário suíço do século XIX em meio ao povo Ba-Ronga no sul de Moçambique, reclamou do "estrondo assustador" e do "clamor infernal" dos tambores.¹¹ Outros missionários católicos, ao ouvirem a batucada africana anunciando a atividade ritual, sentiram que era seu dever impedir a "prática diabólica".[12] Ainda no século XX, o som dos tambores foi suficiente para assustar o viajante branco, sugestivo como era de um mundo alheio à compreensão humana. "Nunca ouvi um som mais sinistro", escreveu um inglês que visitava a África do Sul no romance *Prester John*, de 1910. "Não parecia nem humano nem animal, mas a voz daquele mundo escondido da vista e da audição do homem."[13] Na introdução de seu livro de 1926 sobre danças tribais, o escritor W. D. Hambly implorava aos leitores por um pouco de compreensão em relação a seu tema.

> O estudante de dança e música primitiva terá de cultivar o hábito de manter a mente aberta ao considerar as ações de raças atrasadas (...). Música e dança desempenhadas de modo selvagem à luz das fogueiras numa floresta tropical não raras vezes provocaram a censura e a repulsa de visitantes europeus, que consideraram apenas o que é grotesco ou sensual.[14]

Ou, em muitos casos, podem ter escolhido não ver nada: quando a intrépida entomologista Evelyn Cheeseman perambulou pela Nova Guiné em busca de novas espécies de insetos no começo dos anos 1930, não mostrou a menor curiosidade em relação às muitas "áreas de dança" pelas quais passou. Em uma vila, pediram a ela e a seus carregadores que se retirassem porque naquela noite haveria uma festa com dança, cujo testemunho era *tambu*, ou proibido, aos forasteiros. Cheeseman ficou zangada por essa alteração em seus planos, mas confortou-se ao pensar que "é bastante conhecido o fato de que não é particularmente desejável parar em uma vila estranha quando os nativos estão se preparando para seu habitual frenesi de adoração ao diabo".[15]

Singularmente perturbador para observadores brancos era o ocasional clímax do ritual extático, no qual alguns ou todos os participantes, depois de danças e cantorias prolongadas, entram no que agora poderíamos chamar de "estado alterado de consciência", ou transe. As pessoas tomadas pelo transe podem falar com vozes ou linguagens estranhas, demonstrar indiferença à dor, contorcer os corpos de maneira aparentemente impossível na vida normal, espumar pela boca, ter visões, acreditar que estão possuídas por um espírito ou Deus e por fim colapsar.*

Um missionário nas ilhas Fiji descreveu o estado de transe como uma "visão horrível",[16] mas algo que nem sempre era possível ao viajante evitar ver. Em 1963, em seu levantamento de literatura etnográfica, a antropóloga Erika Bourguignon descobriu que 92% das pequenas sociedades pesquisadas encorajavam algum tipo de transe religioso, na maior parte das vezes por meio de rituais grupais extáticos.[17] Entre os muitos relatórios de comportamento de transe em povos "primitivos", o acadêmico alemão do início do século passado, T. K. Oesterreich, apresenta este, de um visitante branco na Polinésia:

> No suposto instante em que o deus teria sido incorporado pelo sacerdote, este ficou violentamente agitado até chegar ao mais extremo furor, os músculos dos membros pareciam convulsionar, o corpo inchava, o semblante tornava-se medonho, as feições distorcidas, os olhos frenéticos e tensos. Nesse estado, com frequência, ele rolava pelo chão espumando pela boca.[18]

---

*O antropólogo Vincent Crapanzano define *transe* como "uma dissociação completa ou parcial, caracterizada por mudanças em funções como a identidade, a memória, as modalidades sensoriais e o pensamento. Pode envolver a perda de controle voluntário sobre o movimento e ser acompanhado por alucinações e visões."(*The Hamadsha*, p. 195)

Ao menos a promiscuidade sexual era compreensível para a mente europeia; mesmo o sacrifício humano e o canibalismo encontram ecos no rito cristão. Mas, como escreve o antropólogo Michael Taussig, "é a habilidade de ser *possuído* (...) que representa para os europeus uma alteridade apavorante, se não uma selvageria manifesta".[19] O transe era aquilo a que muitos daqueles rituais pareciam conduzir, e para os europeus representava o verdadeiro coração das trevas — um lugar além do próprio ser humano.

Ou, o que é pior, um lugar *inserido* no ser humano. Em *O coração das trevas*, o narrador de Joseph Conrad observa um ritual africano e reflete que

> era algo sobrenatural, e os homens eram — Não, eles não eram desumanos. Bom, você sabe, isso era o pior — essa suspeita de que eles não eram desumanos. Algo que sobrevinha aos poucos. Eles uivavam e saltavam, e giravam, e faziam caras horrendas; mas o que impressionava era apenas pensar na humanidade deles — como a sua — pensar em seu remoto parentesco com esse alvoroço selvagem e apaixonado. Feio. Sim, era bastante feio; mas, se você fosse homem o bastante, admitiria para si mesmo que havia em você ao menos o mais tênue traço de resposta à terrível franqueza daquele barulho, uma vaga suspeita de que eles significam algo que você — tão remoto à noite das primeiras eras — podia compreender. E por que não? A mente do homem é capaz de tudo.[20]

Para os europeus, havia uma explicação óbvia para as práticas extáticas dos povos nativos ao redor do mundo. Uma vez que esses comportamentos estranhos podiam ser encontrados em culturas "primitivas" em quase qualquer parte, e como eles nunca tinham a indulgência dos "civilizados", seguia-se que deviam resultar de algum defeito fundamental da "mente selvagem". Ela era menos estável do que a mente civilizada, mais infantil, "plástica" e vulnerável à influência irracional ou à "autossugestão".[21] Em algumas instâncias, a mente selvagem era descrita como "fora de controle" e carecendo da disciplina e da contenção que europeus do século XVII e posteriores vieram a ver como suas próprias características definitivas. Em outras análises, o selvagem talvez estivesse excessivamente *sob* controle — de seu "bruxo mestre" — ou fosse vítima de uma "psicologia de massas".[22] O cientista político norte-americano Frederick Morgan Davenport chegou a propor uma explicação anatômica para o comportamento bizarro dos primitivos: eles tinham apenas um "gânglio espinhal" para processar sinais sensoriais entrantes e convertê-los em respostas musculares, enquanto a mente civilizada tinha, é claro, todo um cérebro para avaliar as informações recebidas e calcular as respostas do corpo.[23] Por isso a suscetibilidade do selvagem à música incisiva e às imagens visuais dos rituais de sua cultura religiosa — o que era lamentável, uma vez que "a última coisa de que o negro supersticioso e impulsivo precisa é desse rebuliço de emoções".[24]

Porém, se pensavam a respeito, muitos europeus devem ter percebido que o êxtase grupal tão comum entre "nativos" tinha certos paralelos dentro da própria Europa. Por exemplo: missionários católicos que partissem da França depois de 1730 ouviriam falar do culto herético "convulsionário" parisiense, cujo estilo costumeiro de adoração apresentava cenas tão desvairadas quanto qualquer coisa que pudesse ser vista entre os "selvagens".

> Enquanto a companhia reunida redobrava seus pregadores e coletivamente chegava a extremos de entusiasmo religioso, ao menos um de seus membros de repente se deixava tomar por uma atividade motora descontrolada (...). Eles se debatiam no chão num

estado de frenesi, gritando, rugindo, tremendo e se contraindo (...) Os movimentos de excitação e desordem, que podiam durar por várias horas, em geral se mostravam bastante contagiosos, certos convulsionários aparentemente serviam como catalisadores para o estímulo de várias agitações corporais em outros.[25]

Pesquisadores posteriores de comportamentos extáticos "primitivos", como T. K. Oesterreich, reconheceram um mais mundano análogo europeu aos ritos desconcertantes dos "selvagens" no Carnaval, momento em que pessoas consideradas sóbrias se fantasiavam, bebiam em excesso, dançavam pela noite, enfim, subvertiam o sossego regular e a ordem cristã. "Deve-se admitir", escreveu, "que pessoas civilizadas mostram um alto grau de autossugestibilidade em certas circunstâncias. Como exemplo, podemos citar a peculiar intoxicação física da qual em certos lugares (como Munique e Colônia) grande parte da população se torna vítima em determinado dia do ano (Carnaval)."[26] Críticos das festividades tradicionais europeias, às vezes, se valiam disso em favor de seus argumentos, imaginando um encontro colonial às avessas, com o registro do choque dos "selvagens" com relação ao comportamento dos frequentadores europeus do Carnaval. Em 1805, por exemplo, um fundador da Sociedade Bíblica da Basileia publicou uma brochura intitulada *Conversa de um hotentote convertido com um cristão europeu durante o Carnaval*, em que o "hotentote" conclui que a Basileia está parcialmente habitada por "bárbaros pagãos não convertidos". No final do século XIX, um panfleto similar apresentava um "hindu convertido" que confidenciava que os feitos tresloucados das festividades *Fastnacht* da Basileia faziam-no lembrar das "festas e danças de idolatria de meus conterrâneos que permanecem pagãos".[27]

Foi entre os que eram inferiores a eles em termos sociais, contudo, que os europeus encontraram um análogo imediato ao "selvagem" estrangeiro. No século XVIII, a antropóloga Ann Stoler escreve que "fortes paralelos foram traçados entre as vidas imorais da classe baixa britânica, dos camponeses irlandeses e dos africanos 'primitivos'".[28] Os ingleses também viam similaridades entre suas próprias classes baixas e os americanos nativos: "Há na Grã-Bretanha pessoas semelhantes a quaisquer selvagens que você possa me mostrar de lá."[29] Em meados do século XIX, um visitante da Borgonha rural, na França, ofereceu a cáustica observação de que "não é preciso ir à América para ver selvagens".[30] E quem eram essas pessoas cujas folias desordenavam cidades inteiras durante carnavais na Alemanha, França, Inglaterra e Espanha? Ao longo dos séculos XVIII e XIX, eram, em sua maioria, camponeses e pobres dos centros urbanos. As pessoas ditas respeitáveis faziam o máximo que podiam para não sair de casa durante esses tempos perigosamente licenciosos.

Assim, quando o fenômeno do êxtase coletivo entrou na mente colonialista europeia, estava maculado por sentimentos de hostilidade, desprezo e medo. O êxtase grupal era algo que "outros" experimentavam — selvagens ou europeus de classe baixa. De fato, a capacidade para o abandono, para a perda de si nos ritmos e nas emoções do grupo, era uma característica definitiva do "selvagem" ou da alteridade em geral, assinalando alguma fatal fraqueza da mente. Como testemunhas horrorizadas desse ritual extático, os europeus devem ter aprendido muito pouco sobre os povos que visitaram (e com frequência destruíram nesse processo) — suas deidades e tradições, suas culturas e visões de mundo. Mas aprenderam, sim, ou construíram pela imaginação, algo crucial e central sobre si mesmos: que a essência da mente ocidental, em particular da mente ocidental masculina e de classe alta, era a habilidade para resistir ao contagioso ritmo dos tambores, para se amurar em uma fortaleza de ego e racionalidade contra a sedutora selvageria do mundo.

A ciência confronta o extático

Com o advento das ciências sociais, especialmente da antropologia dos anos 1930, os ocidentais começaram a entender as práticas extáticas de não ocidentais com uma mente notadamente mais aberta. Palavras como *selvagem* e *primitivo* foram dispensadas do vocabulário etnográfico, assim como a noção de que as pessoas que haviam recebido esses rótulos representavam uma forma menos evoluída de *Homo sapiens*. A ciência médica não pôde encontrar qualquer diferença no cérebro dos que antes eram chamados de primitivos que explicasse seu comportamento; colonialistas necessariamente observaram que os "selvagens" de ontem podiam ser os lojistas, soldados ou serventes de hoje. À medida que a humanidade começou a parecer mais uma família de potenciais iguais, os ocidentais tiveram que admitir que o comportamento extático encontrado em culturas tradicionais não era o emblema da "alteridade" selvagem, mas a expressão de uma capacidade que deve existir, para o bem ou para o mal, em todos nós.

Nos anos 1930, os antropólogos haviam começado a pensar os rituais de sociedades pequenas como *funcionais*, ou seja, em algum sentido, racionais. Humanos são animais sociais, e rituais, sejam eles extáticos ou não, podiam ser uma expressão dessa sociabilidade, uma maneira de renovar os laços que mantinham a comunidade unida. Na antropologia funcionalista, que chegou à plenitude nos anos 1940 e 1950, muitas das atividades dos povos nativos que antes pareciam bizarras foram explicadas da seguinte maneira: eram mecanismos para alcançar coesão e gerar sentimentos de unidade. Os norte-americanos tentavam conseguir a mesma coisa por meio de rituais patrióticos e religiosos; os "nativos" simplesmente tinham uma abordagem diferente.

No entanto, até os dias de hoje, mesmo o mais científico e compreensivo entre os observadores tende a ver os rituais extáticos de culturas não ocidentais com profundos receios, isso quando de fato escolhe vê-los. Um certo desgosto pelos procedimentos infecta a descrição, de 1973, do antropólogo Vincent Crapanzano sobre os ritos extáticos conduzidos pelas irmandades Hamadsha do Marrocos. "O rufar dos tambores, a essa altura, começava a exercer um efeito emburrecedor sobre mim", relatou, "e a música da *ghita*, um efeito de irritação (...). O cheiro de todos os corpos quentes, lado a lado, suando, era sufocante."[31]

Ou então vale considerar um silêncio curioso no famoso estudo sobre o processo ritual, do antropólogo Victor Turner. Talvez mais do que qualquer outro antropólogo de meados do século XX, ele reconheceu o êxtase coletivo como uma capacidade universal e enxergou-o como uma expressão do que chamou de *communitas*, isto é, em poucas palavras, o amor espontâneo e a solidariedade que podem surgir numa comunidade de iguais. Em sua obra, Turner confessou um inicial "preconceito contra o ritual" e a tendência de não levar em conta "o rufar dos tambores rituais".[32] Propondo-se a corrigir essa omissão, lançou um estudo detalhado sobre o culto ritual Isoma, do povo Ndembu, apresentando-o ao leitor como sendo composto por três partes. As duas primeiras, que envolvem a manipulação de objetos simbólicos, são descritas com grande detalhamento e submetidas a uma rigorosa análise estrutural. Mas a terceira e última fase, a Ku-tumbuka ou "dança festiva", que podemos imaginar como o clímax de todo o acontecimento, nunca mais é mencionada. Ao que parece, Turner decidiu pular essa parte.*

As teorias de Turner já receberam bastante crédito por terem dado ao comportamento de grupo extático — assim como para o meramente espontâneo e indisciplinado — um lugar legítimo na antropologia. Mas, na verdade, foi um lugar marginal e secundário que ele ofereceu. Para Turner, o fator central de uma cultura era sua *estrutura*, ou seja, suas hierarquias e regras. A função do ritual extático, propunha, era impedir que a estrutura se tornasse exageradamente rígida e instável ao proporcionar um alívio ocasional na forma de festas e excitações coletivas. Alívio apenas *ocasional*. As vibrações da *communitas* tinham de ser muito "restritas", ou marginais, no esquema de Turner; senão, poderia haver um colapso social, "rapidamente seguido por despotismo".[33] Por isso a irritação com os hippies de sua própria cultura, a norte-americana dos anos 1960, que, em sua descrição, usavam "drogas para 'expansão da mente', 'rock' e luzes brilhantes (...) para estabelecer uma 'comunhão' total uns com os outros", e imaginavam que "o êxtase e a *communitas* espontânea" podiam ser prolongados a uma condição de rotina.[34] Essa "fantasia edênica" parecia de todo irresponsável para Turner, que — aparentemente sem notar que muitos desses hippies estavam envolvidos em agricultura de subsistência e em outros empreendimentos produtivos — lembrava a seu leitor que

---

*Numa conferência sobre ritual e festividades na Bowling Green State University, em 2003, o antropólogo ganense Klevor Abo apresentou um trabalho fascinante sobre o festival Hogbetsotso, do povo Anlo-Ewe, focando em como os elementos do ritual recriavam acontecimentos históricos. Quando perguntei, na discussão que se seguiu à apresentação, se havia música e dança envolvidas, seus olhos brilharam e ele disse que essa era sua parte favorita. Prosseguiu e apresentou brevemente a dança que acompanhava o ritual — que, por alguma razão, não havia lhe parecido importante o bastante para que fosse mencionada em sua apresentação formal.

é necessário se preocupar com "o suprimento das necessidades básicas, como comida, bebida e vestimenta". Fazendo eco à tendência convencional da cultura ocidental ao individualismo, ele acrescentava que é uma boa ideia manter certo "mistério acerca da distância mútua" entre indivíduos.[35]

Outros antropólogos recorreram à psicologia para explicar os rituais extravagantes dos povos não ocidentais. Onde antes viajantes europeus e americanos tinham visto selvageria, eles agora viam doenças mentais, talvez até originadas por questões de nutrição; Crapanzano ponderava se o êxtase dos Hamadsha podia ser decorrência de uma deficiência de cálcio.[36] O diagnóstico mais frequente era *histeria*, um termo inventado para descrever os sintomas neuróticos de mulheres da classe média-alta vienense da virada do século, mas agora aplicado com displicência aos aldeões haitianos, aos camponeses do Sri Lanka e a quaisquer outras pessoas cujo comportamento desafiasse a análise racional. Alfred Métraux, renomado etnógrafo da tradição extática haitiana do vodou, ou vudu, pensou que "os sintomas da fase de abertura do transe são claramente psicopatológicos. Conformam-se exatamente, em suas características principais, à descrição clínica da histeria".[37] Em um livro de 1981, sobre o êxtase feminino no Sri Lanka, outro antropólogo julgou que "muitas dessas mulheres são, num sentido puramente clínico, histéricas".[38]

Com maneiras muito básicas, a psicologia era inadequada para sustentar o peso que os antropólogos tentaram colocar em suas costas. A nova ciência pretendia chegar a uma teoria universal das emoções e das personalidades humanas, mas suas teorias derivavam inteiramente de estudos sobre as várias compulsões, fobias, manias e "neurastenias" que afligiam ocidentais afluentes e urbanos — distúrbios que pareciam não ter contrapartida entre os "primitivos" em suas terras natais.[39] Não apenas a ciência da psicologia era limitada estritamente a uma cultura como sua ênfase em patologias obstruía em grande medida qualquer estudo cauteloso das emoções mais relacionadas ao prazer, incluindo o tipo de alegria — crescendo até o êxtase — que era o emblema de tantos rituais e celebrações "nativos". Na linguagem psicológica das *necessidades* e *pulsões*, as pessoas não podem livre e afirmativamente buscar o prazer; em vez disso, são "impulsionadas" por desejos que se assemelham à dor. Até os dias de hoje, e sem dúvida por boas razões, o sofrimento continua sendo a preocupação quase exclusiva da psicologia profissional. Periódicos desse campo publicaram, nos últimos 30 anos, 45 mil artigos sobre depressão, mas apenas 400 sobre "alegria".[40]

Havia uma forma de prazer que interessava muito aos psicólogos, de Sigmund Freud em diante, que era o prazer sexual. Se as festividades e os rituais extáticos dos "primitivos" culminassem rotineiramente em atos sexuais, fossem eles públicos ou privados, a psicologia poderia ter se sentido mais à vontade para falar sobre eles. A música, a excitação, os corpos amontoados poderiam então ser entendidos como afrodisíacos, permitindo às pessoas que se liberassem de suas repressões normais. Essa é, de qualquer modo, a maneira como muitos ocidentais de fato escolheram interpretar os rituais que observaram — como indecentes, devassos e sexuais em seus propósitos.

Alguns rituais extáticos realmente incluíam atos sexuais — em geral pantomimados — ou ao menos terminavam com casais se desgarrando juntos pela noite. No *corroborree* australiano, por exemplo, às vezes se realizavam atos sexuais de um tipo deliberadamente "incestuoso", isto é, envolvendo homens e mulheres da mesma subunidade tribal, o que costuma ser um tabu. No entanto, mesmo nesse caso, o sexo era apenas uma parte dos procedimentos, não seu grande clímax, por assim dizer. Com maior frequência, rituais extáticos eram acontecimentos inocentes, envolvendo mulheres e homens de todas as idades, seguindo roteiros cuidadosos e cumprindo uma função que talvez seja melhor descrita como "religiosa". A perda de si a que os participantes aspiravam no ritual extático não era por meio de uma fusão física com outra pessoa, mas sim de uma fusão espiritual com o grupo.

O êxtase sexual em geral se erige entre díades, grupos de dois, enquanto o êxtase ritual dos "primitivos" emergia em grupos normalmente constituídos por 30 participantes ou mais. Graças à psicologia e às preocupações psicológicas da cultura ocidental como um todo, temos um vasto vocabulário para descrever as emoções que conduzem uma pessoa a outra — da mais fugaz atração sexual ao amor que dissolve o ego, diretamente até a força destrutiva da obsessão. Carecemos é de uma maneira de descrever e entender o "amor" que pode existir entre dezenas de pessoas ao mesmo tempo, e é esse o tipo de amor que se expressa no ritual extático. Tanto a noção de Durkheim de *efervescência coletiva* quanto a ideia de Turner de *communitas* buscam, cada uma a seu modo, uma concepção de amor que sirva para entrelaçar as pessoas em grupos com mais de dois. Mas, se a atração homossexual é o amor "cujo nome não se ousa falar", o amor que liga as pessoas ao coletivo é aquele que não tem qualquer nome. *Communitas* e *efervescência coletiva* descrevem aspectos ou momentos de excitação coletiva; não há palavra para o amor — ou força, ou necessidade — que leva indivíduos a procurarem uma fusão extática com o grupo.

Freud, o patriarca da psicologia ocidental, estava despreparado ou não tinha intenção de colocar luz sobre o assunto. É duvidoso se ele alguma vez testemunhou, e muito menos experimentou, qualquer coisa parecida com o êxtase coletivo. Ele tinha conhecimento sobre a tradição europeia do Carnaval, por exemplo, mas a encarava com os usuais preconceitos de sua classe. Numa carta para sua noiva, Martha Bernays, ele concordava com ela que o comportamento dos foliões de classe baixa na feira da cidade de Wandsbeck não era "nem agradável, nem edificante", ainda mais quando comparado com os prazeres mais aceitáveis e burgueses de "uma hora de conversa de alguém aninhado com seu amor" ou "a leitura de um livro".[41] Em sua obra ele também não pôde ver nada edificante nas emoções que ligavam as pessoas em grupos, ou, como ele colocou, em multidões. Como escreveu o sociólogo Charles Lindholm, Freud estava tomado demais pela "expansiva e intoxicante perda de si" que acompanha o amor entre dois indivíduos, enquanto "em seu discurso sobre o grupo a ênfase recai sobre a culpa, a ansiedade e a agressão reprimida".[42] O que as pessoas encontram na multidão, Freud opinava, era a chance de se submeter a um líder que interpretasse o papel edipiano de "pai primitivo" — um "bruxo mestre"; presumivelmente, um demagogo.

No esquema de Freud das afinidades humanas, havia apenas um tipo de amor: o diádico, o amor erótico entre um indivíduo e outro. Esse é o problema que ele levanta em *O mal-estar na civilização*: "a antítese entre civilização e sexualidade [deriva] da circunstância de que o amor sexual é uma relação entre indivíduos na qual um terceiro só pode ser supérfluo ou perturbador, enquanto a civilização se funda em relações entre um considerável número de indivíduos."[43] Infelizmente para a civilização, Freud não podia imaginar um amor que interligasse grupos de pessoas tão numerosos. Eros, ele disse, podia unir as pessoas duas a duas, mas "não está disposto a ir além disso". Por isso a excitação em grupo só podia derivar do amor diádico dos indivíduos pelo líder do grupo; esqueça-se o fato de que os grupos extáticos do tipo observado em rituais "primitivos" muitas vezes não tinham qualquer líder ou figura central.

Mas a psicologia ocidental também era incapaz de compreender o fenômeno do êxtase coletivo num sentido filosófico mais profundo. A psicologia, quase que por definição, foca sua atenção no indivíduo; suas terapias pretendem proteger tal indivíduo da força das emoções irracionais ou reprimidas. Mas o *indivíduo* é em si um conceito paroquial, muito mais significativo em Cambridge ou na Viena do início do século XX do que em distantes postos avançados do colonialismo europeu do século XIX. Como observam Luh Ketut Suryani e Gordon Jensen, etnógrafos do ritual extático balinês, "o sentido de ter a si mesmo sob controle é proeminente e bastante valorizado na personalidade e no pensamento ocidentais. Esse traço não é característico dos balineses, cujas vidas têm como ponto central o controle exercido pelas famílias, pelos ancestrais e pelo sobrenatural".[44]

Para a mente ocidental adoradora do "indivíduo", qualquer forma de perda de si — a não ser a associada ao amor romântico — só pode ser patológica. E é desse modo que a psicologia moderna vem tendendo a classificá-la. O *Manual diagnóstico e estatístico de transtornos mentais* (em sua quarta edição), ou *DSM-IV*, o guia psiquiátrico básico para distúrbios mentais, lista algo chamado *transtorno de despersonalização*, que envolve um sentimento de estar "desligado do corpo e de seus processos mentais, como se o sujeito fosse um observador externo de si".[45] Como Lindholm comenta, o modelo psicológico para entender o êxtase coletivo "está fortemente carregado de valor. Presume que o desejo de perda de si deve ser *necessariamente* resultado de pulsões antissociais e regressivas do id".[46] Os que dançam, praticantes entusiasmados do ritual extático, podem pensar que estão em comunhão com as deidades, construindo solidariedade comunitária, ou mesmo desempenhando atos de cura. Mas aos olhos da psicologia ocidental, estão apenas manifestando os sintomas de sua doença.

Seria possível esperar que a sociologia, que ordinariamente lida com grupos maiores do que dois, tivesse algumas elucidações a oferecer sobre o fenômeno do êxtase coletivo. No entanto, onde a psicologia encontrou apenas doença e irracionalidade, a sociologia tendeu, mesmo nas últimas décadas, a ir longe demais na outra direção, interpretando o comportamento de grupo como um acontecimento de todo racional e marcado pelo autointeresse de cada participante. As estatísticas de artigos sociológicos sobre comportamento de grupo, publicados desde os anos 1960, mostram um foco quase exclusivo em questões relativamente insípidas, como "a estrutura do grupo, (...) seu padrão de recrutamento, a ideologia e suas contradições, os mecanismos utilizados para estimular o comprometimento, a manutenção e a evolução do grupo em determinado contexto social".[47] Como resultado, de acordo com Lindholm, não alcançamos a sensação da "excitação de participar de um grupo extático". Outro sociólogo que diverge da visão convencional, John Lofland, perguntou aos colegas acadêmicos no início dos anos 1980: "Quem agora fala seriamente sobre 'massas extáticas', 'epidemias sociais', 'febres', 'histerias religiosas', 'entusiasmos apaixonados', 'danças frenéticas e desarranjadas'?"[48]

Técnicas de êxtase

Esta é a minha missão neste livro: falar, com seriedade, sobre a amplamente ignorada e talvez incomunicável vibração do grupo, deliberadamente unido na alegria e na exaltação. Nem toda forma "irracional" de comportamento de grupo será considerada aqui; pânicos, demências, modas e atividades espontâneas da "turba" não estão sob nossa jurisdição. Linchamentos — ou, de modo geral, tumultos — podem gerar excitação intensa e prazer em seus participantes, mas o foco aqui é nos tipos de acontecimento testemunhados pelos europeus em sociedades "primitivas" e evocados na tradição europeia do Carnaval. Não eram eclosões de "histeria", como os europeus imaginaram, e tampouco ocasiões para a suspensão de todas as inibições para o "deixar-se levar". O comportamento que parecia tão "selvagem" e incivilizado para os observadores ocidentais era, na verdade, planejado de maneira deliberada, organizado e sempre sujeito a regras e expectativas culturais.

Quando ocidentais de gerações posteriores estudaram rituais indígenas de uma maneira relativamente menos sujeita ao julgamento, aprenderam que tais rituais e festividades estavam longe de ser espontâneos no que diz respeito ao momento em que eram realizados, por exemplo. A ocasião pode ter uma mudança sazonal, pode estar sujeita ao calendário, pode ser a iniciação de jovens, um casamento, um funeral, uma coroação — em outras palavras, algo que podia ser previsto semanas ou meses antes e para o qual era possível se preparar com cuidado. Comidas apropriadas eram amealhadas e preparadas com antecipação; fantasias e máscaras, manufaturadas; músicas e danças, ensaiadas. Eram esforços de grupo, resultado de um planejamento cauteloso e sóbrio.

Além disso, mesmo no ápice do suposto frenesi, as expectativas culturais guiavam o comportamento, determinando os papéis especiais das pessoas de cada sexo e das diferentes idades, e indo longe o bastante a ponto de regular a mais "desvairada" das experiências: o transe. Em alguns cenários festivos — ou seja, naqueles que podem ser interpretados como relativamente seculares ou recreativos — o transe não ocorre e não é esperado. Em outros, como certos ritos do oeste da África derivados da religião ou em rituais de cura !Kung, a chegada ao transe é bem recebida, como uma marca do estado espiritual, e buscada com grande disciplina e concentração. Cada ritual extático, como aprenderam os etnógrafos que seguiram os colonizadores, era específico da sua própria cultura, dotado de diferentes significados para os participantes e moldado pela criatividade e pelo intelecto humano.

Apesar das variações locais, há algumas características comuns, ou pelo menos ingredientes comuns, que podem ser encontradas em rituais extáticos e festividades por todo o mundo e em todas as eras. Como observou Turner, "cada tipo de ritual, cerimônia ou festival está ligado a tipos especiais de vestimenta, música, dança, comida, bebida (...) e, muitas vezes, máscaras, pintura facial, acessórios e relicários".[49] Esses elementos de rituais extáticos e festividades — música, dança, comida, bebida ou a indulgência em relação a outras drogas de alteração da mente, fantasias e/ou várias formas de autoadorno, como pintura do rosto e do corpo — parecem ser universais.*

Outros ingredientes comuns, mas não universais, peculiares a eventos mais longos e elaborados, são as procissões e os rituais religiosos envolvendo a manipulação de objetos sagrados, as competições atléticas e outras, as performances dramáticas e a comédia, em geral satírica.[50] Mas os elementos centrais são, mais uma vez, a dança, o banquete e a decoração artística de faces e corpos.

Darwin não pôde encontrar qualquer "significado" para os ritos aborígines que testemunhou, e o significado é de fato algo difí-

---

*Outro antropólogo afirma: "O vocabulário da festividade é a linguagem das experiências extremas por meio de contrastes (...). O corpo se torna um objeto para vestir, fantasiar e mascarar (...). E, sabe-se, cantar, dançar e outros tipos de brincadeira são parte das celebrações festivas, mais uma vez com a ideia de levar o indivíduo para além dos limites usuais. Todos esses aspectos sublinham o espírito de aumentar, alongar a vida o máximo possível, que está no cerne das celebrações festivas." (Roger D. Abraham, em Turner [org.], 1982, pp. 167-68). Ou, como coloca Richard Schechner, um historiador de arte especialista em rituais: "Dançar, cantar, usar máscaras e fantasias, personificar outras pessoas, animais ou seres sobrenaturais (ou ser possuído por esses outros); representar histórias, recontar a caça, (...) ensaiar e preparar lugares e momentos especiais para essas apresentações — todos são coexistentes com a condição humana." (citado em Garfinkel, p. 40).

cil para forasteiros culturais imputarem. As pessoas empregam a mesma constelação de atividades — dançar, comer, fantasiar-se etc. — com objetivos bastante diversos. Alguns desses ritos são reconhecidamente religiosos, no sentido de pretenderem evocar a presença de uma ou várias deidades. Outros, como os rituais !Kung, são considerados por seus praticantes como tendo uma função quase medicinal, estando compreendida ou não a deidade. E há aqueles que parecem ser "meramente" recreativos, se é que podemos presumir que as distinções entre religião, cura e recreação são transportáveis da cultura ocidental para as outras. Antropólogos tenderam a acreditar que sim, e estabeleceram uma diferenciação entre *ritual* e *festividade*, sendo o primeiro visto como possuidor de funções religiosas e curativas, e o segundo "designando ocasiões consideradas pagãs, recreativas ou para crianças".[51] Mas não é certo que essa distinção entre ritual e festividade, religião e recreação, seja sempre significativa para os participantes. Um escravo da Geórgia certa vez relatou o que outros escravos costumavam dizer sobre as missas e encontros de sua igreja: "Gosto dos encontros da mesma forma que gosto de uma festa."[52]

Neste livro, observarei a distinção antropológica entre rituais e festividades tanto quanto possível, mas a ênfase recairá sobre o próprio fenômeno — as atividades de grupo, dançar, comer e daí por diante — e os sentimentos que ele parece inspirar. Seja qual for o alegado significado do ritual — contatar os deuses, celebrar um casamento, preparar-se para a guerra — a mesma constelação de atividades foi utilizada repetidas vezes para alcançar o prazer comum, o êxtase e a alegria. Por que essas atividades e não outras? Voltaremos a essa questão no próximo capítulo, mas por ora a resposta mais simples é que essas são as atividades que *funcionam*. E também que, depois de milênios de experimentação, a humanidade descobriu o que o historiador Mircea Eliade, em sua análise dos ritos xamanísticos, chamou de *técnicas do êxtase*.

A questão que motiva este livro se origina de um sentimento de perda: se os rituais extáticos e as festividades alguma vez estiveram tão disseminados, por que restam tão poucos hoje em dia? Se as "técnicas" do êxtase representam uma parte importante da herança cultural humana, por que as esquecemos, se é que de fato fizemos isso? Abordarei essas questões historicamente, seguindo a longa e insistente batalha dos rituais extáticos dos tempos antigos até o presente. Todos estão vagamente cientes do declínio da comunidade nas sociedades humanas dos últimos séculos, um desenvolvimento que muitos cientistas sociais analisaram com profundidade. Neste livro, atento para uma forma de prazer mais aguda e intensa do que qualquer coisa subentendida na palavra *comunidade*, com suas evocações do aconchego e da sociabilidade dos pequenos grupos. A perda do prazer *extático*, do tipo que antes era gerado de modo rotineiro pelos rituais marcados pela dança, pela música etc., merece a mesma atenção dada ao declínio da *comunidade*, e deve ser igualmente lamentada.

O sentimento de perda, no meu caso, tem uma dimensão pessoal. Em termos intelectuais, as raízes deste livro se encontram em um livro anterior, *Ritos de sangue: um estudo sobre as origens da guerra* (Record, 2000). Nesse livro, explorei o lado escuro da excitação coletiva humana, a maneira como ela se expressa em ritos de guerra e sacrifício humano. À medida que fui me aventurando no tipo de festividades menos destrutivas que nos importam aqui, fui reconhecendo aspectos emocionais que eu vivenciara décadas atrás em shows de rock, festas informais e "eventos" organizados. Suspeito que muitos leitores encontrarão pontos de referência semelhantes — sejam religiosos ou "recreativos" — para o material apresentado neste livro, e estarão dispostos a perguntar junto comigo: se possuímos tal capacidade para o êxtase coletivo, por que a colocamos em uso tão raramente?

1

As raízes arcaicas do êxtase

Volte 10 mil anos no tempo e você irá encontrar humanos trabalhando duro nas muitas atividades mundanas requeridas para a sobrevivência: caçar, armazenar comida, manufaturar armas e vestimentas, começar experiências com agricultura... Mas se você cair exatamente numa determinada noite iluminada pela Lua ou num ponto de virada sazonal, poderá também encontrá-los engajados em algo que pareceria, em comparação, a mais gratuita perda de energia: dançar em linha ou em círculo, às vezes usando máscaras ou algo semelhante a fantasias, com frequência agitando galhos ou paus. O mais provável é que pessoas de ambos os sexos estejam dançando, mas em linhas ou círculos separados. Seus rostos e corpos poderão estar pintados de uma cor ocre, ou isso é o que os antropólogos presumem levando em conta a grande presença desse minério colorido nos assentamentos humanos dessa época. A cena, em outras palavras, pode não ser muito diferente dos rituais "selvagens" testemunhados por ocidentais do século XIX entre os povos nativos do mundo.

Podemos inferir essas cenas a partir de pinturas rupestres pré-históricas retratando figuras que dançam, descobertas em lugares na África, Índia, Austrália, Itália, Turquia, Israel, Irã e Egito, entre outros. Sejam lá quais fossem suas outras atividades, o fato é que nossos distantes ancestrais pareciam dedicar bastante tempo ao tipo de prática que o antropólogo Victor Turner descreveu como limiar, periférica à ocupação principal da vida.

A dança festiva não era uma matéria rara ou casual para os artistas pré-históricos. O arqueólogo israelense Yosef Garfinkel afirma que cenas de dança "eram o tema mais frequente, na verdade quase o único, usado para descrever a interação entre as pessoas nos períodos Neolítico e Calcolítico".[1] Não sabemos ao certo quando esses rituais de dança começaram, mas há evidências de que possam ser remetidos até a era Paleolítica, ou seja, a Idade da Pedra. Num sítio recém-descoberto na Inglaterra, pinturas no teto de uma caverna mostram "filas de conga" feitas por dançarinas, junto com pinturas de animais como o bisão e o íbex, sabidamente extintos na Inglaterra 10 mil anos atrás.[2] Assim, muito antes de as pessoas terem uma língua escrita, e possivelmente antes de se tornarem sedentárias, elas dançavam e consideravam essa atividade importante o bastante para ser gravada na pedra.

Não é fácil depreender a excitação da dança ritual em pinturas pré-históricas. As figuras são altamente estilizadas; muitos dos desenhos catalogados por Garfinkel são pouco mais do que figuras de homens-palito ou silhuetas; poucos oferecem traços do rosto ou qualquer coisa semelhante a uma expressão facial. Mesmo a identificação de figuras de *dançarinos* exige algum trabalho interpretativo: só o que têm são seus membros traçados em posições que não podem ser associadas a seu uso normal: de braços para cima, dando as mãos em círculo, levantando as pernas ou pulando. Ainda assim, mesmo nesses retratos crus e bidimensionais, alguns dos ingredientes reconhecíveis de tradições festivas muito mais recentes transparecem — o uso de máscaras e fantasias, por exemplo. Algumas das figuras masculinas usam máscaras na forma de cabeças de animal ou com *designs* abstratos; outros dançarinos usam vestimentas que os arqueólogos interpretam como "fantasias", tais como peles de leopardo. No mais claro sinal de movimento, e possivelmente de excitação, algumas das figuras têm cabelos longos e esvoaçantes, como se estivessem se movendo com rapidez ou balançando a cabeça ao som de tambores há muito silenciados.

Claramente, rituais dançados não pareciam um gasto inútil de energia para os povos pré-históricos. Eles levavam algum tempo para construir máscaras e fantasias, gastavam calorias importantes na execução da dança e preferiam deixar essas cenas gravadas, e não as de quaisquer outras atividades em grupo. A caracterização de Victor Turner, então, de que o ritual de dança era ocasional, marginal e tinha um status limiar, parece especialmente injustificada no caso pré-histórico — e mais representativa da mentalidade voltada para a produção de nossa era industrial do que das prioridades pré-históricas. Com certeza essas pessoas passavam por dificuldades e muitas vezes estavam ameaçadas pela falta de comida, por doenças, por animais selvagens. Mas o ritual, de dança e possivelmente de natureza extática, era central em suas vidas. Talvez seja pelo fato de nossas próprias vidas, tão mais fácil em tantos sentidos, estarem também tão reprimidas pelo imperativo do trabalho que nós temos de perguntar *por quê*.

Antropólogos tendem a concordar que a função evolucionária da dança era capacitar — e encorajar — humanos a viverem em grupos maiores do que pequenos conjuntos de indivíduos da família mais próxima. Presume-se que a vantagem dos grupos maiores seja a mesma que existe para os primatas que ainda vivem nas selvas: grupos maiores são mais aptos a se defender contra os predadores. Diferentemente da maior parte dos animais — antílopes, por exemplo —, os primatas são capazes de elaborar uma defesa em grupo: cercando o predador intruso, ameaçando-o com galhos ou ao menos tentando assustá-lo com um barulho infernal. No caso dos primeiros humanos, o perigo podia vir não apenas de predadores como os grandes felinos, mas de hominídeos hoje extintos, ou mesmo de outros *Homo sapiens* rivais. É claro que, entre os humanos, as formas de defesa incluíam fogo, pedras e paus afiados, mas a primeira delas era se manter em grupo.

Em seu famoso livro *Grooming, gossip and the evolution of language* ("Asseio, fofoca e a evolução da língua"), o antropólogo britânico Robin Dunbar defende que o tamanho ideal de um grupo do Paleolítico era de cerca de 150 integrantes. Ele especula que a fala — a *fofoca* de seu título — pode ter ajudado a ligar os humanos em grupos desse tamanho, assim como o asseio mútuo — tirar insetos e pedaços de sujeira dos cabelos um do outro — parece funcionar dessa forma no caso de outros primatas. Embora não apareça no título, na verdade foi a *dança* que conseguiu manter esses primeiros agrupamentos humanos unidos. O problema da fala, de acordo com Dunbar, é "sua completa inadequação num nível emocional":

"Enquanto estávamos adquirindo habilidade para argumentar e racionalizar, precisávamos de um mecanismo emocional mais primitivo para estabelecer laços em grupos grandes (...) Algo mais profundo e mais emocional era necessário para fortalecer a lógica fria dos argumentos verbais. Parece que, para isso, precisávamos da música e do contato físico."[3] Ele vê a linguagem como subserviente em relação aos rituais de dança — "uma maneira de formalizar a espontaneidade" e dotá-la de uma "significação metafísica ou religiosa". Vale notar que, enquanto já foram encontradas centenas de imagens pré-históricas de pessoas dançando, não há qualquer pintura rupestre de figuras que pareçam entretidas em uma conversa.

Dunbar não é o único a considerar a dança grupal — especialmente a que se faz em fila ou em círculo — a grande niveladora e conector das comunidades humanas, unindo todos os que participam no tipo de *communitas* que Turner encontrou nos rituais nativos do século XX. É interessante que a palavra grega *nomos*, que significa "lei", também tenha o significado musical de "melodia". Submeter-se corporalmente à música por meio da dança é ser incorporado por uma comunidade de uma maneira muito mais profunda do que o mito compartilhado ou os costumes comuns podem atingir. Nos movimentos sincronizados com o ritmo da música ou de vozes que cantam, as rivalidades mesquinhas e as diferenças de facções que podem dividir um grupo são transmutadas em uma inofensiva competição de quem é o dançarino mais hábil, ou então são simplesmente esquecidas. "A dança", como coloca um neurocientista, é "a biotecnologia da formação de grupo."*

Desse modo, grupos — e os indivíduos que os constituem — capazes de se manter juntos por meio da dança teriam possuído uma vantagem evolucionária em relação aos grupos ligados por laços menos fortes: a vantagem de serem mais aptos a montar uma defesa coletiva contra quaisquer animais ou humanos hostis que invadissem seus territórios ou os ameaçassem. Nenhuma outra espécie jamais conseguiu fazer isso. Pássaros têm suas músicas características; vagalumes podem sincronizar a luz que emitem; chimpanzés às vezes podem bater os pés juntos e balançar os braços fazendo algo que os etologistas descrevem como um "carnaval". Mas, se quaisquer outros animais conseguiram criar músicas e se mover em sincronia com ela, mantiveram esse talento bem escondido dos humanos. Apenas nós somos providos do tipo de amor que Freud

---

*Seria interessante saber o tamanho mínimo de um grupo para um ritual de dança efetivo, mas não pude encontrar nenhum trabalho publicado sobre esse tópico.

foi incapaz de imaginar: um amor, ou ao menos uma afinidade, que mantém as pessoas juntas em grupos com mais de dois integrantes.

É claro que a dança não pode servir para ligar as pessoas a menos que: 1) isso seja intrinsecamente prazeroso, e 2) proporcione um tipo de prazer não alcançável por grupos menores.[4] Seja lá o que fosse que os dançarinos rituais dos tempos pré-históricos pensassem estar fazendo — sanando cisões do grupo ou se preparando para o próximo duelo contra inimigos — o fato é que também estavam fazendo algo de que gostavam muito, o bastante para que dedicassem uma considerável energia a isso. Praticantes dos rituais de dança extáticos das sociedades "nativas" podem atestar o prazer inerente a eles, assim como quaisquer ocidentais modernos que tenham participado de danças e outras atividades comuns em shows de rock, discotecas ou *raves*. Como assinalou o historiador William H. McNeill em seu livro *Keeping Together in Time* (Mantendo o ritmo juntos), há uma satisfação profunda, uma vibração, nas mais simples atividades grupais sincronizadas, como marchar ou cantar junto. Ele escreve sobre sua própria experiência como recruta durante o treinamento básico para a Segunda Guerra Mundial.

> As palavras são inadequadas para descrever a emoção que proporcionava a harmonia do movimento prolongado naquele treinamento. Um sentimento de bem-estar intenso é do que eu me lembro; mais especificamente, era uma estranha sensação de engrandecimento pessoal, algo como um inchaço próprio, tornando-se maior que a vida, graças à participação em um ritual coletivo.[5]

De fato, tendemos a gostar de canções rítmicas e, ao assistirmos à dança de outras pessoas, é possível que seja preciso um esforço para não acompanharmos. Como observaram algumas testemunhas ocidentais de rituais de nativos ou de povos escravizados, dançar é contagioso; os humanos experimentam fortes desejos de sincronizar os próprios corpos com os dos outros. O estímulo, que pode ser auditivo, visual ou derivado de uma sensação interna das próprias respostas musculares de cada um ao ritmo, pode, em palavras tiradas do relatório de pesquisa de um psiquiatra, "conduzir ritmos corticais até produzir uma experiência intensamente prazerosa e inefável nos humanos".[6]

Por que os humanos são tão generosamente recompensados ao mexer seus corpos no mesmo compasso? Também somos recompensados com prazer na atividade sexual, e o porquê disso é fácil de entender: os indivíduos que falham em se engajar em sexo, ou especificamente no intercurso heterossexual, não deixam qualquer traço genético. Quando a natureza requer que façamos algo — como comer ou fazer sexo — gentilmente conduz nossos cérebros para que essa atividade seja prazerosa. Se a atividade rítmica sincronizada era de fato importante para a defesa coletiva dos humanos, a seleção natural deve ter favorecido os indivíduos que consideravam essa atividade prazerosa. Em outras palavras, a evolução teria conduzido ao estabelecimento de fortes conexões neurais entre os centros motores que controlam o movimento, os centros visuais que identificam os movimentos dos outros e os terrenos de prazer no sistema límbico do cérebro. A alegria proporcionada pela atividade rítmica teria ajudado a superar o medo de confrontar predadores e outras ameaças, assim como a música para marchar estimulou soldados em diversos momentos da história.

Ainda não entendemos a base neuronal desse prazer, mas recentemente abriu-se uma interessante linha de especulação a respeito. Humanos são criaturas que gostam bastante de imitações, mais até do que macacos e outros de nossos primos primatas. Como todos os pais aprendem, para seu próprio espanto, um bebê pode responder a um sorriso com outro sorriso, ou mostrar a língua quando um dos pais o faz. Como o bebê transforma a imagem visual de uma língua que se projeta para fora da boca nas ações musculares requeridas para fazer sua própria língua aparecer? A resposta pode estar na descoberta dos neurônios-espelho, células nervosas que agem tanto quando uma ação é percebida — quando o pai mostra a língua, por exemplo — como quando é executada por aquele que a percebeu.[7] Em outras palavras, a percepção de uma ação está conectada à execução da mesma ação. Não podemos ver um dançarino, por exemplo, sem que inconscientemente iniciemos os processos neuronais que são a base de nossa própria participação na dança. Como afirma o neurocientista Marcel Kinsbourne:

> O comportamento percebido estimula mais do mesmo no observador, que se torna um participante (...). O ritmo do tambor inibe o julgamento independente e induz uma reversão ao estado primordial. Para citar [Walter J.] Freeman (...) "dançar é engajar-se em movimentos rítmicos que incitam movimentos correspondentes em outros". Dançarinos sincronizam, tornam recíproco ou alternam — todas essas sendo formas estimulantes para a criança. Compassar com outros um ritmo compartilhado — marchar, cantar, dançar — pode provocar uma sensação primitiva de pertencimento irracional e atraente, assim como um estado mental coletivo.[8]

É importante destacar, contudo, que a dança não apenas insere o indivíduo no grupo da maneira regressiva como Kinsbourne parece sugerir. Esse é um preconceito ocidental comum, mas como observei na introdução, os dançarinos de sociedades "tradicionais" ainda existentes com frequência devotam grande esforço à composição de músicas para a dança, aperfeiçoando os passos ou outros movimentos e preparando suas fantasias ou adornos corporais. Podem experimentar uma perda de si durante a dança, ou um tipo de imersão no grupo, mas também estão em busca de chance para brilhar, como indivíduos, por suas habilidades e seus talentos. Pode até ter havido algo que biólogos evolucionistas chamam de seleção sexual a habilidade de se dançar bem, ou ao menos de não fazer feio dançando, assim como parece ter havido a seleção sexual de homens com vozes potentes e mulheres com silhuetas esbeltas. A habilidade para dançar e fazer música não se confina a um único sexo; com frequência nos vemos atraídos por indivíduos que se sobressaem nessas atividades, e isso lhes daria uma vantagem reprodutiva definitiva.

Na realidade, os rituais e festividades sazonais de grupos maiores — muitas centenas de pessoas de diversas partes ou subgrupos que se reúnem numa época astronomicamente determinada — provavelmente também serviam a uma função reprodutiva, proporcionando uma possibilidade de encontrar um parceiro exterior ao círculo de parentesco de cada um. Nessa tarefa, o talento para a música e para a dança pode muito bem ter sido um atributo importante. Ao menos essa possibilidade é sugerida a partir de um recente estudo com homens jovens e solteiros entre os samburu, no Quênia.

> Esses "homens desajustados", suspensos entre a infância e a maturidade em uma adolescência desconfortavelmente prolongada, quase sempre entram em transe, tremendo em extrema agitação corporal, diante de situações frustrantes. As típicas circunstâncias precipitadoras são aquelas em que um grupo [desses jovens] é superado na dança por um grupo rival na frente de garotas.[9]

Ser "superado na dança" pode levar ao fracasso reprodutivo, provavelmente pela razão evolucionária mais profunda de que as "garotas" irão, em algum nível inconsciente, julgar aquele homem menos capaz de colaborar para a defesa grupal.

Não posso deixar de lado o tema da evolução sem arriscar minha própria especulação sobre o valor de adaptação da música e da dança. Dunbar e outros enfatizam o papel dessas atividades para manter as pessoas juntas em grupos de tamanho considerável, mas elas podem também ter servido à função de defesa grupal de uma maneira bastante mais direta. Assim como os primatas de hoje na selva, os primeiros humanos provavelmente encaravam os animais predadores em conjunto — ligando-se em grupos coesos, batendo os pés, gritando e agitando galhos e paus. Mesmo hoje em dia, excursionistas, por exemplo, são aconselhados a tentar repelir os ursos que encontram na selva valendo-se do mesmo tipo de comportamento. Os braços levantados e o agitar de paus são recomendados por aumentarem visualmente a altura dos humanos. Em algum momento, os primeiros humanos e hominídeos devem ter aprendido a sincronizar a batida dos pés com a agitação dos paus aos olhos do predador, e o cerne de minha especulação é que o predador podia ser ludibriado por esse comportamento sincronizado, levado a pensar que estava diante, não de um grupo de humanos fracos e indefesos em termos individuais, mas de um único animal muito grande. Se os paus são brandidos em sincronia com os pés, acompanhados de um canto ou uma gritaria sincopada, é compreensível que o animal conclua que uma única mente está agindo ali, ou ao menos um único sistema nervoso. É muito melhor, do ponto de vista do predador, esperar para pegar um humano solitário do que atacar o que parece ser uma fera de 10 metros de comprimento, barulhenta e com inúmeras pernas.*

---

*Trata-se de uma suposição experimentalmente testável. Predadores famintos, como leões e leopardos, poderiam ser confrontados por diferentes grupos humanos — alguns parados, outros se movendo de forma não sincronizada, outros sincronizados. Por uma questão de segurança, cercas elétricas invisíveis seriam utilizadas para proteger os humanos. Ficarei ansiosa para saber os resultados, se alguém tiver coragem suficiente para empreender o experimento.

Esse modo de enfrentamento pode muito bem ter sido utilizado também em práticas comunitárias de caça, em que os animais são conduzidos por grupos humanos até redes, armadilhas ou penhascos. Muitos dos animais caçados pelos humanos pré-históricos, como bisões e auroques, eram perigosos, e enfrentá-los requeria coragem. Na caça comunitária, o grupo inteiro — homens, mulheres e crianças — avançava contra uma manada de animais gritando, pisando forte e agitando galhos e tochas. Evidências arqueológicas sugerem que essa forma de caça remonta à era Paleolítica e provavelmente prefigura a prática da perseguição de animais por pequenos grupos de homens.[10] Assim como na defesa coletiva contra predadores, o movimento sincronizado pode ter aumentado a efetividade dos humanos — fazendo-os parecer um único antagonista gigantesco.

Várias características das danças pré-históricas reveladas nas pinturas rupestres corroboram essa hipótese. As figuras dançantes da pré-história com frequência estão usando máscaras que os fazem parecer mais altos, muitas vezes feitas a partir de cabeças de animais; além disso, seguram galhos acima de seus corpos. Podemos imaginar que alguns rituais dançados tiveram origem em reencenações de duelos bem-sucedidos com animais, servindo para aumentar a coesão do grupo para o duelo seguinte e instruir os jovens sobre como o grupo humano aprendeu a prevalecer e sobreviver.

Com o passar do tempo, tendo a caça comunitária minguado e a ameaça de predadores diminuído, a excitação do triunfo humano sobre os animais ainda podia ser invocada como ritual. Por meio do ritmo, as pessoas haviam aprendido a juntar-se até formar uma unidade de moção destinada a projetar a força do coletivo e aterrorizar os animais caçados ou caçadores. Tomados individualmente, os humanos são criaturas frágeis, vulneráveis e indefesas. Porém, unidos pelo ritmo e engrandecidos pelo artifício de máscaras e paus, o grupo pode sentir-se — e talvez parecer — tão formidável quanto qualquer fera inumana. Quando falamos de uma experiência transcendental em termos de "sentir-se parte de algo maior que nós mesmos", talvez seja essa pseudocriatura ancestral e multifacetada que estamos inconscientemente evocando.

O deus do êxtase

Ao deixarmos o domínio da especulação que é a pré-história e entrarmos no período histórico, começando brevemente por algo em torno de 5 mil anos atrás, os registros escritos e as abundantes obras de arte fornecem uma base mais firme para compreender as culturas humanas. Sabemos, a partir de escritos e artefatos remanescentes, que os rituais de dança persistiram nas primeiras fases da civilização — uma condição marcada pelo estabelecimento da agricultura, das cidades, das hierarquias sociais e, em algum momento, da escrita. Pinturas em vasos e paredes retratando filas e círculos de dançarinos foram encontradas em antigos sítios arqueológicos da Mesopotâmia, Grécia, Índia e Palestina. Camponeses da China antiga dançavam em filas separadas para homens e mulheres, tendo se submetido a esses rituais extáticos desde o início dos tempos históricos. Como afirmou Marcel Granet, estudioso francês de história chinesa:

> Os festivais de inverno tinham um caráter dramático. Uma excitação extrema era generalizada. Mesmo no dia de Confúcio, os participantes ficavam todos feito "loucos", isto é, sentiam-se tomados por um espírito divino (...). Danças ao som de adufes de barro induziam ao estado de êxtase. A bebedeira levava tal sensação à perfeição. Os exorcistas (um tipo de xamã) vestiam peles de animais. Danças animalescas eram realizadas.[11]

No Oriente Médio, o Velho Testamento deixa claro que os antigos hebreus mantinham uma robusta tradição de danças festivas, em geral associadas a festas e ao consumo de vinho. No Êxodo, por exemplo, Míriam, a profetiza, toma "um adufe (pandeiro) às mãos; e todas as mulheres a seguiram com pandeiros e danças". Quando as forças israelitas retornaram de sua vitória contra os filisteus, "as mulheres vinham de todas as cidades de Israel para cantar e dançar na presença do rei Saul, com pandeiros e alegria e ao som dos sistros." (Samuel, 18:6). Não fica claro se os ritos e danças aprovados oficialmente alcançavam intensidade suficiente para serem chamados de extáticos. Um historiador descreveu o cortejo do profeta Samuel como "um movimento extático de massas", enquanto outro conclui que "o êxtase orgiástico e vigoroso é alheio aos profetas israelenses", que experimentam "uma calma, às vezes quase paralítica, vendo e ouvindo a palavra de YHWH".[12] Mas, como Garfinkel observa, a palavra hebraica *hag* significa tanto "festival" quanto "formar um círculo" — sugerindo que a forma primordial de muitos festivais judeus tradicionais era a dança circular.[13]

Havia, sem sombra de dúvida, uma tradição de êxtase coletivo entre os hebreus, mas dificilmente ela recebia aprovação oficial. Na verdade, sabemos disso por meio dos opositores dessa tradição, os adoradores de Javé que escreveram o Velho Testamento. Tratava-se da velha religião politeísta associada aos indígenas israelenses cananeus, centrados em deidades mesopotâmicas como Baal e as deusas Anat e Asherah, protagonizando o que parecem ter sido ritos extáticos de massa, mas sobre cuja natureza só podemos especular. A idolatria, a bebedeira, as orgias sexuais estão descritas e aludidas, assim como, talvez, também os sacrifícios humanos; esse parece ter sido, ao menos, o crime cometido pela avó do rei Asa, adoradora de deusas, que perdeu "a honra de ser uma grande dama por ter cometido um horror em nome de Asherah".[14] Quão caluniosas são essas acusações não se pode saber, mas algo que acontecia geração após geração continuava horrorizando os seguidores de Javé. Séculos depois de Moisés ter estabelecido o comando de adorar um único Deus, Javé, os profetas continuavam injuriando os velhos hábitos religiosos. Os hebreus não conseguiam se conter e deixar de ter uma recaída, aparentemente dando continuidade aos ritos proibidos centrados na deusa ao menos até o século V a.C.[15]

Mas foram os gregos, supostamente o mais racional e "ocidentalizado" dos povos antigos, que nos deixaram a evidência mais clara do comportamento do ritual extático, sendo quase perigosamente perturbador. A dança, fosse de uma variedade extática ou algo ainda mais grandioso, era uma atividade central e definitiva na comunidade grega antiga: danças em linha ou em círculo, danças de homens jovens, mulheres jovens ou com todos reunidos, danças em festividades regularmente definidas pelo calendário ou em surtos espontâneos, danças pela vitória, pelos deuses ou por mera diversão.[16] No mito, Teseu conduz os jovens que liberou do Minotauro numa dança circular com "passos de garça", imitando os passos altos e espaçados deste pássaro.[17] Na narrativa de Homero da era heroica, ficamos sabendo que os jovens gregos dançavam em "casamentos, na época da colheita, ou apenas para dar vazão a sua exuberância juvenil — *choreia* [dança], pensam os gregos, deve vir de *chara*, 'alegria'".[18] O escudo de Aquiles levava a imagem, não de algum predador assustador, mas de uma cena que deve ter parecido, para seus camaradas de armas saudosos de casa, essencialmente grega.

> Havia jovens dançando e donzelas em cortejo, as mãos de uns segurando os punhos de outros (...). E davam voltas correndo, os pés hábeis movendo-se com leveza, (...) e logo corriam em filas ao encontro uns dos outros. E muitas pessoas assistiam à adorável dança com grande alegria; no centro, um menestrel divino tocava música com sua lira e, no meio deles, dando o compasso, dois acrobatas rodopiavam.[19]

A dança é um tema onipresente na arte da Grécia Antiga. Figuras dançantes com frequência enfeitavam os vasos, e os grandes dramas dos tempos clássicos eram performances musicais em que o coro dançava e cantava. Na verdade, a palavra *tragédia* deriva de uma outra que significa "canção do bode", e o coro era originalmente composto por homens vestindo peles de bode para se parecerem com os sátiros — metade homens, metade bodes — que dançavam atendendo a seu mestre, Dioniso.

Até certo ponto, só o que podemos presumir hoje é que a religião dos antigos gregos era uma "religião dançada", assim como a dos "selvagens" que os viajantes europeus mais tarde encontrariam ao redor do mundo. Como Aldous Huxley afirmou, "danças rituais oferecem uma experiência religiosa que parece mais satisfatória e convincente do que qualquer outra (...). É com os músculos que obtemos mais facilmente o conhecimento do divino".[20]

Lillian Lawler, no entanto, escrevendo nos anos 1960, não deixa dúvidas de que a dança extática era inerente à tradição corrente grega, por exemplo na adoração de Ártemis, deusa do parto e da caça. Tímpanos foram encontrados no santuário de Ártemis Limnatis no sul da Grécia, e esse instrumento, Lawler alega, era "muito útil para induzir ao frenesi". Danças para Ártemis eram conhecidas por serem especialmente desenfreadas em Esparta, embora não saibamos se isso ocorria num sentido religioso ou sexual, temos conhecimento apenas de que mulheres e garotas dançavam usando "uma só túnica", ou o equivalente a um manto.[21]

No antigo mundo ocidental, muitas deidades serviam como objeto de adoração extática: na Grécia, Ártemis e Deméter; em Roma, as deidades importadas: Ísis (do Egito), Cibele, a Grande Mãe ou Magna Mater (da Ásia Menor), e Mitras (da Pérsia). Mas havia um deus grego para o qual a adoração extática não era uma opção, mas uma obrigação. Ignorar esse chamado era se arriscar a um destino muito pior do que a morte ou a tortura física; aqueles que resistiam a ele tornavam-se loucos e eram levados a matar os próprios filhos. Esse deus, fonte de êxtase e terror, era Dioniso, ou, como era conhecido entre os romanos, Baco. Sua jurisdição mundana cobria os vinhedos, mas a responsabilidade mais espiritual era presidir a *orgeia* (literalmente, ritos realizados na floresta à noite, termo do qual derivamos a palavra orgia), quando os devotos dançavam até chegar a um estado de transe. O fato de os gregos sentirem a necessidade de um deus desses nos diz algo sobre a importância da experiência extática no mundo deles; da mesma forma que o panteão grego incluía deuses para o amor, a guerra, a agricultura, os trabalhos em metal e a caça, eles também precisavam dotar a experiência do êxtase de uma forma e um rosto humanos.

Ainda mais do que as outras deidades, Dioniso era um deus acessível e democrático, cujo *thiasos*, ou elo sagrado, estava aberto tanto aos humildes como aos poderosos.[22] Nietzsche interpretava esses ritos da seguinte maneira: "O escravo emerge como homem livre; todos os muros rígidos e hostis erigidos entre os homens pela necessidade ou pelo despotismo são despedaçados."[23] Foi Nietzsche, entre todos os pensadores clássicos europeus, quem reconheceu as raízes dionisíacas do drama grego antigo, ao ver a inspiração louca e extática por trás da majestosa arte dos gregos — que, metaforicamente, ousavam levar a cabo não apenas a imortal simetria do vaso, mas as loucas figuras dançantes pintadas em sua superfície. O que o deus demandava, segundo Nietzsche, era nada menos que a alma humana, liberada pelo ritual extático do "horror da existência individual" e transformada na "unidade mística" do ritmo promovido pela dança.[24]

Sobretudo as mulheres respondiam ao chamado de Dioniso. Na verdade, a associação entre o deus e o grupo de mulheres devotas é tão forte que vale a pena até desconsiderar o fato de que homens também o adoravam, fosse em festivais rurais para celebrar o novo vinho ou no ato de ficarem bêbados coletivamente em homenagem ao deus. Dioniso tinha um apelo especial para as mulheres das cidades-estado gregas, que em geral viviam numa condição parecida com a *purdah*, excluídas da vida comunal de qualquer tipo. Enquanto os homens tramavam guerras ou delineavam filosofias, as mulheres ficavam confinadas a suas casas. Quanto aos garotos ainda jovens o bastante para serem mantidos nos refúgios das mulheres, dizia-se que viviam "na escuridão", banidos dos prazeres e desafios da vida pública. Em muitas cidades gregas não era permitido às mulheres sequer beber vinho.[25]

A forma mais notória de adoração feminina de Dioniso, a *oreibasia*, ou dança de inverno, parece aos olhos modernos uma imitação grosseira de revolta feminista. Em relatos míticos, mulheres "chamadas" a participar pelo deus perdem o juízo e abandonam suas crianças para correr ao ar livre rumo às montanhas, onde vestem peles de corço e iniciam uma "dança frenética". Essas mênades, como as mulheres membros do culto a Dioniso eram chamadas, corriam pela floresta gritando o nome do deus ou proferindo o grito báquico característico *"eoui"*, com os cabelos esvoaçantes e brandindo seus *thyrsos*, bastões adornados de pinhas. Por fim, alcançavam um estado mental que os gregos denominavam *enthousiasmos* — no sentido literal, ter o deus dentro de si — ou o que muitas culturas de nosso tempo chamariam de estar "em transe" ou "possuído". Não eram acontecimentos apenas míticos; em alguns momentos e lugares, a *oreibasia* era oficialmente tolerada e realizada uma vez a cada dois anos, no fim do inverno. Pausânias, que escreveu no século II d.C., fala de uma festa em que as mênades que atingiam o cume do monte Parnaso, de 2.500 metros de altura — um feito atlético impressionante, ainda mais se realizado no inverno. E Plutarco escreveu sobre uma ocasião em que um grupo de mulheres adoradoras foi pego de surpresa por uma nevasca e precisou ser resgatado.[26]

Dioniso não respeitava barreiras étnicas. De acordo com o arqueólogo Arthur Evans, ele era adorado ao longo de mais de 8 mil quilômetros, de Portugal, passando pelo norte da África, até a Índia, aparecendo com diversos nomes, entre eles "Baco, Pan, Eleutério, Minotauro, Sabázio, Inuus, Fauno, Priapo, Líber, Ammon, Osíris, Shiva", e ainda podemos acrescentar a fascinante versão etrusca de Dioniso: Fufluns.[27] Em sua brilhante capitulação sobre os épicos indianos, por exemplo, Roberto Calasso descreve a deusa hindu Shiva como "essa estranha, essa ladra de mulheres, essa inimiga de nossas regras e laços, essa viajante que ama as cinzas dos mortos, que fala de coisas divinas para os mais baixos dos mais baixos, esse homem que às vezes parece louco, que tem algo obsceno em si, que deixa o cabelo comprido como o de uma garota".[28] Como Dioniso, Shiva está associada ao vinho, sendo seu culto "especialmente difundido nas montanhas em que o vinho é cultivado", de acordo com um grego que vivia na Índia no século IV a.C.[29]

Na Índia, também Krishna exerce um efeito dionisíaco nas mulheres — em particular naquelas que trabalhavam como *gopis*, pastoras de vacas, "encantando-as com o som de sua flauta na floresta a ponto de fazê-las deixar suas casas, seus maridos, suas famílias e ir até ele pelo breu noturno".[30] Inspirado pelo exemplo de Krishna, um professor Caitanya de religião do século XVI ampliou a descrição acrescentando que se tratava de "mulheres sem casta, lavadeiras e mulheres das castas menos privilegiadas".[31] "Elas dançavam em êxtase e cantavam; ficavam quase como loucas", escreveu Victor Turner, prosseguindo para comentar que "é difícil pensar que não haja nada em comum entre as *communitas* extáticas de Dioniso e Krishna. Na verdade, o *puer aeternus* [garoto eterno, em referência a Dioniso] de Ovídio vinha das 'profundezas da Índia cercadas pelo distante Ganges'".[32] Outros estudiosos, no entanto, situam a origem de Dioniso nas culturas pré-históricas — cretense e micenense — da própria Grécia. O fato de ter sido muitas vezes retratado como um deus com chifres, ou tendo uma parte animal, sugere que pode ter sido um dos mais velhos deuses gregos, muito mais do que uma importação recente da Índia.

O menadismo, como costuma ser chamada a adoração frenética das mulheres em relação a Dioniso, parece não ter se inspirado na usual preocupação feminina com a fertilidade. Esse pode ser descartado como um dos objetivos, argumentava o classicista E. R. Dodds, pelo fato de o rito ser realizado bienalmente, não uma vez por ano, e também por ser conduzido no inverno, "no topo de montanhas estéreis", em vez dos fecundos campos primaveris em que geralmente ocorriam os ritos de fertilidade.[33] Tampouco havia, ao que parece, qualquer traço sexual nesses ritos. Nas antigas pinturas em vasos, as adoradoras costumam ser retratadas na companhia de sátiros lascivos, mas as mulheres aparecem lutando contra eles com armas como bastões, *thyrsos* ou mesmo serpentes.[34] O mais famoso escrito literário sobre o menadismo, a peça de Eurípides *As bacantes*, claramente refuta a noção de que o sexo e até o álcool estavam envolvidos. Pelo contrário, uma testemunha reporta ao rei Penteu, que tinha uma curiosidade pruriente e obsessiva em relação aos ritos secretos das mênades, o fato de ter encontrado as mulheres dormindo: "Elas estavam deitadas como se tivessem se jogado ao chão, mas com modéstia em suas posturas; não haviam bebido vinho, como você nos tinha dito, e não havia música ou flautas visíveis; tampouco havia gente fazendo amor sob o encanto da floresta."[35]

Não, a característica mais chocante do menadismo — para Eurípides e também para seus leitores de hoje — era sua reputada violência. Dizia-se que, no ápice do frenesi, as adoradoras apanhavam animais selvagens, rasgavam-nos enquanto ainda estavam vivos e os comiam crus. Há até palavras em grego que descrevem essas ações: *sparagmos*, que significa pegar criaturas vivas, e *omophagia*, comer carne crua, arrancada dos ossos com as mãos. Entre as vítimas, pequenas criaturas como cobras, mas também veados, ursos, lobos e, no mito ou em ficções, até humanos; a trama de *As bacantes* decorre do engano dos farristas ao confundir o rei com um leão e despedaçá-lo membro por membro.

Esse tratamento em relação aos animais pode ter sido menos repulsivo para os gregos, que praticavam rotineiramente o sacrifício animal, do que parece para nós. O que mais tem o potencial de chocar no comportamento das mênades é o fato de serem, é claro, mulheres. Costuma-se dizer que elas matavam suas vítimas à mão, mas ao menos em um retrato (num estojo para bálsamos), de acordo com Lillian Joyce, duas mênades de cabelos esvoaçantes "suspendem um veado de barriga para cima e o deixam com a cabeça pendurada, para que então a vítima seja despedaçada. A violência da cena é agravada pela presença de uma espada, um instrumento tradicionalmente masculino".[36]

Claramente, as vítimas animais das mênades não se ofereciam por vontade própria à captura; as mulheres que fugiam para as montanhas para adorar Dioniso também estavam *caçando*. Lilian Portefaix sugeriu que o medanismo podia ser uma reencenação da caça comunal arcaica — anterior às armas metálicas e ao monopólio masculino das técnicas de caça —, quando um grupo de pessoas ou mulheres perseguia e cercava suas prezas, matando-a com qualquer instrumento que tivesse à disposição e talvez comendo-a na mesma hora.[37] Se eu estiver certa sobre o fato e os rituais de dança se originarem das caçadas comunais e de outros confrontos com animais — e a violência das mênades sem dúvida dá força a essa hipótese —, então o menadismo pareceria ser uma forma bastante primordial de festival, que a dança, a farra, o banquete e as fantasias ainda carregavam traços do confronto coletivo dos homens com os animais.

Vale destacar aqui que, no mito, Dioniso também toma a forma de Zagreus, o grande caçador. Na reencenação da caça comunal pré-histórica, seus adoradores ousavam subverter a divisão de tarefas entre os sexos que prevalecia nos tempos históricos. A mênade era bonita e feminina, retratada em pinturas de vasos com longos cabelos ao vento e, às vezes, com os peitos expostos, para eventualmente amamentar um corço. Mas era também uma caçadora, alguém que havia incorporado a força do homem e usurpado o monopólio masculino sobre a violência. Assim, os ritos dionisíacos ofereciam o tipo de "ritual de inversão" que podia ser encontrado no festival romano da saturnal, no Carnaval europeu e nas festividades de tantas outras culturas, em que os membros de grupos subordinados — nesse caso, mulheres — temporariamente assumiam o papel de seus superiores sociais. Durante as saturnais, mestres tinham de servir seus escravos; o Carnaval permitia que camponeses personificassem reis; a adoração de Dioniso dava às mulheres licença para caçar.

Quem era esse deus que podia intoxicar os ricos tanto quanto os pobres, que ousava desafiar o poder dos homens sobre as mulheres? Estudiosos modernos com frequência têm visto Dioniso com o mesmo assombro enganoso que os viajantes europeus dedicavam aos ritos "selvagens" testemunhados em terras distantes.

Em sua introdução para *As bacantes*, escrito em 1954, Philip Vellacott opinava que não se tratava de um deus que "pessoas decentes estão preparadas para adorar".[38] Walter Otto, em seu livro sobre Dioniso, exclamava: "Um deus que é louco! Um deus que tem uma parte cuja natureza é ser insana! O que experimentaram ou viram esses homens sobre os quais tal conceito deve ter-se imposto?"[39]

Os fatos em relação a esse deus começam pela ideia de que ele é bonito, de uma maneira andrógina, tanto para homens quanto para mulheres. Eurípides o descrevia com "longos cachos (...) despencando até suas bochechas, de maneira muito sedutora".[40] Travestir-se era parte da adoração a Dioniso em alguns lugares,[41] e dizia-se que o próprio deus tivera seus casos homossexuais. Também se relacionava de vez em quando com mulheres, como a princesa cretense Ariadne, com quem ele flertou brevemente depois que Teseu a abandonou. Acima de tudo, no entanto, Dioniso era "desligado e despreocupado em relação ao sexo".[42] Nas pinturas de vasos, ele nunca aparece "envolvido nas peripécias sexuais dos sátiros. Pode estar dançando, bebendo, mas nunca em par com qualquer acompanhante mulher".[43]

Era também o único deus grego com um séquito específico, fato este que lhe garantia uma relação especial com os humanos. Podiam evocá-lo por meio da dança, e era ele quem os possuía durante o frenesi. Em outras palavras, é difícil separá-lo daquilo que se tornou a adoração a ele, e isso pode explicar sua ira em relação àqueles que se recusavam a participar da folia, pois Dioniso não pode existir plenamente senão nos ritos em sua homenagem. Outros deuses demandavam o sacrifício de animais, mas esse era um ato de mesura e conciliação, não a marca registrada do deus em si. Dioniso, pelo contrário, não era adorado por razões posteriores (aumentar a safra na agricultura ou ganhar a guerra), mas pela mera alegria proporcionada pelo rito. Ele não só demanda ou instiga; ele *é* a experiência extática que, de acordo com Durkheim, define o sagrado e o distingue da vida cotidiana.[44]

Desse modo, deve fazer mais sentido explicar a persona antropomórfica do deus a partir de seus rituais, e não o contrário. O fato de ele ser assexuado pode refletir a compreensão dos gregos de que o êxtase coletivo não era fundamentalmente sexual em sua natureza, diferente do que imaginaram os europeus de tempos mais tarde. Além disso, os homens dificilmente se conteriam enquanto suas mulheres fugiam para viver orgias de caráter sexual; a consabida indiferença do deus garantia a castidade delas no topo das montanhas. O fato de ele ser por vezes violento pode refletir a ambivalência grega em relação a esses ritos: por um lado, da perspectiva de uma elite masculina, o êxtase comunitário dos subalternos (das mulheres, no caso) ameaça toda a ordem social; por outro, a potencial crueldade do deus serve para ajudar a justificar a participação de cada mulher, uma vez que a loucura e a violência mais terríveis se infligem naquelas que se abstêm da adoração. O deus pode ter sido inventado, então, para explicar e justificar ritos preexistentes.

Se assim for, os ritos dionisíacos podem ter se originado de alguma prática "não religiosa", presumindo-se que seja possível distinguir os aspectos "religiosos" de outras características de uma cultura distante. E.R. Dodds conjecturou que os ritos surgiram como "ataques espontâneos de histeria em massa",[45] e de fato há relatos míticos de danças maníacas na Grécia antiga não relacionadas a Dioniso ou a qualquer outro deus. Lawler sugere que ondas de "mania de dança" podem ter arrebatado a cultura micenense da Grécia pré-histórica e relaciona a questão com o mito das três princesas de Tiryns, que convenientemente ficaram loucas quando chegou a época de casarem: "Saíram correndo pela porta e, numa dança frenética, partiram pelo campo, cantando músicas estranhas e rasgando as próprias roupas, incapazes de parar de dançar."[46] É possível que tenha havido mesmo esse tipo de surto espontâneo de "loucura" antecedendo o ritual dionisíaco, mas algo deve tê-lo transformado até a forma que adquiriu mais tarde. Uma pessoa pode "enlouquecer" de modo espontâneo, mas qual era o sinal que fazia com que centenas de mulheres deixassem suas casas ao mesmo tempo? Quem providenciava a música, por exemplo, ou se lembrava de levar o vinho?*

É possível, sim, que tenha havido uma base histórica para o rito dionisíaco e até mesmo para o próprio deus. O classicista Walter Burkert menciona a existência, na Grécia antiga e — antes disso — na Grécia arcaica, de *carismáticos itinerantes*, homens que se deslocavam de um lugar para outro atuando como curandeiros, sacerdotes e visionários.[47] Já no século V a.C., homens chamados *orpheotelestae* viajavam pela Grécia oferecendo a cura para certas doenças, inclusive as mentais, por meio de danças feitas em volta da pessoa acometida, "com frequência na forma de dança circular".[48] Dioniso chega à cidade de Tebas como um desses viajantes, e quando sua adoração chega a Roma cerca de dois séculos depois de Eurípides, é levada por um andarilho que faz as vezes de mágico e sacerdote. Como enfermeiro, o carismático itinerante curava conduzindo os aflitos em danças extáticas[49] — o que podia muito bem ser eficiente no caso de doenças psicossomáticas e mentais —, sugerindo que era também, além de sacerdote, músico e dançarino. É provável que fosse sua chegada, anunciada pelo soar de um tímpano, o que le-

---

*Isso se elas de fato bebiam vinho. Na versão de Eurípides, elas não o faziam, e o consenso acadêmico parece indicar que, enquanto os homens adoradores de Dioniso bebiam livremente, as mulheres não requeriam qualquer assistência química em seus ritos. (Roth, pp. 41-42.)

vasse as mulheres "enlouquecidas" para fora de suas casas, o que também funcionava como *cura* para a loucura.

Esses músicos itinerantes e mestres do ritual extático podem muito bem ter sido o protótipo para o deus Dioniso. Como escreve um especialista, esse deus se parece bastante com um tipo de músico andarilho de nossos tempos, capaz de inspirar a "histeria" em suas devotas: o "vocalista de uma banda pop, que pela violência da música, dos gestos e das palavras não chega a ser nem tradicionalmente masculino, nem afeminado. Para a ordem estabelecida ele pode ser uma ameaça, mas não para os jovens adoradores, em particular as mulheres."[50] Com seus longos cabelos, suas insinuações de violência e promessas de êxtase, Dioniso foi o primeiro astro de rock.

2

Civilização e retrocesso

Quase tão cedo quanto o aparecimento dos rituais extáticos no registro histórico escrito surge uma nota de ambivalência, uma sugestão das tensões sociais envolvidas nesses rituais e mesmo das violentas hostilidades sofridas por seus participantes. A peça *As bacantes*, de Eurípides, por exemplo, registra essas tensões e, mais do que isso, expressa o que parece ser uma tormentosa ambivalência da parte de seu autor. Na peça, Penteu, o rei de Tebas, dirige-se ao deus com escárnio e determina que ele deve ser suprimido à força. "Vão de uma vez para o portão de Electra", ordena a seus oficiais. "Digam a todos os meus homens que portam escudos, pesados ou leves, todos os que montam sobre cavalos velozes ou fazem soar as cordas, que me encontrem lá prontos para um assalto às bacantes [mênades]. É mais do que podemos suportar, deixar que mulheres nos desacatem assim."[1] A princípio a peça parece tomar o lado do deus — zombando do rígido Penteu e mostrando a comunidade de idosos se juntando piamente à farra das mênades. Afinal, se de fato aquele desconhecido jovem e bonito era um deus, a incumbência dos bons cidadãos era seguir seus ritos. Mas as coisas terminam mal para os dois lados: Penteu é assassinado e desmembrado por sua própria mãe, que — em seu êxtase concedido pelo deus — confunde-o com um leão.

A ambivalência e a hostilidade encontradas em registros escritos antigos podem nos dizer mais sobre as condições em que foi inventada a escrita do que sobre qualquer conflito duradouro e prévio em torno dos rituais extáticos. A escrita surge com a "civilização", em particular com a emergência da estratificação social e a ascensão das elites. É provável que tenha sido inventada, junto com a aritmética, como um meio de manter o controle sobre as posses da elite: rebanhos, estoque de grãos e escravos. Da perspectiva da elite, há um problema inerente às festividades tradicionais e aos rituais extáticos: o seu efeito nivelador, a maneira como dissolvem o status e outras formas de diferença social. É difícil, se não impossível, sustentar a própria dignidade real quando se está submetido à desvairada excitação da dança. Máscaras e fantasias podem tornar os participantes igualmente anônimos ou "especiais". A deidade pode escolher possuir tanto a mais ordinária das pastoras quanto uma rainha, assim como se pronunciar por intermédio delas.

Temos alguma evidência — de uma parte muito diferente do mundo antigo — do efeito amortecedor que a civilização e a hierarquia social exerceram sobre os rituais tradicionais. Uma datação recente, utilizando carbono-14, de um sítio arqueológico em Oaxaca sugere que seus primeiros residentes, uma comunidade de caçadores que viveu ali 9 mil anos atrás, reunia-se numa clareira para rituais dançados que incluíam toda a comunidade. Mais tarde, com o estabelecimento da agricultura, parece que os rituais eram realizados apenas por iniciados que eram "executores sociais" ou membros de uma elite, e em sua maioria homens. Por fim, com a emergência de estados organizados e militarizados 2 mil anos atrás, os arqueólogos deduzem que "muitos rituais importantes passaram a ser realizados apenas por sacerdotes especializados, que usavam calendários religiosos e ocupavam templos construídos com mão de obra temporária". No caso de Oaxaca, parecem ter passado duns poucos milênios entre as danças rituais arcaicas dos grupos paleolíticos e seu refinamento em rituais formais de estados civilizados.[2]

A ascensão da hierarquia social, concordam os antropólogos, acompanha a ascensão do militarismo e da guerra, que em geral são, à sua própria maneira, hostis às danças rituais do passado arcaico. É possível que a primeira elite fosse constituída de homens especializados em lutar contra outras tribos ou povoados e que assim podiam impor um tipo de "chantagem protetora" a seus concidadãos: alimentem-nos ou então os deixaremos à mercê dos brutamontes dos povos vizinhos; cultivem e cuidem dos rebanhos por nós ou voltaremos nossas armas contra vocês, contra as pessoas de nosso próprio clã. Por meio de invasões, saques e outras formas de guerra, essa elite primitiva teria se enriquecido, até chegarmos ao tipo de estado que Dioniso ameaçava em *As bacantes*: governado por um rei-guerreiro.[3]

Também em Israel, tanto o militarismo quanto a preocupação com a manutenção da hierarquia parecem ter agido contra os velhos rituais extáticos na Antiguidade. Depois que Mical, filha do rei Saul e mulher do rei David, vê seu marido realizar quase nu sua dança da vitória pelas ruas de Jerusalém, ela "o despreza em seu coração" e o brinda com sarcasmo: "Quão glorioso foi hoje o rei de Israel, que se descobriu! (...) Hoje, aos olhos das criadas de seus súditos, como um de seus vaidosos camaradas e sem qualquer vergonha, descobriu-se." Dançar — em especial de maneira extasiada — na companhia ou mesmo na presença de pessoas inferiores na escala social era abalar a hierarquia cada vez mais rígida da riqueza e do status.

Mas a explicação mais comum para a hostilidade dos seguidores de Javé aos ritos extáticos grupais é a militar. Assediados pelos filisteus que vinham do oeste, pelos egípcios, do sul, pelos hititas e por outros povos do norte, os hebreus não podiam se dar ao luxo de perder-se em folias coletivas — ou esse era o argumento. Como explica Robert Graves:

> Ficou claro que se a Judeia, um pequeno estado fronteiriço entre o Egito e a Assíria, quisesse manter independência política, teria de inculcar-se uma disciplina religiosa mais forte e treinar seu povo para as armas. Até então a maior parte dos israelitas havia se entregado ao orgiástico culto de Canaã, nos quais as deusas eram protagonistas, com demagogos como seus consortes. Essa situação, ainda que admiravelmente apropriada em tempos de paz, não podia acerar os judeus para resistirem aos exércitos invasores do Egito e da Assíria.[4]

Javé era o disciplinador perfeito — um deus da guerra conhecido como Javé Sabaoth, senhor dos exércitos. Karen Armstrong, especialista em religião, também explica as vacilações religiosas dos hebreus como fruto de pressões militares: "Eles se lembravam [do pacto com Javé] em tempos de guerra, quando precisavam da proteção militar de Javé, mas quando as coisas estavam tranquilas, adoravam Baal, Anat e Asherah à velha maneira."[5]

Uma preocupação com o preparo militar parece ter marcado também a visão grega dos rituais extáticos. Em *As bacantes*, Eurípides trouxe à tona uma incompatibilidade básica entre o rei-guerreiro Penteu e Dioniso, descrito como "amante da paz". Arthur Evans, em seu livro sobre Dioniso, afirma que se trata de um deus antibélico, citando, entre outros, o filósofo grego Diodoro, do século IV a.C., e sua apreciação por Dioniso devido ao fato de este fundar festivais "em todas as partes" e, "em geral, resolver os conflitos das nações e dos estados, e no lugar das guerras e dos conflitos domésticos (...) estabelecer as bases para a concórdia e para a paz duradoura".[6] Dioniso podia ser violento, mas não de uma maneira bélica. No primeiro encontro entre eles, Penteu zomba de Dioniso por sua afeminação: "Esses seus longos cachos mostram que você não é nenhum lutador."

Mas a antiga elite grega não abandonou os velhos rituais extáticos; em vez disso, simplesmente tornou-os secretos, realizando-os fora do alcance das *hoi polloi*, as pessoas comuns. No século VI a.C., emergiu uma estranha e nova forma de agrupamento religioso na Grécia: os *cultos misteriosos*, seduzindo as elites sociais, cujos membros se reuniam periodicamente para realizar ritos secretos, ao que parece com a intenção principal de chegar ao êxtase coletivo. O segredo era bem mantido, o que faz com que até hoje os estudiosos se perguntem sobre o que acontecia com exatidão nessas reuniões dos cultos. Com certeza havia dança, pois essa parte os antigos admitiam, assim como vinho e possivelmente a ingestão de drogas alucinógenas, acompanhada de uma música retumbante e de efeitos de luz. "Sabemos de danças noturnas frenéticas, de clamores tresloucados, acompanhados por flautas doces, tímpanos, pratos metálicos, castanholas e chocalhos", relata Lawler. "Sabemos da manipulação de serpentes, de transes, de profecias e até de automutilação."[7]

No livro *Antigos cultos de mistério*, Walter Burkert infere uma sequência de atividades pouco diferente da que os antropólogos já observaram em muitas sociedades "primitivas", em que os novatos no culto primeiro são isolados e atemorizados, para depois serem incorporados na dança de todo o grupo.

> Os iniciantes, sentados, são (...) ungidos com uma mescla de barro e resíduos de cereais; do escuro, a sacerdotisa aparece como um demônio assustador; novamente limpos e de pé, os novatos exclamam "Escapei do mal, encontrei o bem", e os espectadores gritam em voz alta e estridente (*ololyge*), como se estivessem na presença do mesmo agente divino. Durante o dia, segue-se a integração dos novatos no grupo de celebrantes, (...) alguns são premiados com erva-doce e álamo branco; dançam e soltam gritos rítmicos, (...) alguns empunhando cobras vivas.[8]

Sendo os participantes membros de uma elite letrada, alguns relatos subjetivos dos efeitos dos rituais sobreviveram. Iniciados descrevem a experiência como purificadora, curativa e profundamente tranquilizante; era sem dúvida transformadora. "Saí da sala do mistério me sentindo um estranho para mim mesmo", disse um participante de um rito de mistério em Elêusis, em homenagem à deusa Deméter.[9] Na verdade, é a esse tipo de experiência que devemos a própria palavra *êxtase*, derivada de palavras gregas que significam "estar fora de si".

Repressão em Roma

Onde a elite grega havia titubeado — olhando com desconfiança as mênades desordeiras enquanto seus próprios integrantes celebravam rituais extáticos secretos —, os romanos tomaram partido. Na cultura romana, o militarismo triunfa sobre as velhas tradições do êxtase comunal; o deus da guerra — aqui chamado de Marte — enfim derrota Dioniso, que, em sua forma romana, já havia sido rebaixado a Baco, o deus do vinho, amante da curtição. É em Roma que a palavra grega *orgeia*, referência a ritos extáticos religiosos, ganha conotações modernas de vulgaridade e excesso, de comida e bebida demais e promiscuidade sexual, tudo aceito ao mesmo tempo, enquanto a palavra grega *ekstasis* passou a ser comumente traduzida para o latim como *superstitio*.[10]

Mesmo os ingredientes elementares das tradições extáticas — música e dança — eram "alheios", como disse um historiador de dança, "aos romanos sóbrios e de mente realista".[11] Sim, os romanos tinham sua saturnal anual, que envolvia beber, comer e um *ritual de inversão*, em que senhores e escravos trocavam de papéis por um período breve. Mas, ao que parece ainda mais do que entre os antigos hebreus e gregos, a iniquidade social dos romanos servia tanto para inibir os poderosos como para fazê-los desconfiar das exuberantes erupções festivas dos mais pobres. Max Weber observou que "os nobres, que constituíam uma nobreza racional de gabinete cada vez mais abrangente, e que possuíam cidades e províncias inteiras como propriedades familiares, rejeitavam de todo o êxtase e a dança por serem impróprios ou indignos ao senso de honra de um nobre".[12] A condenação oficial de Roma à dança era tão completa que o ensaísta romano Cornelius Nepos, escrevendo no tempo de Augusto, teve de explicar aos leitores por que um grego importante podia se entregar a uma atividade como essa: "Os leitores não devem julgar os costumes estrangeiros a partir de seus próprios (...). Não é preciso nem dizer que, pela convenção romana, a música é indecorosa para uma pessoa proeminente, e a dança é considerada um ato decerto vicioso. Na Grécia, por outro lado, essas atividades eram tidas como diversões aceitas e até louváveis."[13] Assim como a arquitetura e a escultura romanas projetavam a implacável serenidade do poder absoluto, o patrício romano procurava, em sua conduta cotidiana, impressionar os observadores com sua autoridade pessoal. O êxtase público de qualquer tipo não era uma tentação porque "envolve a perda daquela dignidade tão cautelosamente projetada pelas estátuas honoríficas que constituem o relicário do ideal de comportamento da elite civil".[14]

Com certeza havia dança, ao menos em lugares fechados, dentro das casas ricas romanas, mas era vista com ambivalência e em geral relegada a profissionais de reputação dúbia. Em 150 a.C., o cônsul Cipião Emiliano Africano ordenou que as escolas de dança para crianças romanas fossem fechadas.[15] Poucos séculos mais tarde, encontram-se referências a mulheres dançando para convidados dentro de suas casas, embora essas mulheres estivessem muitas vezes sujeitas a críticas se suas danças fossem vistas como "profissionais" demais, ou seja, qualificadas ou indecentes demais.[16] O satirista Juvenal, por exemplo, via na dança de mulheres romanas de classe alta apenas uma demonstração de luxúria sexual, calculada para "aquecer os frios bailes" dos homens idosos.

> Ah, que paixão vasta e enlevante enche seus espíritos
> Para deixá-las enlevadas! Tão lascivos uivos, tão copioso
> Fluxo de licor manchando suas coxas!
> Cai a grinalda de Sofia; ela desafia as prostitutas
> Para uma competição de baques e triturações, emerge vitoriosa,
> E admira a dança das nádegas de Medulina.[17]

Não surpreende que a religião romana fosse uma questão "fria e prosaica",[18] engendrada para reforçar a hierarquia social mais do que para oferecer ao adorador uma experiência de comunhão com as deidades. Em vez de sacerdotes especializados, homens nobres eram designados para coordenar os ritos; e depois que o imperador ganhou status de divindade, o que começou quando Augusto se declarou um deus, a conexão entre religião e autoridade secular tornou-se indissolúvel. Quanto aos ritos em si, ninguém esperava que transformassem, excitassem ou apelassem de qualquer maneira às emoções. Em vez disso, a ênfase recaía sobre a perfeição e exatidão da performance, planejada nos mínimos detalhes. Nos sacrifícios animais — a forma mais comum de prática religiosa —, o animal tinha que ser fisicamente perfeito e o ideal era que desejasse morrer, o que se supunha ser demonstrado quando o mesmo esticava voluntariamente o pescoço em direção à faca. Se o rito sacrificial fosse alterado em algum detalhe, precisava ser repetido até que estivesse certo. Um homem que atuava como sacerdote foi obrigado a desistir porque seu chapéu caiu enquanto ele realizava o sacrifício.[19] Os deuses, e não os humanos presentes, eram os verdadeiros especialistas em rituais romanos, e sabia-se que eram muito sensíveis ao mais ínfimo dos lapsos litúrgicos.

Mas havia um risco na formalidade aristocrática da religião romana. Pode ser que os tediosos ritos oficiais servissem para reforçar a hierarquia e a obediência, mas também deixavam os deuses romanos vulneráveis à competição de deidades estrangeiras mais acessíveis emocionalmente. E, em se tratando de um império composto por tantos povos subjugados — dos gauleses e bretões tribais aos gregos e egípcios urbanos — não havia como isolar Roma dos ritos extáticos para deuses alheios. Até pouco tempo atrás, historiadores se referiam de forma pejorativa a essas alternativas extáticas como "religiões orientais", na tentativa usual de situar as fontes do "irracional" em algum lugar distante do Ocidente, e as culpavam em parte pelo posterior declínio e decadência do império. Geograficamente, contudo, o termo *oriental* se aplica apenas ao culto de Cibele, a Grande Mãe, introduzido em Roma por meio de Anatólia em 204 a.C. A deusa Ísis, cuja adoração era difundida em Roma no início da era cristã, agia a partir do Egito; e Dioniso/Baco quase nem era estrangeiro.

Em geral, os romanos eram notavelmente tolerantes em relação aos deuses dos povos subjugados, a ponto de adotar aqueles mais atraentes e eficientes. Mas enquanto essas deidades importadas conseguiam seus adeptos de grupos marginalizados da sociedade romana — mulheres e escravos —, os cultos orientais de Ísis, Cibele e Dioniso tinham algo de ameaça política. A adoração pública de Cibele era particularmente ultrajante, como relata a historiadora Mary Beard: "Com os cabelos esvoaçantes, as joias extravagantes e os longos robes de seda amarelos, elas [as devotas de Cibele] ofereciam uma imagem do louco frenesi religioso que envolvia não apenas danças extáticas, mas autoflagelação frenética e (...) [no caso de adoradores homens] o ato de autocastração realizado em transe divino."[20] Esse era o desafio máximo ao domínio masculino: Cibele não só convocava grupos de adoradoras mulheres em seus dias sagrados; ela ordenava que seus sacerdotes homens, ou *galli*, cortassem seus testículos em público. Como cada homem podia realizar esse ato de obediência uma única vez, em ocasiões posteriores de adoração esperava-se que cortassem a pele com uma faca e saíssem pelas ruas sangrando e dançando no que devia parecer, aos romanos preocupados com o status, uma inexplicável demonstração de auto-humilhação. Historiadores modernos concordam que a adoração a Cibele constituía uma forma de "resistência aos princípios da elite dominante".[21] Como afirma Beard:

> Por um lado havia a abordagem rotineira, formal, ao sacerdócio tradicional, incrustado nas hierarquias políticas e sociais da cidade. Por outro, havia as alegações dos *galli* de que eles usufruíam de uma inspiração direta dos deuses — uma inspiração que vinha com frenesi e transe, aberta a qualquer um, independentemente da posição política ou social (...) Ao desafiarem a posição dos membros da elite romana como únicos guardiões de acesso aos deuses, os sacerdotes eunucos estavam desafiando a autoridade maior de tal elite e as normas culturais que há tempos ela vinha impondo.[22]

Mas, por conta de sua suposta ajuda aos romanos durante as Guerras Púnicas, não havia muito que as autoridades pudessem fazer contra Cibele e seus seguidores — a não ser zombar deles, como fez Juvenal com humor.

> (...) Agora vêm os devotos
> da frenética Belona, a Cibele, Mãe dos Deuses,
> com um imenso eunuco, um rosto a reverenciar obscenidades menores.
> Tempos atrás, com um estilhaço, ele cortou fora seus macios genitais:
> agora, nem a turba aos uivos nem todos os tímpanos podem abalá-lo.
> Uma mitra frígia [um tipo de capacete associado à adoração de Dioniso na Grécia] cobre suas bochechas plebeias.[23]

Dioniso, ou Baco, no entanto, não contava com a mesma proteção oficial que recebia Cibele. Ele não havia ajudado Roma militarmente nem oferecido qualquer outro serviço ao estado. Assim, seus devotos podiam ser suprimidos à força, e foram de fato exterminados com uma virulência comparável à da repressão dos cristãos alguns séculos mais tarde. Algo que incomodava as autoridades era o simples fato de as pessoas se reunirem sem autorização oficial. Vejamos o que o cônsul que congregou a assembleia em que os ritos dionisíacos foram denunciados falou pela primeira vez: "Seus ancestrais não desejaram que os cidadãos se reunissem fortuitamente, sem uma boa razão: não desejavam que se reunissem a não ser quando fosse para construir uma fortificação, quando o exército fosse convocado para eleições ou quando os tribunos proclamassem um conselho de plebeus."[24] "Liberdade para se reunir" ainda não era sequer uma aspiração remota; os romanos deviam expressar seu desejo de contato social apenas em nível familiar, ou em comunhão com toda a massa no caso de o povo todo ser convocado pelo Estado. Qualquer coisa que ficasse entre essas duas opções era politicamente suspeita. Desse modo, quando Plínio, o Jovem, tornou-se governador da Bitínia, na Ásia Menor, hesitou em permitir a formação de um departamento de bombeiros voluntários. "O senhor pode ponderar se considera que pode ser formada uma companhia de bombeiros, limitada a 150 membros?", escreveu ao imperador Trajano. "Não será difícil manter um grupo tão pequeno sob observação." Mesmo assim, Trajano se recusou a dar a permissão, respondendo que, "se as pessoas se reúnem com um propósito comum, independentemente do nome que lhes damos e de sua designação, logo se transformam em um clube político".[25]

À época da tomada de posição a respeito dos rituais, a adoração a Dioniso/Baco estava difundida e profundamente enraizada na Itália havia décadas.[26] De acordo com o historiador romano Tito Lívio, o problema começa com a chegada de um estrangeiro carismático, aos moldes do que ocorre na peça de Eurípides. No caso romano, o estrangeiro é um andarilho grego "especialista em sacrifícios e profecias".[27] A princípio ele recruta apenas mulheres, que realizam os ritos à luz do dia; só quando os homens são incluídos é que os ritos passam a acontecer à noite.

> Quando as licenças oferecidas pela noite foram acrescentadas, nenhum tipo de crime, nenhum tipo de imoralidade, foi deixado de lado. Mais obscenidades eram praticadas entre os próprios homens do que entre homens e mulheres. Qualquer um que se recusasse ao ultraje ou estivesse relutante em cometer crimes era abatido como uma vítima sacrificial (...). Alguns homens, aparentemente desprovidos de bom senso, conjugavam profecias e convulsões corporais

frenéticas; senhoras vestidas de bacantes, com os cabelos desgrenhados e carregando tochas, corriam até o Tibre, mergulhavam as tochas na água e as retiravam ainda acesas.[28]

As alegações de atividade homossexual masculina eram bastante alarmantes para os romanos, que não compartilhavam o entusiasmo dos gregos pelo amor entre pessoas do mesmo sexo. Mas talvez tão alarmante quanto, do ponto de vista romano, mais pragmático, era o fato de o culto ser supostamente "uma fonte de fornecimento de falsas vítimas, de documentos e testamentos forjados e de evidências para perjúrios".[29]

Foi este último tipo de prática que concedeu o pretexto para a violenta supressão. Em 186 a.C. — apenas oito anos depois da preocupante introdução do culto a Cibele — a viúva de um cavaleiro de elite articulou uma maneira de defraudar seu filho crescido, Publius Aebutius, ao fazê-lo iniciar-se no rito báquico e assim perder a herança do pai. De acordo com Lívio, Publius aceitou se preparar para sua iniciação e contou isso à namorada, Hispala, uma ex-escrava que se tornara uma rica prostituta. Tendo sido iniciada anos antes como escrava, ela conhecia as violações terríveis que aguardavam Publius e implorou a ele que ignorasse os desejos da mãe e desistisse da iniciação. Quando a mãe insistiu, Hispala quebrou seu voto de sigilo com o grupo e, apesar do "tremor que tomou todo o seu corpo", revelou as atividades do culto às autoridades romanas.

A resposta foi quase histérica; uma assembleia foi convocada para denunciar a "conspiração" representada pelas formas báquicas de adoração e ordenar sua completa extinção. Informantes seriam recompensados e ninguém podia deixar a cidade até que as investigações terminassem. Ao que parece, Roma entrou em rebuliço indo atrás dos bacantes secretos, e o anúncio da purgação submergiu a cidade em um "terror extremo", com milhares de pessoas tentando escapar antes que as autoridades chegassem a elas. Mais de 700 homens e mulheres foram detidos, sendo a maioria executada — homens pelas mãos do Estado, mulheres entregues às famílias para serem assassinadas de maneira mais reservada.

Não podemos saber ao certo quanto da história de Lívio, e das lúgubres alegações contidas nela, é verdade. Será que os adoradores romanos de Dioniso de fato se engajavam em orgias homossexuais, indo além da prática grega de dançar até o êxtase? E como conseguiam empreender a cuidadosa tarefa de forjar testamentos, elaborar venenos etc., no meio de seus ritos frenéticos?

No máximo, podemos deduzir da história de Lívio algumas das ansiedades que afligiam a elite romana — se não em 186 a.C., ao menos próximo à época do nascimento de Cristo, quando Lívio estava escrevendo. A preocupação com a integridade da masculinidade romana era claramente preponderante: um jovem, filho de um guerreiro, seria despojado de sua herança por uma mulher, sua mãe, e as mulheres como um todo eram "a origem desse mal", isto é, toda a "conspiração" báquica. O estupro homossexual estava entre os crimes atribuídos aos homens membros do culto, que eram, nas palavras de Lívio, "quase indistinguíveis das mulheres".[30] Não há dúvida, de que o que acontecia naqueles ritos secretos era inaceitável para a ideia romana militarista de masculinidade. "Cidadãos de Roma", pergunta o cônsul que liderou o ataque à "conspiração" báquica,

> vocês acham que os homens jovens que fizeram esse voto de lealdade devem se tornar soldados? Que armas podem ser confiadas a homens retirados desse santuário obsceno? Esses homens estão impregnados de sua própria devassidão e da devassidão de outros; tomarão eles a espada até o fim em defesa da castidade de suas esposas e de seus filhos?[31]

Especialistas ainda discutem se o culto báquico suprimido em 186 a.C. não consistia em um movimento de protesto de algum tipo ou de alguma conspiração com intenções políticas. É certo que a elite masculina romana tinha razões para se preocupar com reuniões extáticas não supervisionadas: sua riqueza havia sido ganha com a espada, seus confortos eram providos por escravos, suas casas eram chefiadas por mulheres que reclamavam — muito mais dos que suas irmãs gregas — das restrições impostas por uma liderança política perpetuamente masculina.

Dois séculos depois da repressão à adoração de Dioniso na Itália, no ano 19 d.C., as autoridades romanas investiram contra outra religião "oriental" que realizava rituais extáticos: o culto a Ísis. Mais uma vez houve um escândalo envolvendo o uso de um culto para propósitos nefandos, embora desta vez a vítima fosse uma mulher, supostamente enganada por um amante rejeitado para que fizesse sexo com ele em um templo da deusa. Em mais uma reação aparentemente exagerada, o imperador Tibério ordenou a crucificação dos sacerdotes de Ísis e o exílio na Sardenha dos seguidores da deusa e de outros 4 mil "bandoleiros".[32] Não podia haver segredos em Roma, tampouco qualquer reunião que não fosse das patrocinadas e organizadas pelos poderosos — em seus circos e com suas lutas de gladiadores, por exemplo.

É tentador dividir o temperamento antigo entre os domínios de Dioniso e Javé — hedonismo e igualitarismo contra hierarquia e guerra. Por um lado, a vontade de alcançar o deleite aqui e agora; por outro, a determinação para se preparar para o perigo que estava por vir. Um espírito feminino, ou andrógino e brincalhão, contra o frio princípio de autoridade patriarcal. Foi assim que Robert Graves, Joseph Campbell e muitos outros depois deles compreenderam a emergência de uma cultura ocidental específica: como o triunfo da masculinidade e do militarismo sobre as tradições anárquicas de uma era mais simples e campestre, dos "deuses celestes" patriarcais, como Javé e Zeus, sobre a grande deusa e seus consortes. As velhas deidades eram acessíveis a todos por meio do êxtase induzido ritualmente. Os novos deuses falavam apenas por intermédio dos padres e profetas, e em tons aterrorizantes de alerta e comando.

Mas toda essa dicotomia se quebra com a chegada de Jesus, cujos seguidores alegavam que fosse o filho de Javé. Jesus deu ao implacável Javé um rosto humano, tornando-o mais acessível e clemente. Ao mesmo tempo, contudo — algo que não é notado com tanta frequência —, Jesus era, ou assim era retratado por seus seguidores, uma continuação do essencialmente pagão Dioniso.

3

Jesus e Dioniso

Naquela que foi considerada "uma das passagens mais provocativas da literatura ocidental", o historiador grego Plutarco nos conta a história de como os passageiros de um navio mercante grego, em algum momento durante o reino de Tibério (14-36 a.C.), ouviram um estridente grito vindo da ilha de Paxos. A voz instruía o piloto do navio a berrar, quando estivesse navegando por Palodes: "o grande deus Pan está morto". Assim que ele o fez, os passageiros ouviram, flutuando em direção a eles pelas águas, "um grande grito de lamentação, não de uma pessoa, mas de muitas".[1]

É uma história estranha: uma voz sem corpo seguida de outra que emerge das águas. Os primeiros escritores cristãos pareceram ter ouvido apenas a primeira voz, que indicava para eles a morte do paganismo em face do nascente cristianismo. Pan, o deus de chifres que se sobrepôs a Dioniso como deidade da dança e dos estados extáticos, tinha de morrer para dar espaço ao majestoso e sóbrio Jesus. Só alguns séculos mais tarde é que os leitores de Plutarco souberam das vozes que respondiam em lamento e começaram a compreender o que se perdera com a ascensão do monoteísmo. Em um mundo sem Dioniso/Pan/Baco/Sabázio, a natureza estaria morta, a alegria seria relegada a um pós-vida e as flautas e gaitas não soariam mais nas florestas.

A absoluta incompatibilidade entre Jesus e Dioniso — ou, de modo mais geral, entre o cristianismo e as velhas religiões extáticas — tornou-se um princípio da teologia cristã posterior, senão do pensamento "ocidental" como um todo. Porém, para um habitante de Roma que vivesse no século I ou II, quando o cristianismo surgiu, a nova religião não deve ter parecido tão hostil a Dioniso ou sua versão metade animal, Pan. A partir de uma perspectiva romana, o cristianismo era, a princípio, apenas mais uma religião "oriental", vindo do leste, e, como outras de origem semelhante, atraente para as mulheres e os pobres. Oferecia comunhão direta com a deidade e prometia vida eterna, o que também era oferecido por muitas das outras religiões importadas que tanto vexavam as autoridades romanas. Na verdade, há razões para pensar que no início o cristianismo também era uma religião extática, sobrepondo-se ao culto a Dioniso.

A começar pelas próprias deidades: os paralelos gerais entre Jesus e vários outros deuses pagãos foram definidos há bastante tempo por James Frazer, em *The golden bough* (O ramo dourado). Como o deus egípcio Osíris e como Átis, que vinha da Ásia Menor, Jesus era um deus agonizante, um deus-vítima, cuja morte redundava no benefício da humanidade. Também Dioniso passara por um tipo de martírio. Seu perseguidor divino era Hera, a consorte matronal de Zeus, cuja ira se devia ao fato de Dioniso ser filho de Zeus com uma mulher mortal, Sêmele. Por ordem de Hera, Dioniso foi desmembrado ainda bebê, mas logo recomposto por sua avó. Mais tarde, Hera perseguiu o Dioniso já crescido e o afligiu com uma loucura divina que o fazia perambular pelo mundo, disseminando a vinicultura e a folia. Dessa história, podemos depreender uma figura encontrada em mitologias de muitas culturas aparentemente não relacionadas: a do deus primordial cujo sofrimento e, muitas vezes, cujo desmembramento contêm ou são elementos necessários de seu bem à humanidade.

O óbvio paralelo entre a história de Cristo e a dos deuses-vítima pagãos foi fonte de grande pesar para os padres da Igreja do século II. Era certo que seu precioso deus-salvador não podia ser copiado ou plagiado de cultos pagãos perturbadores, de modo que eles, de maneira engenhosa, explicaram o paralelo como resultado de um "mimetismo diabólico": antecipando que Jesus Cristo chegaria muitos séculos mais tarde, os pagãos teriam astutamente engendrado deuses que se assemelhavam a ele.[2] O fato de essa explicação atribuir poderes sobrenaturais proféticos e quase divinos, aos inventores pagãos de Osíris, Átis e Dioniso deve ser ignorado.

Deixando de lado esse Cristo genérico do deus-vítima pagão, podemos encontrar paralelos muito mais intrigantes entre a figura histórica de Jesus e o deus pagão Dioniso. Ambos eram carismáticos itinerantes que atraíam seguidores devotos, ou cultos; ambos exerciam um apelo especial em mulheres e pobres. Surpreendentemente, ambos estão associados ao vinho: Dioniso foi quem o trouxe à humanidade; Jesus conseguia produzi-lo a partir da água. Cada um deles pretendia ser filho de um grande deus-pai — Zeus ou o deus hebreu Javé — e uma mãe mortal. Nenhum deles era um asceta — Jesus amava o vinho e a carne — mas ambos eram aparentemente assexuados ou ao menos lhes faltava uma companheira mulher. Ambos curavam — Jesus diretamente, Dioniso por meio da participação em seus ritos — e faziam milagres; no caso de Jesus, possivelmente mágicos.[3] Os dois foram perseguidos por autoridades seculares, representadas por Penteu, no caso de Dioniso, e Pôncio Pilatos, no caso de Jesus. Eles até eram simbolizados por criaturas semelhantes: o peixe para Jesus e o golfinho para Dioniso.

Ao menos em um aspecto significativo, Jesus se parece mais com Dioniso do que com Átis. Este era um deus da fertilidade que morria e renascia uma vez por ano junto com a vegetação da Terra, enquanto Jesus, como Dioniso, era marcadamente indiferente à questão da reprodução. Sabemos, por exemplo, que as mulheres judias do Velho Testamento eram devastadas pela infertilidade. Ainda assim, embora Jesus pudesse curar qualquer coisa, a ponto de ressuscitar os mortos, nunca se disse que tenha "curado" uma mulher que não pudesse ter filhos — uma omissão fantástica se de alguma forma ele derivava de um deus pagão da fertilidade.

Além disso, até onde se pode dizer que Dioniso tinha uma postura ética ou filosófica, essa postura mostra certa semelhança em relação à de Jesus. Como vimos, Dioniso era um defensor da paz e, assim como Jesus, apoiava os pobres e excluídos dentro da hierarquia social prevalecente. De acordo com Eurípides, com certeza um admirador bastante ambivalente do deus do vinho, o homem dionisíaco é:

> Atento para manter mente e coração distantes
> De homens cujo orgulho exige mais do que podem os mortais.
> A vida que vence a voz comum dos pobres,
> Seu credo, sua prática — esta há de ser a minha escolha.[4]

Para completar seu comportamento boêmio compartilhado, ambos zombavam da labuta que tanto toma as energias humanas. Dioniso sempre estava afastando as mulheres do trabalho nos lares para que se juntassem aos ritos maníacos. Jesus aconselhava os seguidores a não se preocuparem em como conseguir suas próximas refeições e a emularem os lírios do campo e as aves voadoras, "pois eles não semeiam, não colhem, não se apinham em celeiros". Ambos, em outras palavras, sustentavam algo que pode ser considerado uma visão *hedonista* da comunidade, baseada na igualdade e no alegre imediatismo da experiência humana — em oposição à realidade *agônica* das sociedades desiguais e bélicas que se favorecem brevemente da presença deles.[5]

Há mais um paralelo entre Jesus e Dioniso. Muito antes da chegada de Jesus, o próprio Dioniso havia se tornado um deus de salvação pessoal, levando a promessa de vida após a morte. Os deuses patriarcais oficiais — Zeus (Júpiter para os romanos) e Javé — tinham pouco a oferecer para o pós-vida, mas os vários cultos extáticos disponíveis no mundo greco-romano — centrados em Deméter, Íris, Cibele e Mitras, por exemplo — defendiam que seus mistérios eram portais para a vida eterna. De acordo com Burkert, "o mesmo vale para os mistérios dionisíacos, ao menos a partir do século V a.C., embora os estudiosos costumem relutar em admitir essa dimensão da adoração dionisíaca".[6] O recurso tão difundido a imagens dionisíacas gravadas em pedras testifica, muito provavelmente, a promessa de salvação do deus do vinho.[7] Não era simplesmente uma promessa verbal, como para os cristãos; os pagãos podiam adquirir sua imortalidade diretamente, por meio da participação nos ritos extáticos do deus. "Perder-se" em êxtase — desprender-se dos próprios limites físicos e temporais — é vislumbrar, ainda que de forma breve, a perspectiva de eternidade.

Dioniso e os judeus

Como explicar a semelhança entre o filho de Zeus e o filho de Javé? Pode-se argumentar que ambos são a manifestação de um arquétipo subjacente, existente na imaginação humana, de uma figura rebelde e salvadora divina ou semidivina. Mas há outra possibilidade: que a figura histórica de Jesus tenha sido sutilmente alterada e moldada por seus seguidores e narradores justo para que se parecesse mais com Dioniso. Como judeus helenizados, que falavam e escreviam em grego, os primeiros escribas estavam familiarizados com Dioniso e com toda a família estendida das deidades pagãs. Na verdade, mais do que quaisquer outros judeus, os primeiros cristãos tinham fortes ligações intelectuais com as ideias e filosofias da cultura pagã.[8] Mas por que iriam querer estilizar seu próprio homem-deus à imagem de uma deidade pagã aparentemente tão perturbadora?

A resposta deve estar conectada ao estranho fato de que, em provável desafio ao Primeiro Mandamento, os judeus do Israel romano já estavam adorando Dioniso no tempo de Jesus e identificando-o com seu "único" deus, Javé. O historiador Morton Smith apontou que, nos tempos romanos, o deus Dioniso era adorado em todo o mundo hebraico: "Não surpreende que Javé com frequência fosse identificado por não judeus como Dioniso (...). O fato surpreendente é que essa identificação tenha aparecido primeiro entre os próprios judeus." Em uma moeda hebraica, por exemplo, Javé é retratado (e o mero fato de isto acontecer já é uma quebra contundente da tradição judaica) com atributos de Dioniso — usando uma máscara de sátiro e dirigindo a carruagem de Triptolemos, que Dioniso usava em suas viagens pelo mundo.[9]

Além disso, enquanto em Jerusalém os judeus podiam ser ecumênicos o bastante para adorar Javé tanto na forma de Zeus quanto de Dioniso, há relatos de adoração por parte dos judeus a Dioniso em Roma. Considerando "a popularidade do culto a Dioniso na Palestina", assim como as evidências materiais de moedas, objetos funerários e ornamentos dos prédios mostrando que Javé e Dioniso eram muitas vezes confundidos, Smith concluiu que "esses fatores, analisados em conjunto, tornam inacreditável que esses símbolos não tivessem qualquer significado para os judeus que os usavam. A história de seu uso mostra uma persistente associação dos atributos do deus do vinho com Javé".[10] Como escreve o teólogo Robert M. Price:

> Com certeza havia judeus pegando características atraentes de crenças pagãs e misturando-as com as suas próprias (...). Macabeus 6:7 conta-nos que Antióquio converteu uma grande quantidade de judeus em adoradores de Dioniso. Pode-se suspeitar que não tenha sido uma tarefa árdua, uma vez que alguns autores gregos já consideravam Jeová simplesmente como mais uma variação local de Dioniso. A religião de Sabázio, da Frígia, é claramente um exemplo da adoração de Jeová como Dioniso.[11]

Assim, Jesus nasceu numa cultura judia que havia abraçado, até certo ponto, os deuses pagãos, especialmente Zeus e Dioniso. Segundo o classicista Carl Kerényi, os primeiros seguidores de Jesus, e provavelmente o próprio Jesus, estavam cientes da "existência de uma massiva religião não grega de Dioniso entre o Mar da Galileia e a costa fenícia". Jesus viajou por essa região e tomou da vinicultura muitas de suas metáforas. Em particular, sua estranha insistência de que ele é "a verdadeira vinha" faz pouco sentido a não ser que haja também uma falsa vinha, o que pode ser interpretado como um desafio direto a Dioniso.[12] Quanto ao truque dionisíaco de Jesus ao transformar água em vinho, isso derivou, argumenta Smith, de "um mito sobre Dioniso contado em um festival dionisíaco celebrado em Zidon". Um relato do festival, do século I ou II d.C., "mostra incríveis similaridades, até nas frases, em relação ao material dos evangelhos".[13]

Muitos aspectos de Dioniso teriam feito dele um atraente protótipo para o Jesus deificado. Primeiro, é claro, os elementos extáticos da adoração a Dioniso; os macabeus haviam introduzido elementos do ritual dionisíaco em festividades judaicas dois séculos antes do nascimento de Jesus, e Smith diz que eram muito populares. Num sentido mais amplo, os primeiros seguidores judeus de Jesus podem ter se impressionado, assim como os gregos e romanos antes deles, com a acessibilidade do deus do vinho ao adorador individual. Javé — ao menos antes de sua aparente mescla com Dioniso — era uma deidade austera e impessoal, ao passo que Dioniso sempre mantinha aberta a possibilidade de uma relação direta e pessoal por meio da participação nos ritos. Além disso, diferente de muitas deidades, Javé incluído, Dioniso não era um deus local ou paroquial; seu culto era universal e potencialmente aberto a qualquer um em qualquer lugar.

Quando o Jesus histórico foi executado pelas autoridades romanas, seus seguidores lidaram com essa tragédia transformando-o em deus — mas não um deus qualquer. Parecem ter escolhido como modelo um deus específico que já estava difundido na comunidade deles, um deus que oferecia a promessa de vida eterna e de comunhão divina, e que recebia os indivíduos mais baixos. Não estou sugerindo que essa tenha sido uma escolha consciente, feita por determinados seguidores de Jesus que adoravam o deus Dioniso em segredo. Mas as características sempre estiveram presentes na cultura pagã/judaica em que os seguidores de Jesus procuraram interpretar a curta vida de seu líder e sua torturada morte. Passaram-se 40 anos entre a morte de Jesus e o primeiro relato escrito de sua vida — tempo suficiente para que seus seguidores engendrassem um mito de sua linhagem divina e de sua missão a partir da bricolagem cultural disponível para eles, que já incluía a noção de um deus-vítima populista que trazia o vinho e dava a vida. O Cristo crucificado representou, talvez de uma maneira mais do que apenas simbólica, a ascensão de Dioniso.

Pode ter havido qualquer sobreposição direta entre os cultos de Jesus e Dioniso, ou uma mistura fraternal dos dois? Sustentando essa possibilidade, Timothy Freke e Peter Gandy, no livro um tanto sensacionalista *The Jesus Mysteries* [Os mistérios de Jesus], oferecem uma série de casos, dos séculos II e III, em que Dioniso — identificado pelo nome — é retratado preso a uma cruz.[14] Há também o que o arqueólogo Franz Cumont chamou de "estranho fato para o qual ainda não foi encontrada nenhuma explicação satisfatória": o enterro de uma sacerdotisa de Sabázio junto com outro seguidor desse deus, que era uma variação comum de Dioniso na Ásia Menor, numa catacumba cristã de Roma.[15] Na cova há afrescos que retratam "como Víbia [a seguidora de Sabázios] foi levada pela Morte, tal qual Kore havia sido levado por Hades, como ela foi julgada e absolvida e como foi introduzida pelo 'anjo bom' à sagrada refeição dos abençoados".[16] A presença de Dioniso/Sabázio em uma catacumba cristã decorada com uma história cristã de morte e pós-vida parece sugerir que o Jesus deificado e o velho deus do vinho, ainda que brevemente, chegaram a se dar muito bem.

Cristianismo extático

Mais pertinente a nossos propósitos é a evidência — frustrantemente dispersa e inconclusiva, admito — de que os primeiros cristãos se engajavam em práticas extáticas que lembravam os cultos de mistério da Grécia e as religiões "orientais" de Roma. É certo que os romanos suspeitavam que sim. O escritor romano Celsus, do século I, comparou o Natal à prática dos "mistérios báquicos" e aos "sacerdotes e adivinhos de Cibele", assim como aos "adoradores de Mitras e Sabázio".[17] Além disso, os romanos imaginavam que no Natal se praticavam todos os atos lascivos atribuídos ao culto a Baco, com variações ainda mais diabólicas, como o sacrifício humano, o infanticídio e o canibalismo. É desse modo que Fronto, tutor do imperador Marco Aurélio, entendia o sacramento cristão da comunhão: "É o sangue desse infante [sacrificado] — estremeço apenas em mencioná-lo — que eles lambem com lábios sedentos; dele são os membros que distribuem com avidez; ele é a vítima com a qual selam o pacto deles."[18]

A atratividade do cristianismo para as mulheres, e a consequente mescla de sexos, era outra fonte da especulação romana pruriente.

> Em um dia especial, reúnem-se numa festa com todos os filhos, irmãs, mães — ambos os sexos e todas as idades. Ali, excitados pelo banquete, depois de tanta comida e bebida, começam a arder em paixões incestuosas, (...) com indizível lascívia copulam em uniões aleatórias, todos sendo culpados pelo incesto, alguns pelos feitos, mas todos por cumplicidade.[19]

A maior parte do que os cristãos dos séculos I e II de fato chegavam a fazer juntos — se possuíam mesmo uma forma padronizada de adoração, por exemplo — é desconhecida, mas a visão acadêmica geral é de que "as missas nas igrejas eram atividades ruidosas e carismáticas, bastante diferentes das orações comedidas das paróquias de hoje".[20] Encontravam-se na casa das pessoas, onde o ritual central era uma refeição compartilhada regada à bebida favorita de Jesus, o vinho.[21] Há razões para pensar que também cantavam, e que as canções às vezes eram acompanhadas por instrumentos musicais.[22] Justin Martyr, um pagão convertido que morreu nas mãos dos romanos em 165 d.C., escreveu certa vez que as crianças deviam cantar juntas, "da mesma maneira como aproveitamos as canções na igreja".[23] Muito provavelmente, os cristãos também dançavam; ao menos foi assim que o historiador Louis Backman interpretou várias declarações de padres do século II. Clemente de Alexandria (150-216 d.C.), por exemplo, instruía os fiéis a "dançarem em círculo, junto com os anjos, em volta Dele que não tem início nem fim", sugerindo que o rito de iniciação cristã incluía uma dança em círculo em volta do altar. Em outro ponto, Clemente escreveu que, para invocar "o prazer e o deleite do espírito", os cristãos "devem levantar cabeças e mãos para os céus e mover os pés no fim de cada prece — *pedes excitamus*". Segundo Backman, *pedes excitamus* é um "termo técnico para *dança*".[24]

Então os cristãos cantavam e possivelmente dançavam, mas será que dançavam *extaticamente*, como os membros dos cultos dionisíacos? Uma evidência para a dança extática, tal como ela é, varia de acordo com a interpretação da instrução de Paulo, em sua carta aos coríntios, de que as mulheres deviam manter suas cabeças cobertas na igreja (1 Cor. 11:5). Isso pode representar nada mais do que uma preocupação de que o cristianismo se mantenha nos limites normais pagãos e judeus de decoro de gênero; afinal, Paulo não queria mulheres professando ou mesmo falando na igreja, muito embora ele próprio trabalhasse com mulheres proselitistas e chegasse a declarar que "homens e mulheres são um em Cristo". Uma explicação alternativa para a regra de cobrir a cabeça, no entanto, proposta pelo teólogo E.S. Fiorenza, é que as mulheres de Corinto estavam ficando um pouco exuberantes demais para o gosto de Paulo.

> Parece que durante as celebrações de adoração extático-pneumática algumas mulheres coríntias, profetisas e liturgistas soltavam seus cabelos e os deixavam balançar livremente, em vez de mantê-los em penteados habituais, que com frequência eram bastante elaborados e adornados com joias, laços e véus. Uma visão desse cabelo rebelde era bastante comum na adoração extática de deidades orientais.[25]

Mulheres romanas passavam horas elaborando seus apertados penteados, deixando que o visual mais solto ficasse reservado às adoradoras de Dioniso, Cibele e Ísis. Se sabemos algo sobre Paulo, é que ele se preocupava muito em tornar o cristianismo respeitável para os romanos, e assim o menos parecido possível com outras religiões "orientais", cujas mulheres dançavam desordenadamente.

Essa pode parecer uma inferência um tanto tênue, mas a associação entre cabelos balançando e as práticas extáticas estava bastante difundida e bem estabelecida no mundo antigo. Basta lembrar as figuras pré-históricas de mulheres dançando cujos cabelos esvoaçantes sugerem o balanço da cabeça ou ao menos um movimento acelerado. No império romano do século II, o escritor sírio Luciano de Samósata reportou que os *galli*, ou homens adoradores de Cibele, "balançavam seus quepes e agitavam as cabeças para cima e para baixo", ao passo que Lucius Apuleius disse que eles "deixavam a cabeça pender para baixo por um bom tempo, movendo o pescoço em movimentos giratórios, fazendo rodar e rodar os cabelos soltos".[26] E.R. Dodds, em sua famosa obra *Os gregos e o irracional*, sugeriu que o balançar dos cabelos pode ser uma marca universal do êxtase religioso. Um missionário do século XIX, por exemplo, que testemunhou uma "dança canibal" na Colúmbia Britânica, considerou que "o contínuo balançar de cabeças, fazendo com que os longos cabelos negros se movessem sem parar, acrescentava muito à aparência selvagem". De modo similar, uma característica notável de certos dançarinos marroquinos era que "os longos cabelos se agitavam graças ao rápido movimento para a frente e para trás das cabeças".[27] Um observador do Grande Despertar americano no século XVIII comentou sobre pessoas tomadas pelo "espírito":

> Suas cabeças caíam para trás de súbito, frequentemente fazendo com que uivassem ou soltassem outros ruídos involuntários (...). Às vezes a cabeça se movimentava para todos os lados tão depressa que suas características não podiam mais ser reconhecidas. Vi

suas cabeças se movendo para frente e para trás tão rápido que o cabelo das mulheres chegava a estalar como um chicote, mas não muito alto.[28]

A hipótese de que Paulo estivesse preocupado em controlar a atividade extática, e não apenas as mulheres, é ao menos coerente com o fato de que, alguns versículos depois de sua instrução para as mulheres cobrirem as cabeças em sua carta aos coríntios, ele alerta os homens cristãos a manterem os próprios cabelos bem curtos (1 Cor. 11:14, 15). Além disso, há evidências arqueológicas da contínua adoração a Dioniso em Corinto no tempo de Paulo, algo que levou um estudioso evangélico do século XX a concluir que "a religião dionisíaca provavelmente exerceu alguma influência" sobre os exuberantes cristãos coríntios.[29]

Sem dúvida, os primeiros cristãos aprovavam um tipo de comportamento bem estranho, mas não fica claro se era de fato extático, ou mesmo comunal. Trata-se do ato de falar supostas línguas desconhecidas, tecnicamente denominado *glossolalia*. Ele ocorre pela primeira vez entre os cristãos bíblicos no Livro dos Atos, quando centenas de fiéis se juntam para observar o Pentecostes judaico.

> De repente veio do céu um ruído como o agitar-se de um vendaval tempestuoso (...)
> Apareceu-lhes, então, línguas como de fogo, que se repartiam e que pousavam sobre cada um deles.
> E todos ficaram repletos do Espírito Santo e começaram a falar em outras línguas, conforme o Espírito lhes concedia se exprimirem. (Atos, 2:2-4)

Testemunhas supuseram que eles estivessem bêbados, mas o que aconteceu foi que, miraculosamente, cristãos reunidos de todas as nacionalidades — partianos, medenses, elamitas, cretenses, árabes, egípcios, romanos e judeus são mencionados — afinal puderam entender uns aos outros. A mútua ininteligibilidade das línguas humanas, que havia frustrado os hebreus desde a história da Torre de Babel, no Velho Testamento, finalmente estava superada.

Mais tarde encontramos a mesma glossolalia entre os coríntios, que mais uma vez são repreendidos por Paulo pelo comportamento excessivamente entusiasmado. Ele não denuncia a prática, descrevendo-a como um legítimo "dom do espírito", mas infelizmente essa forma de discurso dada por deus agora se tornou ininteligível. Inquieto como de costume com as relações públicas, Paulo se preocupa com a maneira como essa prática seria percebida pelos não convertidos: "Se por exemplo a igreja se reunir e todos falarem em línguas, os simples ouvintes e os incrédulos que entrarem não dirão que estais loucos?"(1 Cor. 14:23).

Mas será que a glossolalia é de fato um sinal, um sintoma, do êxtase coletivo ou de algum estado próximo ao transe induzido por ele? William Samarin, sociolinguista, autor de um livro de 1972 sobre essa prática, insiste que ela não tem nada a ver com o êxtase, tanto agora quanto para os antigos. "Qualquer um pode fazê-lo", ele me explicou. "Tudo o que você precisa fazer é acreditar que consegue falar outra língua."[30] Fica claro que, diferente de outros sintomas físicos do transe — as convulsões, por exemplo, ou contorções pouco usuais do corpo —, a glossolalia é facilmente fingida, e podia haver um bom motivo para fazer isso: esse "dom" parece ter sido fonte de prestígio entre os primeiros cristãos; o próprio Paulo se vangloria aos coríntios de poder fazê-lo "melhor do que qualquer um de vocês". De modo semelhante em nosso tempo, pregadores carismáticos da televisão às vezes tentam demonstrar sua autoridade espiritual lançando-se em breves surtos de glossolalia, depois dos quais voltam ao seu idioma regular sem qualquer alteração no tom de voz. E, de maneira distinta dos estados mentais extraordinários às vezes produzidos pela música e pela dança, a glossolalia nem sempre ocorre no contexto de um grupo emocionalmente carregado. Há muitos relatos de sua ocorrência em pregações solitárias, embora isso seja, é claro, impossível de verificar.[31]

Por outro lado, em muitas das culturas em que ocorre, a glossolalia é associada com o que parecem ser "estados alterados de consciência" — entre xamãs, por exemplo, ou membros de certos cultos carismáticos cristãos da África que também praticam a dança extática. Um relatório etnográfico de um ritual de colheita dos índios Caddo, na América do Norte, descreve um velho homem se entregando a uma "arenga de puro dialeto em voz alta e ligeira sem dizer qualquer palavra inteligível".[32] Nos anos 1970, a linguista e antropóloga Felicitas Goodman pesquisou expressões glossolálicas em diversas culturas e chegou a algo que ela considerou um padrão entonacional universal, sugerindo algum estado mental comum subjacente. Nos dias de hoje, cristãos glossolálicos às vezes relatam sentimentos de felicidade, como no caso da reverenda Darlene Miller, de Knoxville, no estado do Tennessee: "É um sentimento lindo, pacífico, confortante. Você sabe da presença de Deus, do poder de Deus. É uma sensação doce, bonita e excitante, o poder de Deus através do corpo. Surgir numa voz audível. O corpo não consegue controlar."[33] Ou, para citar um católico carismático moderno que experimentou pela primeira vez a glossolalia quando estava sozinho: "E então aconteceu. Muito silenciosamente, muito suavemente, comecei a louvar a Deus numa linguagem extática. E nesse instante entendi que, ao me entregar a Deus, eu não era consumido, e sim preenchido, completo. O Espírito estava cantando para mim o inexprimível amor que eu sentia."[34]

No antigo mundo mediterrâneo, a glossolalia era bastante conhecida antes dos cristãos e claramente associada à experiência extática, em particular à profecia extática. Pítia, a profetisa que transmitia oráculos no santuário grego de Delfos, ingeria o que se dizia serem folhas de loureiro — mastigando-as ou inalando sua fumaça — antes de fazer suas previsões, que em geral vinham numa forma ininteligível, requerendo uma detalhada interpretação dos sacerdotes. Apolo era a suposta fonte dessas revelações, a não ser nos meses de inverno, quando Dioniso assumia a responsabilidade. É provável que os cristãos tenham tomado a ideia da glossolalia do oráculo délfico como uma maneira apropriada de expressar o sentimento de ser "possuído" por uma deidade ou tomado por uma emoção religiosa.

Isso não diminui a experiência dos primeiros cristãos ou indica que eles simplesmente copiaram Pítia e outros gregos adeptos do ritos extáticos. O caso é que, junto com tantos outros detalhes da cultura grega, os primeiros cristãos podem sim ter absorvido a ideia de que a glossolalia era uma boa maneira de comunicar o fato de se ter entrado em um estado mental extraordinário, presumivelmente ocasionado por uma deidade. Alguns podem de fato tê-lo "simulado", isto é, aprendido a fazer discursos glossolálicos quando em estado de consciência normal, não extático. E quase todos podiam controlar o início e a duração — se assim não fosse, a injunção de Paulo contra a glossolalia excessiva teria sido inútil. Wayne A. Meeks argumenta que a glossolalia era mais ou menos controlada e um elemento do ritual de adoração dos primeiros cristãos, ocorrendo "em momentos previstos, acompanhada por movimentos específicos de corpo", talvez despertada por outros eventos rituais, e servindo para aumentar tanto o prestígio dos abençoados quanto a solidariedade dentro do grupo.[35]

Mas sem dúvida os cristãos entendiam a glossolalia como uma forma de êxtase dada por deus. Para Tertuliano, por exemplo, um líder cristão daquela época, tratava-se inclusive de um gesto de predileção por parte de Deus, o que o fez desafiar o herege gnóstico Marcião a tentar igualar-se a ele: "Deixem-no exibir profetas como os que falaram não pelos sentidos humanos, mas pelo Espírito de Deus (...). Deixem-no produzir um salmo, uma visão, uma prece — mas que seja pelo Espírito, num êxtase, isto é, num arroubo, quando a interpretação de outras línguas vier a acontecer com ele."[36] Muito provavelmente, os primeiros cristãos esperavam que seus encontros fossem profícuos em sentimentos extraordinários — de comunhão, êxtase ou glória. Meeks sugere que o batismo era mais uma ocasião para a experiência de uma "suave dissociação", pois quando os batizandos — nus e molhados — gritavam *"Abba!"* (a palavra aramaica para "pai"), queriam dizer que "o Espírito" os havia possuído.[37]

Desse modo, é justo dizer que o cristianismo dos séculos I e II oferecia uma experiência em muitos sentidos similar àquela fornecida pelos cultos de mistério gregos e pelas religiões "orientais" de Roma — uma grande intensidade emocional, às vezes culminando em estados extáticos. Diferentes dos adoradores de Cibele, os cristãos não se flagelavam com facas (embora alguns, como Orígenes, tenham se castrado); e, também distintos dos seguidores de Dioniso, não se lançavam às montanhas para devorar pequenos animais. Mas cantavam, alcançavam profecias, fosse pela glossolalia ou pelo discurso normal, bebiam vinho e provavelmente dançavam e chacoalhavam suas cabeças.

Uma generalização aqui seria imprudente, uma vez que pode ter havido tantas formas cristãs de adoração como havia células ou congregações cristãs. Parece provável que a congregação original de Paulo fosse inusualmente moderada, com a glossolalia restrita a líderes como ele próprio e qualquer tipo de discurso reservado aos homens do grupo. No outro extremo dos primórdios da adoração cristã, havia os montanistas, da Frígia, liderados por Montano e duas profetas mulheres, Priscila e Maximila, que profetizavam em um estado de transe e tinham a reputação de estimular práticas extáticas que se assemelhavam às das religiões "orientais". É possível que o próprio Montano tenha sido antes um sacerdote de Cibele. Vale mencionar, dada a persistente tendência a confundir o êxtase comunal com a entrega sexual, que os montanistas eram bastante mais puritanos sexualmente do que outros cristãos.[38] Talvez ainda mais atraente por suas práticas extáticas, o movimento montanista difundiu-se com rapidez pela Ásia Menor, no século II, e alavancou Tertuliano como seu mais proeminente recruta.

Dos cultos "orientais" que varreram os mundos grego e romano antigos, o cristianismo foi o único que sobreviveu. A razão para seu sucesso, ao menos nos dois primeiros séculos, provavelmente reside numa qualidade que os outros cultos nunca adquiriram e, até onde sabemos, nunca tentaram adquirir: um senso de comunidade que ultrapassava a carga emocional das próprias cerimônias e dos próprios rituais. Burkert assinala que os cultos de mistério pagãos conduziam "à integração em 'coros abençoados' para celebrações, (...) mas as uniões festivas desse tipo não iam além do próprio festival; o grupo dançava por um dia e uma noite e se dispersava em seguida".[39] É claro que esses cultos possuíam algum tipo de estrutura administrativa para dar continuidade — Ísis e Cibele tinham até templos e sacerdotes —, mas o conceito de comunidade duradoura dos fiéis só surge com o cristianismo. Enquanto os pobres podiam conseguir algumas horas de alívio extático no culto a Dioniso ou à Grande Mãe, entre os cristãos encontravam um apoio concreto e material, ou ao menos uma refeição de graça, patrocinada pelos irmãos mais afluentes, em cada sessão de adoração. Mulheres solteiras e viúvas podiam alcançar um sentimento temporário de liberação nos cultos pagãos, mas o cristianismo lhes oferecia uma rede contínua de apoio, tanto material quanto social.[40] Um estudioso romano observou, talvez com um pouco de inveja, que os cristãos "se reconheciam uns aos outros por meio de marcas e símbolos (...) e em toda parte introduziam um tipo de luxúria religiosa, uma 'irmandade' promíscua".[41]

A solidariedade cristã derivava em parte da forma doce e espontânea de socialismo praticada por Jesus, mas que também tinha um lado obscuro e apocalíptico. Ele havia pregado que a ordem social existente logo daria lugar ao reino dos céus, daí a irrelevância dos velhos laços sociais de família ou tribo. Como os dias finais eram iminentes, não era mais necessário ter filhos ou mesmo apegar-se à esposa ou à parentela (descrente), uma característica dessa religião que os cristãos "pró-família" de hoje convenientemente ignoram. Cristãos só tinham uns aos outros, juntando-se numa comunidade forjada em parte na escatologia. E durante a maior parte dos dois primeiros séculos da Era Cristã, o cuidado deles com a morte e a perdição era justificado. Os romanos odiavam os cristãos por seu caráter tribal, que excedia aquele dos judeus não cristãos, e a perseguição romana, de maneira contraditória, fazia os cristãos se unirem ainda mais.

Mas à medida que o cristianismo evoluiu de culto suprimido a Igreja oficial, foi perdendo tanto sua solidariedade amorosa como os êxtases comunais que havia aprimorado nos primeiros anos. No tempo de Paulo, o cristianismo não possuía nenhuma "estrutura formal de ministérios e governo" — nenhuma hierarquia, em outras palavras, ou qualquer gradação de prestígio senão a derivada do carisma individual.[42] No final do século I, contudo, os sacerdotes oficiais — bispos e padres — fizeram sua aparição, e no final do século IV o próprio Imperador se converteu, fazendo do cristianismo a religião oficial do Império Romano. Pouco se ouve sobre a glossolalia depois da época de Paulo, e a partir da metade do século IV, a Igreja começa a endurecer em relação às danças religiosas, em particular as que tinham a participação de mulheres. Basileios, bispo de Cesareia, atacou o comportamento inadequado das mulheres cristãs na celebração da Ressurreição, em termos que sugeriam que a insistência de Paulo em obrigar que as cabeças estivessem cobertas havia tido de fato a intenção de suprimir a dança extática na igreja.

> Deixando de lado a comunhão da missa sob Cristo e o véu da virtude de suas cabeças, desprezando Deus e seus anjos, elas [as mulheres] atraem descaradamente a atenção de todos os homens. Com cabelos revoltos, vestidas com espartilhos e saltitando, elas dançam com olhos lascivos e riem alto; como se dominadas por um tipo de frenesi, elas excitam a luxúria dos jovens. Executam danças em roda nas igrejas dos mártires e em suas covas (...). Poluem o ar com suas músicas de prostituta e mancham o chão degradado com seus pés em vergonhosas posições.[43]

Se as danças das mulheres eram realmente libertinas ou apenas assim pareciam para Basileios não temos como julgar, mas o fato é que houve um esforço patente no século IV para "espiritualizar" a dança nas paróquias e eliminar os aspectos que as autoridades da Igreja viam como grosseiros e sensuais. Nessa época, Gregório Nazareno tentou distinguir uma forma aceitável e solene de dança a partir de suas alternativas mais tempestuosas e sugestivas.

> Cantemos hinos em vez de usarmos a percussão, tenhamos salmos em vez das canções frívolas, (...) modéstia em vez de gargalhadas, contemplação sábia em vez de intoxicação, seriedade em vez de delírio. Mas, se você quiser dançar em devoção nessa alegre cerimônia, então dance, só não faça a vergonhosa dança da filha de Herodes.[44]

No final do século IV, o inflamável e intolerante João Crisóstomo, arcebispo de Constantinopla, praticamente encerrou a discussão com seu pronunciamento: "Onde há dança, está o demônio."[45]

Muito provavelmente, alguns cristãos deram continuidade a práticas religiosas pagãs fora da vista da Igreja Cristã, porque ainda no ano 691 encontramos o Conselho de Constantinopla injuriando os adoradores de Dioniso com o decreto de que "nenhum homem pode vestir roupas de mulher, ou mulher usar roupas de homem, nem se disfarçar com máscaras satíricas ou trágicas, tampouco conclamar o nome de Dioniso ao amassar uvas ou ao despejar vinho em tonéis".[46]

Cientistas sociais do século XX tenderam a retratar o combate dos primeiros cristãos a formas de adoração extáticas, ou mesmo festivas, como parte de um inevitável processo de maturação. Em seu clássico livro *Êxtase religioso*, I.M. Lewis observou que "novas fés podem anunciar seu advento com uma profusão de revelações extáticas, mas, uma vez que estão seguramente estabelecidas, têm pouco tempo ou tolerância para o entusiasmo. Pois o entusiasmo religioso, com sua reivindicação direta de conhecimento divino, é sempre uma ameaça à ordem estabelecida".[47] Quando uma religião se estabelece, experiências de possessão são desencorajadas e podem até ser vistas como formas de "heresia satânica". Lewis continua: "Esse é, com certeza, um padrão evidente e profundamente inscrito na longa história do cristianismo."[48] Max Weber, em *Sociologia das religiões*, aprovou esse processo de estabelecimento apenas "do ponto de vista da higiene", uma vez que "a expansão histérica com emocionalismo religioso leva ao colapso físico".[49] Para ele, a grande carga de desenvolvimento para cada nova religião seria a substituição da loucura primordial e da inspiração extática por "um sistema racional de ética". A China havia alcançado isso no século I a.C., observou, trocando a religião carismática e festiva que lhe era inerente pela fria racionalidade do confucionismo; e o cristianismo havia feito o mesmo.[50] A única grande diferença entre os casos chinês e cristão romano era, na opinião de Weber, que o cristianismo sempre havia sustentado uma "ética racional" — "mesmo na primeira fase, quando todos os tipos de dons do espírito irracionais e carismáticos eram vistos como sinais decisivos de santidade".[51]

Mas quão "racional" era a ética com a qual se iniciou o cristianismo? Não há nada racional ou calculado no comando de Jesus de dar a outra face ao homem que o golpeia, ou em vender tudo o que se tem e dar aos pobres. Como Jesus manda: "E àquele que quer pleitear contigo, para tomar-te a túnica, deixa-lhe também o manto; e se alguém te obriga a andar uma milha, caminha com ele duas" (Mateus 5:40-41). Cristãos do nosso tempo se contorcem bastante para se esquivarem desses ensinamentos,* que, numa perspectiva fria e capitalista, podem parecer pura loucura. Mas as instruções de Jesus podem ter feito perfeito sentido para os primeiros acólitos, que praticavam a glossolalia, bebiam e dançavam juntos com seus cabelos balançando. O que são as posses e o orgulho individual para pessoas que podem rotineiramente alcançar a imersão extática por meio de ritos comunais? Os primeiros patriarcas cristãos podem não ter percebido que, ao tentar suprimir as práticas extáticas, também estavam jogando fora muito de Jesus.

Weber também estava errado ao sugerir que os cristãos teriam simplesmente se cansado de suas zelosas e "histéricas" formas de adoração; ao longo do tempo, essas práticas se tornaram cada vez mais recriminadas entre eles. À medida que aquela primeira co-

---

*A popular Bíblia de Estudo Aplicação Pessoal se esforça para explicar, em uma nota de rodapé, a natureza socialista do início da Igreja afirmando: "No início, a Igreja era capaz de dividir as posses e propriedades como resultado de uma união proporcionada pelo trabalho do Espírito Santo dentro e através das vidas dos fiéis. Essa forma de sociedade é diferente do comunismo porque (1) o compartilhamento é voluntário; (2) não envolve toda a propriedade privada, mas apenas tanto quanto necessário; (3) não era um requisito para tornar-se membro da igreja. (Life Application Study Bible, New American Standard Bible, edição atualizada, Grand Rapids, MI: Zondervan, 2000, p. 1895.)

munidade cristã foi se transformando na instituição da Igreja, todas as formas de *entusiasmo* — no sentido original de ser preenchido ou possuído por uma deidade — passaram a ser atacadas. E quando a comunidade de fiéis não podia mais acessar a deidade por sua conta, nas formas extáticas de adoração, a própria comunidade foi reduzida a um estado de dependência em relação às autoridades eclesiásticas centrais. "Professar" tornou-se uma tarefa do padre, o canto era relegado a um coro especializado, e aquele traço característico do início da adoração cristã — o banquete comunal — definhou até se tornar uma módica porção que apenas podia tantalizar os famintos. Mesmo assim, ainda levaria muitos séculos até que grandes grupos de cristãos viessem a aceitar essa forma reduzida de cristianismo.

4

Das igrejas para as ruas: a criação do Carnaval

Quase mil anos depois de os primeiros padres da Igreja formularem suas repreensões à dança nas paróquias, encontramos os líderes do catolicismo ainda atacando o comportamento extático e "lascivo" nas missas cristãs. A julgar pelo grande volume de condenações, o costume de dançar nas igrejas estava profundamente arraigado ainda na segunda metade da Idade Média, ao que parece sendo tolerado — se não apreciado — até por muitos dos párocos. Padres e mulheres dançavam, congregações inteiras participavam.*
Apesar dos esforços da alta hierarquia da Igreja, o cristianismo continuava sendo, até certo ponto, uma religião dançada.

Nos séculos XII e XIII, líderes católicos finalmente purgaram as igrejas do comportamento descontrolado e extático. Devem ter

---

*Segundo o historiador William H. McNeill, as igrejas europeias não tinham bancos até algum momento do século XVIII. As pessoas ficavam de pé ou em círculos, criando uma dinâmica bem diferente da que se encontra nas igrejas de hoje, em que se espera que os fiéis passem a maior parte do tempo sentados. (Comunicação pessoal com o autor, em 1º de junho de 2006.)

sabido que não podiam proibir tal comportamento na sociedade como um todo. Se as pessoas estavam determinadas ao divertimento, as condenações e os banimentos não seriam suficientes; algum tipo de acordo precisava ser pensando — algum tipo de equilíbrio entre obediência e piedade por um lado, e bons momentos de desordem por outro.

O caráter que esse acordo assumiu ajudou a moldar a cultura europeia por séculos: dito com simplicidade, os leigos podiam dançar em feriados religiosos e se divertir mais ou menos da maneira que melhor lhes aprouvesse; só não podiam fazê-lo dentro das igrejas. Expulsas do domínio físico da igreja, a dança, a bebedeira e outras brincadeiras que tanto irritavam as autoridades eclesiásticas se converteram em festividades que encheram o calendário do final dos tempos medievais e início da Igreja moderna, em dias santos, logo antes da quaresma, e em uma série de outras ocasiões ao longo do ano. Em sua batalha contra a tensão extática dentro do cristianismo, a Igreja, sem dúvida inadvertidamente, inventou o Carnaval.*

É claro que alguns elementos do Carnaval já existiam havia séculos. "No início e no meio da Idade Média", observa o historiador francês Aron Gurevich, "o Carnaval ainda não havia se cristalizado no tempo e no espaço; seus elementos estavam difundidos por todas as partes, e assim não havia um carnaval em si".[1] Em seu estudo sobre as tradições festivas na Inglaterra, Ronald Hutton descobriu que, no início do século XV, muitos dos elementos de festividade — como danças em torno de mastros e a zombaria associada ao "senhor do desgoverno", ou sua versão inglesa "rei dos loucos" — eram relativamente recentes; na verdade, "muitos

---

*Tecnicamente, a palavra *carnaval* se refere ao feriado específico que precede a quaresma, mas o termo também é utilizado de maneira genérica para denotar festividades similares que ocorrem ao longo do ano.

haviam sido introduzidos ou aprimorados apenas algumas gerações antes ou ainda depois". Gurevich não oferece pistas sobre as razões para esse surto de criatividade festiva nos séculos XIII e XIV, e também Hutton sai de mãos vazias de sua revisão do caso inglês: "Deve-se concluir, de maneira muito indevida, que não há nenhuma razão clara ou óbvia para esse aparente aumento de investimento nas cerimônias sazonais inglesas nos últimos séculos da Idade Média."[2]

Mas os pontos podem ser interligados. A razão para a expansão das festividades pode ser simplesmente o fato de o comportamento festivo estar sendo cada vez mais reprimido dentro das igrejas. Antes, as pessoas podiam contar com as missas oficiais como ocasiões para dançar e talvez beber, assim como outras formas de persistir. À medida que as missas foram se tornando mais disciplinadas e ordeiras, as pessoas tiveram de criar suas próprias ocasiões festivas fora das propriedades da igreja e dos períodos oficiais de adoração, em geral em dias sagrados. "Uma coisa é certa", escreve o historiador Jean Delumeau, "as pessoas dançavam tanto nas igrejas quanto nos cemitérios durante a Idade Média, especialmente em feriados como a Festa dos Loucos, o Dia dos Inocentes, entre outros, até que o Conselho da Basileia (...) criou regras contra essa prática."[3] Pode não ter acontecido nenhum surto de criatividade festiva no fim da Idade Média, apenas uma mudança de local.

Os líderes da Igreja toleravam, embora com considerável desconforto, o comportamento festivo que afastaram das paróquias. A repressão completa era provavelmente impossível e decerto imprudente, pois desejos extáticos reprimidos sempre podiam encontrar lugares alternativos de expressão nos milenares movimentos heréticos que não paravam de brotar para incomodar a Igreja. No século XIII, quando atividades carnavalescas se expandiram de modo tão decisivo, a Igreja estava enfrentando seu mais duro desafio desde os tempos do Império Romano. Movimentos heréticos varriam a Alemanha, o sul da França, o norte da Espanha, ameaçando estilhaçar a Igreja em seitas rivais. O perigo era tão grande que, em 1233, o Papa Gregório IX estabeleceu uma instituição permanente para suprimir a heresia — a Inquisição papal — que se tornou ainda mais efetiva quando, 29 anos mais tarde, adotou a tortura como uma de suas ferramentas de interrogatório.

Mais ou menos na mesma época da instituição da Inquisição, embora de maneira menos centralizada, as autoridades da Igreja se aplicaram em tornar o catolicismo mais atraente emocional e sensualmente, para que competisse com as alternativas festivas. Prédios da Igreja foram embelezados ou ao menos enfeitados; houve uma proliferação de preces especiais, relíquias (os supostos ossos e outras reminiscências dos santos) e indulgências. Os custos de produção cresceram, e junto com eles apareceram novos efeitos especiais, como a adição de incenso à missa. À medida que os ritos eclesiásticos foram se tornando mais complexos, encorajaram também o desenvolvimento de dramas eclesiásticos em que a liturgia era transformada em narrativa. Novos feriados foram acrescentados, como a festa de Corpus Christi, adotada em meados do século XIII por iniciativa de uma ordem de mulheres leigas conhecidas como Beguinas. Em linhas gerais, o cristianismo tornou-se mais movimentado, mais exigente e, especialmente nas cidades maiores, mais ruidoso.

A solução de externalizar as festividades satisfez tanto os impulsos repressivos da Igreja quanto seu desejo de ser mais acessível aos leigos que de outro modo podiam sentir-se tentados a se juntarem a seitas religiosas rivais. Purgada do comportamento desordeiro, a propriedade da igreja podia se devotar aos ritos cuja solenidade estava em sustentar a vasta e intrincada hierarquia que a Igreja adquirira. Ao mesmo tempo, as pessoas podiam se divertir

— muito embora apenas em momentos designados pelo calendário religioso, fora da igreja e de seus quintais, por períodos limitados, sob a égide da Igreja e cercados pelos símbolos da religião cristã.

Guerra contra a dança

Ao longo dos séculos que precederam esse acordo, a atividade que mais irritava os líderes da Igreja, ou os mais puritanos, era a dança. Assim como nos tempos antigos, seus perpetradores geralmente eram mulheres — ao menos foi a dança feminina que suscitou as mais raivosas condenações. No século IX, alguns bispos reunidos no Conselho de Roma reclamaram que as mulheres estavam indo à igreja apenas para "cantar de forma vergonhosa e realizar danças grupais". Segundo o historiador medieval E.K. Chambers, "em velórios ou grandes festas, coros de mulheres invadiam os recintos das igrejas e mesmo os próprios prédios sagrados com *cantica* e *ballationes*, uma profanação contra a qual gerações e gerações de autoridades eclesiásticas forçosamente protestaram".[4]

Uma tática clerical era alertar sobre horrendas punições sobrenaturais. Existia um mito — ou, talvez, como podemos dizer hoje, uma lenda urbana — que dizia que as pessoas de Kolbigk haviam continuado dançando enquanto o padre rezava a missa de Natal e, como resultado, tinham sido condenadas a dançar por um ano sem descanso, fazendo com que a maioria morresse de exaustão. Em outras histórias ameaçadoras, as dançarinas eram levadas pelo diabo, alvejadas por raios ou surpreendidas pela descoberta de que o músico que entoava as canções que elas estavam dançando era o próprio diabo. As tradicionais vigílias, em que as pessoas de luto dançavam noite adentro no cemitério da igreja, apresentavam outra oportunidade para o diabo arrebatar as almas errantes.

Na verdade, Satã, o suposto líder da dança ilícita, se parece muito com Dioniso, que, em sua manifestação como Pan, às vezes era retratado com chifres e rabo, tal qual seus companheiros sátiros. Como escreve Steven Lonsdale:

> Como o sátiro, o Diabo é um homem de beleza extravagante com ao menos um casco partido, um longo rabo, chifres ou orelhas de bode. Ambos são mestres em música — o sátiro toca lira ou instrumentos de sopro, e o Diabo toca violino. Ambos se movem com a cadência do bode, fazendo cabriolas. Na personificação para o teatro, Satã e o sátiro mais uma vez coincidem. O Diabo, vestido com uma pele peluda, não diferente do sátiro, executa movimentos, pantomimas e danças selvagens parecidas com as representadas pelos coros nas sátiras gregas. O efeito dramático é o mesmo.[5]

No século XIII, as condenações por danças haviam crescido em volume e intensidade. O Conselho Laterano de 1215 instituiu novos meios de controle social — a obrigação de uma confissão anual dos pecados a um padre — e um dos pecados estipulados era dançar, sobretudo danças de tipo "lascivo". Danças "imoderadas" ou "lascivas" eram mais uma vez listadas como pecado confessável em uma importante *summa*, ou diretório de pecados, promulgada em 1317. Em sua maior parte, no entanto, a Igreja direcionava suas condenações não à dança de modo geral, mas à dança *dentro das igrejas* ou em suas imediações. E. Louis Backman, um historiador das danças na Igreja cristã, relata:

> Pouco tempo antes de 1208, o bispo de Paris proibiu a dança nas igrejas, em seus quintais, nas procissões. (...) Em 1206, o Sínodo de Cahors ameaçou com a excomunhão aqueles que dançassem dentro ou em frente às igrejas (...). O Conselho de Trier, em 1227,

proibiu atividades ritmadas ou danças em círculo e outras brincadeiras mundanas em quintais de igreja e em seus interiores (...). O Conselho de Buda, na Hungria, em 1279 exortou os padres a se prevenirem contra danças nas igrejas (...). Em Liège, foram apenas as danças nas igrejas, em suas varandas e quintais, que foram proibidas (...). O Conselho de Würzburg, em 1298, atacou essas danças expressamente, ameaçando com punições pesadas e descrevendo-as como um pecado grave.[6]

Em suas condenações, oficiais da Igreja às vezes descreviam a dança — isto é, em particular a dança nas igrejas e em sua vizinhança — como um costume pagão, e é assim que muitos dos medievalistas a interpretaram: igrejas cristãs com frequência eram construídas intencionalmente no local de templos pagãos preexistentes, de maneira que era dentro delas que as pessoas naturalmente procuravam reproduzir seus ritos antigos. Desse modo, a guerra contra a dança podia ser interpretada como continuação da guerra da Igreja contra tradições folclóricas pré-cristãs. Mas as tradições europeias pré-cristãs deviam ser bastante diversificadas — como tantas delas conseguiram culminar num hábito aparentemente difundido e uniforme de dançar nas igrejas? E se o público leigo estava tão propenso a realizar danças "pagãs", por que não evitava a censura eclesiástica executando-as em terrenos seculares?

A explicação mais provável é que, apesar do volume e da duração das condenações oficiais, a dança nas igrejas era, na verdade, um antigo costume cristão. Já tratamos da evidência de danças litúrgicas no início da Igreja, e há evidências muito mais vigorosas da ocorrência de danças dentro ou em volta das igrejas medievais. Por exemplo, um viajante do século XII no País de Gales descreveu uma dança extática realizada no dia de *St. Eluned*:

> Podem-se ver homens e mulheres jovens, alguns dentro da própria igreja, alguns nos quintais e outros em uma dança em volta dos túmulos. Cantam músicas tradicionais, de repente colapsam no chão e então aqueles que até agora haviam seguido seu líder pacificamente como se estivessem em transe saltam no ar como se tomados por um frenesi.[7]

Na verdade, existem amplas evidências de que os próprios padres participavam ou até conduziam as danças nas igrejas medievais. No século XII, o reitor da Universidade de Paris relatou que havia certas igrejas nas quais os bispos e até os arcebispos em algumas ocasiões brincavam com os paroquianos e dançavam abertamente. Em outros lugares, sabemos que era comum que os diáconos dançassem no dia de Santo Estêvão (26 de dezembro), os padres no dia de São João, e os coroinhas no Dia dos Inocentes.[8] Em Limoges, os padres faziam uma dança anual em círculo no próprio altar. Em alguns bispados, esperava-se dos novos padres que animassem suas primeiras missas com uma dança sacra.[9] Segundo a medievalista Penelope Doob, o costume de dançar nas igrejas era tão arraigado que se inscreveu na arquitetura do catolicismo medieval. Ela fornece evidências de que labirintos construídos em pavimentos das naves da igreja — algo comum na arquitetura eclesiástica francesa e italiana dos séculos XII e XIII — eram projetados para servir como balizas para uma dança circular realizada pelos padres na Páscoa: "Labirinto e dança juntos (...) constituem uma dança de celebração executada pelos religiosos [padres e freiras] (...), uma dança que incidentalmente imita e evoca a ordem cósmica e a felicidade eterna."[10]

Será que existiam tipos muito diferentes de danças realizadas nas igrejas — danças decorosas comandadas por clérigos contra outras danças "indecentes" perpetradas pelos leigos? Possivelmente, mas há razão para acreditar que os próprios clérigos nem sempre eram sóbrios e contidos. A disciplina da Igreja sobre seus próprios padres era fraca e pouco confiável; muitos viviam abertamente com suas amantes, e poucos eram de todo letrados na língua oficial da Igreja, o latim. Às vezes os padres eram criticados não apenas por dançar nas catedrais, mas por certas atividades impróprias envolvendo coroinhas homens e mulheres que com frequência os acompanhavam. Até o final do século XIV, monges e freiras recém-nomeados dançavam quando faziam seus votos — uma atividade que acabou sendo proibida devido ao "comportamento selvagem" que suscitava. Então não é possível, Backman admitiu, estabelecer uma distinção clara entre as formas de dança "sagradas" e "populares".

Mas se dançar nas igrejas era uma tradição cristã respeitável, por que tantos de seus membros mais poderosos se opunham a isso ou vieram a se opor no século XIII? Uma provável motivação foi o medo da desordem que poderia se impor quando congregações inteiras eram impelidas a se levantar e a se engajar em movimentos vigorosos. Quando as autoridades da Igreja em Wells, Inglaterra, baniram as danças e as brincadeiras de sua catedral, em 1338, citaram os danos às propriedades da igreja, o que sugere que a dança não era propriamente decorosa. E havia um bom motivo para a Igreja temer os leigos, ainda mais sua maioria de baixa renda: a doutrina cristã defendia as virtudes da pobreza, mas a própria Igreja se tornara uma imensa concentração de riqueza, na forma de propriedades rurais, monastérios e conventos, assim como na visível luxúria em que viviam as mais altas autoridades eclesiásticas. Com esse paradoxo inerente ao cristianismo medieval, era melhor que os leigos fossem mantidos o mais imóveis possível, ao menos dentro da igreja.

Além disso, a Igreja estava determinada a manter seu monopólio sobre o acesso humano ao divino. Se a dança religiosa se tornasse extática — e as histórias de dançarinos sendo "possuídos" pelo demônio sugerem que às vezes isso acontecia — então as pessoas comuns podiam pensar que eram capazes de se aproximar da deidade por sua própria conta (como faziam, por exemplo, os antigos adoradores de Dioniso), sem a mediação de sacerdotes católicos. A Igreja tem uma longa história de supressão do entusiasmo, no antigo sentido grego de ser preenchido ou possuído por uma deidade. Tenha-se em mente sua atitude vacilante em relação à mania de flagelação que varreu as classes baixas italianas e germânicas nos séculos XIII e XIV. A princípio, os oficiais da Igreja encorajaram a autoflagelação como uma forma de penitência pública, mas, à medida que o movimento cresceu, foi ganhando tons mais extáticos e anticlericais. Os flagelantes se deslocavam em grandes grupos de cidade em cidade, batendo em si mesmos num ritmo ditado por músicas religiosas, desafiadoramente entoadas no vernáculo, e talvez alcançando — nem que fosse para escapar da dor física — estados alterados de consciência. Em 1349, uma bula papal proscreveu o movimento flagelante, que havia atingido o tamanho e a militância de uma insurreição.[11]

Contudo, a forma mais gritante do que se pode chamar de "divergência extática" foram as danças que arrebataram partes do norte da Europa no século XIII, e a Itália um século mais tarde. O primeiro surto soa como mais uma lenda admonitória sobre os perigos da dança: em Utrecht, no verão de 1278, 200 pessoas começaram a dançar na ponte sobre o rio Mosel e não pararam até que ela se partiu, o que resultou no afogamento de todos os dançarinos.[12] Cem anos mais tarde, nos primórdios da Peste Negra, um surto de dança ainda maior tomou a Alemanha e se alastrou até a Bélgica: "Camponeses deixaram seus arados, mecânicos abandonaram suas oficinas, donas de casa largaram seus deveres domésticos e todos se juntaram ao selvagem desvario." Chegando em

Aix-la-Chapelle (hoje a cidade alemã de Aachen), "formaram círculos com as mãos dadas e, parecendo ter perdido todo o controle sobre os sentidos, continuaram dançando por horas, alheios aos espectadores, em delírio selvagem, até serem levados ao chão em estado de exaustão".[13] Infelizmente, não há testemunhos dos próprios dançarinos, mas observadores da época os viram numa condição que os etnógrafos hoje descreveriam como *transe de possessão*.

> Enquanto dançavam, não viam nem ouviam nada, estavam insensíveis a impressões externas [com a exceção, pode-se presumir, da música que dançavam] (...) mas eram perseguidos por visões, suas imaginações invocavam espíritos pelo berro de seus nomes (...) Outros, durante o paroxismo, viam a porta dos céus aberta e o redentor entronado com a Virgem Maria.[14]

Assim, as autoridades da Igreja tinham a preocupação de que essas "manias" representassem uma nova forma de heresia: nada é mais ameaçador à hierarquia religiosa do que a possibilidade de pessoas leigas e comuns encontrarem sua própria maneira de estar na presença dos deuses.

As manias de dança do final da Idade Média desde sempre fascinaram os estudiosos, estando a maioria deles inclinada a encontrar explicações médicas para esse comportamento desconcertante e às vezes autodestrutivo. J.C. Hecker, médico do século XIX que registrou as manias de dança, sugeriu que os dançarinos eram inspirados por alguma "condição mórbida interna que se transferia do sensório para os nervos de moção",[15] e a busca por um diagnóstico físico se mantém até os dias de hoje. Um artigo de 1997, por exemplo, descreve a "Praga de Dança" como "uma questão de saúde pública" cuja "etiologia" continua sendo um mistério.[16] Na Itália, as manias de dança que aconteceram do século XV ao XVII em geral eram creditadas à picada de uma tarântula, embora se acreditasse que o mesmo tipo de dança (chamada *tarantella*, graças à aranha) também *prevenia* a picada da aranha e a doença subsequente. Outra explicação frequente é de envenenamento por ferrugem causado por um fungo que se proliferava no centeio, um grão comum nas regiões germânicas que tiveram mania de dança. Mas o centeio não é cultivado na Itália, e a tarântula não ameaça os alemães, e nenhum desses supostos agentes da "praga" — fungo ou aranha — jamais induziu qualquer coisa que se assemelhasse à mania de dança.

Há outra razão para descartar a ocorrência de qualquer tipo de toxina ingerida ou injetada nas "vítimas" da mania de dança: esta era contagiosa e podia se espalhar apenas pelo contato visual. Os espectadores podiam de início observar espantados, mas logo, tomados pela música entoada pelas bandas que viajavam com os dançarinos, encontravam-se eles próprios entregues à dança. Como afirmou Hecker, ainda se prendendo a um modelo de doença, "mulheres curiosas [na Itália] uniam-se à turba e pegavam a doença, não pelo veneno da aranha, mas pelo veneno mental que recebiam avidamente através dos olhos".[17] Num dado momento, 1.100 pessoas dançavam ao mesmo tempo na cidade de Metz, resistindo plenamente às tentativas dos padres de exorcizar quaisquer demônios que as estivessem conduzindo. Tudo isso remete às folias dionisíacas descritas por Eurípides: uma mania contagiosa que afasta as pessoas de suas ocupações regulares e as torna indiferentes à reprovação das autoridades. No entanto, nas manias de dança medievais, também podemos discernir aspectos políticos sutis, talvez até uma forma semiconsciente de dissensão. Eram os pobres os que mais sucumbiam, com frequência experimentando a aflição como cura para o que Hecker descreve como "uma intranquilidade agonizante", marcada por tristeza e ansiedade, ou o que hoje chamamos de depressão. Indo mais além, os dançarinos geralmente eram violentos contra os padres que tentavam afastá-los dos demônios: "Os possuídos, amealhando-se em multidões, com frequência despejavam imprecações contra eles e ameaçavam destruí-los."[18]

Ao menos em um lugar, na Itália, uma festividade pública parece ter sido criada como uma maneira de institucionalizar e assim, até certo ponto, controlar as manias de dança. Lá, como conta Hecker, a mania associada à tarantela "gradualmente se estabeleceu como um festival regular do povo, ansiado com impaciência e deleite".[19] Em outras partes da Europa, as manias de dança sem dúvida enfatizavam para as autoridades da Igreja que as pessoas, em particular as acometidas pela pobreza e aterrorizadas pela praga, procurariam alívio em ritos extáticos, fossem esses ritos sancionados pela Igreja ou não. Que esses ritos fossem realizados dentro das igrejas era, como vimos, uma opção cada vez menos atraente. O catolicismo se recusava a abraçar os comportamentos extáticos que haviam sido o emblema de tantas religiões antigas e indígenas; apenas podia tolerá-los como um tipo de evento secundário.

O Carnaval se estabelece

O Carnaval, é claro, envolve muito mais do que dançar. Todo tipo de coisas, das mais moderadas e devotas às mais desordenadas, acontecia nos festivais do final da Idade Média. A contribuição direta da Igreja ao entretenimento incluía uma missa especial e muitas vezes uma procissão pela cidade, que podia ser um grande acontecimento envolvendo tanto as autoridades seculares locais (nobres e membros da prefeitura) como os contingentes de diversas corporações (marceneiros, curtidores, rebocadores, alfaiates, açougueiros etc.). Além disso, a Igreja podia encorajar ou ao menos aprovar a apresentação de dramas com temas religiosos, representados por pessoas locais, o que se exemplifica pelos autos da Paixão germânicos que sobreviveram até os dias de hoje.

Mas os espetáculos oferecidos ou sancionados pela Igreja provavelmente eram as atrações mais desinteressantes; os leigos enriqueciam com criatividade a experiência do feriado por meio de seus próprios rituais, em geral menos edificantes. Além da comida, da bebida e da dança obrigatória, havia jogos e esportes (boliche, handebol, competições de arco e flecha, dardo, lutas) assim como formas rituais de crueldade contra animais, possivelmente derivadas de antigas tradições de sacrifício animal (de ursos, por exemplo). Mais surpreendentes, do ponto de vista moderno, eram as atividades rituais que pretendiam dissolver as barreiras sociais normais de classe e gênero. Muitas vezes se realizava uma comédia irreverente protagonizada por um homem vestido como "rei dos loucos" ou "senhor do desgoverno", que zombava dos reis verdadeiros e de outras autoridades. Pessoas se fantasiavam de freiras, e padres podiam se engajar em paródias obscenas. Como em alguns ritos dionisíacos antigos, travestir-se era rotina. A historiadora Natalie Zemon Davis relata que

> em partes da Alemanha e da Áustria, durante os carnavais, corredores, muitos dos quais vestidos como mulheres, saíam saltitando pelas ruas. Na França, era no dia de Santo Estêvão ou no Réveillon que os homens se vestiam como feras selvagens ou como mulheres e dançavam em público (...). A Festa dos Loucos envolvia jovens clérigos e leigos, alguns disfarçados de mulher, que faziam gestos libertinos.[20]

Independentemente de qual fosse a categoria social em que cada um se enquadrasse — rico ou pobre, homem ou mulher —, o Carnaval era uma chance de escapar dela.

Nenhum aspecto do Carnaval atraiu mais atenção dos estudiosos do que a tradição de zombar dos poderosos, uma vez que esses costumes eram, em algum sentido, "políticos", ou ao menos sugeriam um descontentamento subjacente. O uso de festividades públicas como ocasião para fazer troça de autoridades seculares e eclesiásticas locais não se limitou, de forma alguma, à Europa medieval. Os antigos israelitas costumavam celebrar o Purim com máscaras, bebedeiras e rituais que ridicularizavam os rabinos; os romanos tinham suas saturnais. Rituais de zombaria também eram comuns em muitas partes da África, o que se vê na descrição de um holandês, por exemplo, que testemunhou um Carnaval do século XVIII na costa da Guiné:

> Uma festa de oito dias acompanhada de todo tipo de cantoria, saltos, danças, júbilo e alegria; durante esse período, permite-se uma perfeita liberdade satírica, sendo a infâmia tão exaltada que eles podem alardear livremente todos os defeitos, vilanias e fraudes de seus superiores, assim como de seus inferiores, sem punição que ultrapasse a mais sutil das interrupções.[21]

Em nosso tempo, festivais que pantomimam a batalha de classes e de gêneros persistem em sociedades tradicionais. Trabalhadores rurais equatorianos celebram um festival em que se fantasiam de patrões. No festival Holi, na cidade indiana de Kishan Garhi, as mulheres atacam os homens, intocáveis assediam brâmanes, e mesmo eventuais etnógrafos norte-americanos que estejam morando ali são forçados a "dançar pelas ruas, tocando flauta como Krishna, com um colar de sapatos velhos em volta do pescoço".[22] No Capítulo 8, trataremos de festividades similares — de escravos africanos nas Américas, por exemplo — que também continham a latente ameaça de rebelião. A difundida ocorrência de rituais de zombaria quase sugerem um instinto humano, ou ao menos plebeu, de derrubar de brincadeira a ordem estabelecida — como uma maneira inofensiva de se aliviar ou, com algum grau de consciência, de ensaiar algo mais real.

Muitos dos rituais de zombaria associados ao Carnaval europeu eram centrados no rei dos loucos, um personagem fantasiado que provavelmente apareceu pela primeira vez na Festa dos Loucos autorizada pela Igreja. Se algo ilustra a ambivalência da Igreja em relação ao comportamento festivo, é esse evento, iniciado pelo baixo clero — diáconos, subdiáconos e padres — que compunha sua classe baixa interna. Essa festa, descrita por Chambers como "uma ebulição da grosseria natural que havia por baixo das batinas", originalmente acontecia dentro das igrejas entre o Natal e o Ano-Novo. O clero participante se vestia de maneira absurda — em roupas de mulher ou com suas próprias roupas pelo avesso — e realizava uma barulhenta paródia do povo, com salsichas representando o incensório do padre, ou com "o ar fétido desprendido pelas solas de sapatos velhos" em vez do incenso, e "músicas libertinas" substituindo os tradicionais sermões em latim.[23] Como escreveu um contemporâneo que desaprovava a cena, "eles corriam e saltavam pela igreja, sem nem corar de vergonha. Depois saíam pela cidade (...) e provocavam o riso de seus colegas e dos espectadores com performances infames, gestos indecentes e versos vulgares e impuros".[24]

Autoridades eclesiásticas mais altas não se divertiam com isso e se empenhavam em manter-se à parte da Festa dos Loucos. Em 1207, o papa Inocêncio III ordenou que as igrejas polonesas interrompessem o rito, e em 1400 o reitor da Universidade de Paris tentou bani-lo, reclamando que as indecências envolvidas seriam "vergonhosas até para uma cozinha ou uma taberna".[25] Em 1436, o conselho municipal da Basileia permitiu a Festa dos Loucos, mas apenas se fosse conduzida sem irreverência. Ao que parece, uma Festa dos Loucos reverente era impossível, pois três anos mais tarda Basileia proibiu a festa — apenas para voltar a permiti-la quatro anos depois, sob a condição de que fosse celebrada *fora* da igreja. Em Sens, no ano de 1444, autoridades eclesiásticas locais contentaram-se em limitar o número de baldes d'água que podiam ser despejados sobre o rei dos loucos durante o rito — três —, estipulando também que o evento fosse realizado fora da igreja.

Autoridades da Igreja muitas vezes tentavam "desviar as energias dos foliões" da Festa dos Loucos para os espetáculos mais edificantes das peças eclesiásticas.[26] Entretanto, também estas podiam fugir do controle. Chambers relata que, já no século XII, havia reclamações de que os dramas estavam se tornando mundanos demais e encorajando "liberdades, palhaçadas e querelas". Produções de peças religiosas facilmente se transformavam em "folias desavergonhadas",[27] sem dúvida com a cooperação das grandes quantidades de cerveja que algumas cidades providenciavam para essas ocasiões e mesmo para os ensaios. A desordem era tão comum que a Igreja oferecia indulgências por comparecimento às peças, mas apenas sob a condição de que o espectador não tivesse qualquer comportamento *perverso* ou *desordeiro*, seja lá o que significassem esses termos na época. Até as festas de Corpus Christi, honrando o corpo de Cristo, haviam se tornado, no século XIV, uma ocasião para tumultos.

Confrontados com tantos comportamentos incontroláveis, às vezes em eventos antes aprovados ou iniciados pelos próprios clérigos, oficiais da Igreja tomaram a mesma medida que haviam tomado em relação à dança: tentaram expelir as atividades ofensivas de suas propriedades imediatas. A Festa dos Loucos, como acabamos de ver, passou a ser cada vez mais realizada a céu aberto. Os dramas religiosos seguiram o mesmo rumo, muitos deles sendo abandonados pela Igreja e "secularizados" no século XIII. Na Inglaterra, as festividades de arrecadação de fundos conhecidas como *church ales* foram banidas das propriedades da Igreja em meados do mesmo século. As procissões de Corpus Christi passaram a ser, no século XV, cada vez mais controladas pelos leigos. As festividades que antes dotavam de cor e risadas a Igreja mostravam-se maiores do que ela podia suportar.

A gradual expulsão da dança, dos esportes, do drama e da comédia do espaço das igrejas criou um mundo de festividades, regularmente estabelecidas pelo calendário, muito além do que podemos imaginar hoje. O calendário religioso passou a contar com dezenas de feriados — incluindo Dia de Reis, Ascensão, Pentecostes e Corpus Christi, assim como os mais familiares Natal e Páscoa — em que todo trabalho era proibido, e na maioria dos quais a celebração vigorosa era tolerada. Na França do século XV, por exemplo, um em cada quatro dias do ano era um feriado oficial de algum tipo, em geral dedicado a um misto de cerimônia católica e outros acontecimentos extraoficiais. Casamentos, velórios e outras reuniões forneciam oportunidades adicionais para o convívio e o festejo. Havia também as várias ocasiões cerimoniais locais, como o dia do santo patrono de cada cidade ou o aniversário de fundação das igrejas. No norte da França no século XVI, as celebrações pela fundação de uma igreja local podiam durar até oito dias. Assim, apesar de a Idade Média possuir a reputação de ter sido um tempo de miséria e medo, o período entre os séculos XIII e XV pode ser visto — ao menos em comparação com os tempos puritanos que se seguiram — como uma grande festa ao ar livre, pontuada por momentos de trabalho pesado. Como escreveu o historiador britânico E.P. Thompson:

Muitas semanas de trabalho pesado e dieta escassa eram compensadas pela expectativa (ou reminiscência) dessas ocasiões, quando a comida e a bebida eram abundantes, o cortejo e outros tipos de interação social floresciam e a dureza da vida era esquecida (...). Em grande medida, era para essas ocasiões que homens e mulheres viviam.[28]

Sagrado contra profano

As festividades que lotavam o calendário do final dos tempos medievais podem ser compreendidas como fragmentos do que pode ter sido uma religião mais alegre e participativa. Estudiosos costumam marcar a transição com uma mudança de terminologia — usando a palavra *ritual* para eventos realizados no contexto de uma observância religiosa e o termo *festividade*, mais leve, para os que fugiam disso.

Inevitavelmente, algo se perdeu na transição entre o ritual extático e as festividades secularizadas — algo que poderíamos chamar de significado ou revelação transcendente. Nas antigas formas dionisíacas de adoração, o momento máximo de "loucura" e farra era também o clímax sagrado do rito, em que o indivíduo atingia a comunhão com a divindade e um relance de imortalidade pessoal. O cristianismo medieval, em contraste, oferecia "comunhão" na forma de um pedaço de pão e um gole de vinho consumidos sobriamente no altar — e em geral só via diabruras nas festas que se seguiam. É verdade que todo o calendário de festividades do final da Idade Média era até certo ponto sancionado pela Igreja, mas a experiência religiosa edificante, se existia, supostamente era encontrada dentro dos ritos controlados pela Igreja, a missa e a procissão, e não na bebida e na dança. Enquanto os antigos adoradores de Dioniso esperavam que o deus se manifestasse quando a música alcançava um ritmo irresistível e o vinho era abundante, os cristãos medievais só podiam esperar que Deus, ou ao menos seus representantes mundanos, estivesse olhando para outro lado quando as flautas e os tambores apareciam e as canecas passavam de mão em mão.

O resultado do distanciamento da Igreja em relação às festividades que marcavam seus próprios feriados foi uma certa "secularização" do prazer comunal. Depois que se encerravam os ritos religiosos oficiais do festival — a missa, a procissão, as várias bênçãos e preces públicas —, o resto das atividades do dia (ou da semana) ocorriam, ao menos em parte, fora da moldura espiritual da Igreja e de sua jurisdição moral. Por um lado, essa relativa secularização pode ajudar a explicar o lado mais feio da tradição carnavalesca europeia. Sem um clímax religioso para as celebrações — o alcance, por exemplo, de um estado próximo ao transe na união com a divindade — eles logo se entregaram à bebedeira mais vociferante e insensata. Os judeus, em particular, sendo sempre os bodes expiatórios da Europa cristã, sabiam bem que não podiam se aventurar fora de casa quando os outros estavam se divertindo. O personagem Shylock, de Shakespeare, alerta sua filha:

> O quê, há máscaras? Escute-me, Jéssica:
> Tranque as portas e, quando escutar o tambor
> E o vil grito da flauta de pescoço torto,
> Trate de não subir no batente,
> Ou confiar sua cabeça às ruas públicas,
> Para olhar os tolos cristãos com rostos de verniz.[29]

Mas se a secularização fez com que as festividades perdessem seu conteúdo moral e sua revelação extática, também deu às pessoas a propriedade e o controle sobre elas. Grande paixão e energia eram empreendidas no planejamento das festividades, com organizações especiais, como as fraternidades de jovens franceses, dedicadas inteiramente às preparações do ano. Sempre havia conflitos menores — entre autoridades seculares e religiosas, ligas de camponeses e associações urbanas — sobre a forma e a natureza delas para serem resolvidas. E às vezes os foliões cuidavam de ridicularizar as autoridades que esbravejavam contra as festividades e ameaçavam reprimi-las. Em 1558, por exemplo — reconhecidamente bem depois da Idade Média —, a tentativa do bispo de Fréjus de suprimir a Festa dos Loucos local levou a um tumulto e ao ataque a seu palácio. A festividade — assim como comida e liberdade — pode ser um bem social pelo qual vale a pena lutar.

Com a secularização, precisou haver uma percepção de que a festividade, mesmo quando acontecia em feriados religiosos, era em última instância um produto da ação humana. Antigos foliões dionisíacos e cristãos glossolálicos acreditavam que seus momentos de êxtase fossem dádivas de uma deidade. Mas quando as portas das igrejas se fecharam para as festividades no final da Idade Média, os foliões devem ter entendido que as alegrias que alcançavam eram de sua própria criação, inteiramente humanas. Grandes esforços e despesas eram empreendidos numa celebração bemsucedida: fantasias tinham de ser costuradas, passos de dança e peças ensaiados, cenários construídos, bolos e carnes preparados. Os prazeres engendrados com tal grau de criatividade e premeditação — prazeres que, além disso, em geral eram parcamente tolerados pelas bases eclesiásticas — dificilmente podem ser considerados provenientes de Deus. Nas festividades secularizadas do final da Idade Média, as pessoas podiam descobrir a verdade sobre a grande revelação de Mikhail Bakhtin: que o Carnaval é algo que as pessoas criam e geram *para si mesmas*. Ou, como escreveu Goethe, "um festival que realmente não é dado ao povo, e sim algo que o povo dá a si mesmo".[30]

5

Matando o Carnaval: Reforma e repressão

Em algum momento, em uma cidade após a outra no mundo cristão do Norte, a música parou. As fantasias de Carnaval foram deixadas de lado ou vendidas; os dramas que alguma vez contaram com a participação de populações inteiras foram cancelados; os rituais festivos foram esquecidos ou preservados apenas de maneira enfadonha ou truncada. A possibilidade extática, que primeiro havia sido afastada dos recintos sagrados das igrejas, foi banida das ruas e das praças públicas.

A supressão das festividades tradicionais, empreendida amplamente entre os séculos XVI e XIX, tomou diversas formas. Às vezes era rápida e absoluta, como quando um conselho municipal de repente quebrou a tradição se recusando a dar permissão para as celebrações, ou quando rejeitou o uso das imediações da prefeitura. Em outros casos, a mudança veio mais devagar, com autoridades primeiro limitando as festividades aos domingos, para em seguida, num golpe clássico, proibir qualquer recreação ou esporte no Sabá. Em outros lugares, as festividades foram atacadas pouco a pouco: algumas cidades germânicas baniram as máscaras no final do século XV;[1] em Béarn, no século XVI, a rainha promulgou leis que proibiam cantar e fazer banquetes.[2] Dançar, usar máscaras, fazer celebrações pelas ruas, os ingredientes do Carnaval, foram sendo criminalizados um a um.

A Igreja e o Estado podem agir separados ou juntos na supressão das festividades; em uma diocese francesa, o monsenhor local, vendo-se "cercado por danças, vaiado por homens mascarados", obteve seis cartas seladas do rei proibindo a farra.[3] Em Lyon, no século XVI, autoridades eclesiásticas locais desmontaram as confrarias tradicionalmente responsáveis por organizar festividades, substituindo-as por grupos de devotos dedicados a organizar vigílias para preces.[4] Com frequência as tentativas de supressão eram mais extravagantes do que solenes. Numa paróquia inglesa do século XVII, um pregador denunciou um mastro recém-levantado — o sinal tradicional para a folia. Sua mulher foi além e cerrou-o durante a noite. Alguns jovens voltaram a levantá-lo, mas como observaram as autoridades locais, era "uma coisa feia, (...) rústica e curva".[5] Outros inimigos do Carnaval a princípio eram até menos bem-sucedidos. "Não consegui suprimir esses bacanais", escreveu o reverendo John William de la Flechere, de Shropshire Wakes, "o dique impotente a que opus só fez a torrente inchar e espumar".[6]

A onda de repressão — ou, como os instigadores a viam, "reforma" — estendeu-se do sul da Escócia até partes da Itália e do leste, para a Rússia e para a Ucrânia, varrendo tanto as cidades como o campo. Mirava não apenas as festividades tradicionais nos dias santos e os períodos sacros em torno do Natal, da Quaresma e da Páscoa, mas quase toda ocasião possível para festas e brincadeiras.

Trupes itinerantes de atores e músicos começaram a ser mal recebidas nas cidades, impedidas de entrar ou subornadas pelas autoridades locais para que fossem embora. As *church ales*, festividades que haviam sido utilizadas para levantar fundos para paróquias inglesas, foram denunciadas e com frequência banidas, junto com as numerosas feiras que serviam tanto como reuniões festivas quanto como lugares para comércio. Esportes de todo tipo foram atacados: tourada, boxe, luta livre, futebol. Um mandato de 1608 proibindo o futebol em Manchester menciona, por exemplo, o dano feito por um "grupo de pessoas perversas e desordeiras realizando aquele exercício ilegal de jogar uma bola pelas ruas".[7] O enrijecimento até se estendeu à diversão informal em pequena escala, como na cidade inglesa de Westbury-on-Severn, onde um grupo de jovens que se pôs a "dançar, beber e bagunçar" quando voltava da igreja para casa teve de enfrentar acusações de bebedeira, fornicação e de várias formas de impiedade.[8]

Houve todo tipo de variações regionais de repressão. O sul católico da Europa apegou-se a suas festividades mais ferrenhamente do que o norte, embora em geral elas tenham sido reduzidas a meras procissões de relíquias e imagens sacras pelas ruas. Na Alemanha, o protestantismo se estabeleceu, como veremos, a partir de uma onda de revoltas carnavalescas, apenas para depois endurecer contra as festividades públicas e as desordens de qualquer natureza. A Inglaterra oscilou por décadas entre a repressão e a permissividade, com os calvinistas banindo com vigor as festividades, e os reis Stuart — talvez menos por afeição em relação às festividades e mais por hostilidade aos calvinistas — repetidas vezes tentaram restaurá-las. Mas por todas as partes a corrente geral abalou inexoravelmente a tradição medieval do Carnaval. Peter Stallybrass e Allon White resumiram a mudança:

> Na longa história do século XVII ao século XX, (...) literalmente milhares de atos de legislação foram introduzidos numa tentativa de eliminar o Carnaval e as festas populares da vida europeia (...) por todas as partes, contra o periódico ressurgimento das festividades locais e das reversões ocasionais, uma ordem ritual fundamental da cultura ocidental foi atacada — a comida, a violência, as procissões, as feiras, as vigílias e os clamores escandalosos foram sujeitos à vigilância e ao controle repressivo.[9]

Para as pessoas comuns, a perda de tantas recreações e festas é incalculável. Nós, que vivemos numa cultura quase privada de oportunidades de "nos perdermos" em festividades comunais ou de distinguir-nos em qualquer arena que não a do trabalho, não estamos em condições de entender isso a fundo. Um jovem francês disse a um padre reformista que não podia "prometer renunciar à dança e abster-se dos festivais. (...) Seria impossível não se misturar e se alegrar com seus amigos e conhecidos".[10] Um morador de Buckinghamshire descreveu a supressão das recreações de domingo como uma perda deprimente. Enquanto antes as áreas comuns "apresentavam uma aparência viva e agradável, dotadas de grupos de alegres transeuntes", agora "estavam abandonadas e esvaziadas", de maneira que homens e garotos não tinham nada mais a fazer senão passar o tempo em bares e beber.[11] Para pessoas que tinham poucas distrações alternativas — não havia livros, filmes ou televisão — deve ter sido como se o prazer em si tivesse sido declarado ilegal.

Por que aconteceu essa onda de repressão, essa aparente autopunição, esse duro golpe sofrido pela população mundial? Se algo teria desconcertado o "hotentote convertido" que os pregadores do século XIX gostavam de evocar em suas diatribes contra o Carnaval, não seria a persistência de algumas festividades, mantidas vivas como atrações turísticas, mas o desaparecimento, ao longo dos séculos, de tantas outras. A explicação oferecida por Max Weber no final do século XIX e ricamente expandida pelos historiadores sociais E.P. Thompson e Christopher Hill cerca de 100 anos depois é que a repressão às festividades foi, em um certo sentido, um produto da emergência do capitalismo. As classes médias tinham de aprender a fazer cálculos, poupar e "adiar a gratificação"; as classes baixas precisavam ser transformadas em uma classe trabalhadora disciplinada e sempre alerta — o que significava muito menos feriados e a nova necessidade de se apresentar sóbrio e na hora certa ao trabalho, seis dias por semana. Os camponeses também haviam trabalhado pesado, é claro, mas em surtos determinados sazonalmente; o novo industrialismo requeria trabalho incessante durante o ano inteiro.

Havia dinheiro a ser ganho a partir do trabalho humano confiável, bem regulado — na florescente indústria têxtil inglesa, por exemplo — e para os homens que se propunham a ganhá-lo, os velhos passatempos e recreações representavam a perda de valiosos recursos. Na França, preocupações econômicas fizeram a administração de Luís XIV reduzir o número de dias santos de várias centenas por ano para 92. Na Inglaterra do final do século XVII, um economista estabeleceu a estimativa alarmante de que cada feriado custava à nação 50 mil libras, principalmente pela perda de horas de trabalho.[12] Em uma perspectiva capitalista emergente, cruelmente focada em prioridades, as festividades não tinham qualquer qualidade redentora. Eram apenas mais um hábito do qual as classes baixas deviam ser privadas, tal qual a observância de trabalhadores ingleses da "Santa Segunda" como um dia para continuar a diversão do fim de semana ou para se recuperar dela.

O protestantismo — especialmente em sua forma ascética, calvinista — teve um papel fundamental para convencer grandes grupos de pessoas de que o trabalho perseverante e disciplinado era bom para suas almas, e que as festividades eram decididamente pecaminosas, assim como qualquer ociosidade. Em parte, é provável que seu apelo fosse similar ao do cristianismo evangélico de hoje; oferecia às pessoas a autodisciplina demandada por uma ordem econômica mais dura: contenha-se na bebida, aprenda a acordar antes mesmo do Sol, trabalhe até tarde e seja grato por qualquer coisa que lhe paguem. Além disso, pessoas ambiciosas de classe média repeliam cada vez mais a libertinagem da Igreja Católica e da velha nobreza feudal — não apenas a opulência das catedrais e a riqueza dos monastérios, mas o hábito sazonal das explosões festivas. O protestantismo, servindo como criado ideológico do novo capitalismo, "descia como uma geada sobre a vida da 'Velha Inglaterra'", como Weber colocou, destruindo em sua garra gélida as festividades cristãs habituais, os mastros enfeitados, os jogos e todas as formas tradicionais de prazer grupal.[13]

Essa consideração, contudo, subestima a importância das festividades como questão em disputa por si só, bastante afastada de seus efeitos econômicos percebidos. Não há dúvida de que o capitalismo industrial e o protestantismo tiveram um papel central para ocasionar a destruição do Carnaval e de outras festividades, mas há outro fator, em geral negligenciado nos relatos baseados na economia: para as elites, o problema das festividades residia não só no que as pessoas estavam deixando de fazer — trabalhar — mas no que elas estavam fazendo, isto é, na natureza da própria folia. No século XVI, autoridades europeias (seculares e eclesiásticas, católicas e protestantes) estavam começando a temer e desdenhar as festividades públicas que elas próprias haviam protagonizado antes — começavam a vê-las como vulgares e, o que é mais importante, perigosas.

Danças perigosas

Vimos no capítulo anterior como os carnavais medievais zombavam das autoridades com "rituais de inversão" em que figuravam um rei dos loucos, paródias obscenas das missas e dançarinos vestidos de padres e freiras. Para historiadores, essa zombaria rude ressalta a ambiguidade política do Carnaval: se servia como "desafio fundamental ao *status quo*",[14] ou como mera válvula de salvação contra o descontentamento — nas palavras de Terry Eagleton, "um hábito popular contido tão perturbador e relativamente ineficiente quanto uma obra de arte revolucionária".[15] Partidários da interpretação da "válvula de escape" costumam citar uma circular promulgada pela Escola Parisiense de Teologia, em 1444, argumentando que festividades são necessárias

> para que a tolice, que é nossa segunda natureza e parece ser inerente ao homem, possa ser livremente gasta ao menos uma vez por ano. Barris de vinho estouram depois de um certo tempo se você não os abre e não deixa entrar algum ar. Todos os homens são barris pessimamente moldados que estourariam com o vinho do bom senso se este permanecesse em um estado de constante fermentação de piedade e temor a Deus. Temos de lhes dar ar para que não se estraguem.[16]

Sentimentos similares podem ser encontrados por toda a história do Carnaval europeu e de outras festividades. Em 1738, um escritor disse em uma revista inglesa que "a dança noite adentro e as correntes alegres deviam não apenas ser aceitas, mas encorajadas; e destinar pequenos prêmios às moças que se sobressaíssem na dança as faria retornar ao trabalho diário com o coração leve e uma obediência grata a seus superiores".[17]

Entretanto, é provável que não exista resposta geral e universal para a questão de se o Carnaval funcionava como escola para a revolução ou como meio de controle social. Não sabemos como as próprias pessoas elaboravam sua festiva gozação dos reis e padres, por exemplo — se era uma travessura bem-intencionada ou um tipo de ameaça. Mas pode-se dizer com segurança que o Carnaval foi progressivamente ganhando um caráter político, no sentido moderno, depois da Idade Média, a partir do século XVI, no que hoje é conhecido como início do período moderno. Foi aí que grandes quantidades de pessoas começaram a usar as máscaras e a balbúrdia das festividades tradicionais para encobrir rebeliões armadas e para sondar, talvez pela primeira vez, a possibilidade de inverter a hierarquia de modo permanente, e não só por algumas horas de festa. Na revolta francesa contra os impostos, em 1548, por exemplo, as milícias rebeldes camponesas "foram recrutadas nas paróquias nas ocasiões das *monstres*, ou procissões de dias festivos".[18] Em 1579, na festividade do dia de *St. Blaise*, em Romans, também na França, as pessoas de classe baixa escolheram como "rei do Carnaval" um de seus verdadeiros líderes políticos. "Elegeram um chefe não tanto pela ocasião", um contemporâneo conservador contou alarmado, "mas para abraçar uma causa que eles chamavam de descanso e alívio do povo".[19] Também pode ser relevante que, no início do século XVI, na Inglaterra, o lendário filantropo fora da lei Robin Hood — ou ao menos figuras que o representavam — começou a ter um dos papéis mais importantes como "senhor do desgoverno" nas festividades anuais de verão.[20]

As grandes rupturas sociais do século XVI aumentaram o perigo das festividades tradicionais. A população estava se multiplicando por toda a Europa, fazendo com que as pessoas deixassem o campo e passassem a ocupar cidades crescentes e caóticas. Para os afortunados, era o Renascimento, um tempo em que artistas, estudiosos, artesãos ou aventureiros puderam se estabelecer no mundo, libertos das obrigações feudais. Porém, para cada Erasmo ou da Vinci, havia milhares de camponeses desabrigados para os quais a relativa liberdade do século XVI significava apenas desemprego e privação num mundo em que os preços estavam subindo e os salários caindo. Pessoas recém-deslocadas caminhavam aos bandos pelo campo, mendigando e roubando; dispersavam-se nas cidades, onde formavam uma nova subclasse urbana de prostitutas, operários e criminosos. Imagine a violência que poderia sobrevir se a Londres de 1600, com seus cerca de 250 mil residentes distintos e muitas vezes desesperados, declarasse um Carnaval de vários dias em toda a cidade, em que saqueadores e mercadores ricos festejassem juntos pelas ruas.

A partir do século XVI, o assalto carnavalesco às autoridades parece ter se tornado menos metafórico e mais fisicamente ameaçador para as elites. Em Udine, na Itália, o Carnaval pré-Quaresma de 1511 se transformou num tumulto que culminou no saqueio de mais de 20 palácios e no assassinato de 50 pessoas, sobretudo nobres e serventes destes.[21] Dois anos depois, centenas de camponeses aproveitaram algumas festividades juninas para marchar pela cidade de Berna e saqueá-la.[22] Numa terça-feira de Carnaval, em 1529, gangues de homens armados varreram Basileia.[23] Na revolta de Carnaval mais bem documentada da época — em Romans, na França, em 1580 —, os insurgentes anunciaram suas intenções ao dançarem de modo agressivo com espadas, vassouras e instrumentos usados no cultivo de trigo. "Fizeram danças de rua por toda a cidade", escreveu um nobre, ele próprio alvo da insurgência, "e todas essas danças não serviam a qualquer outro fim senão anunciar que queriam matar a todos."[24]

Até que ponto essas revoltas de Carnaval eram espontâneas — abastecidas pelo álcool e inspiradas pela intensa excitação da ocasião — não podemos saber, mas sabe-se que algumas, como a rebelião de Romans, foram premeditadas. Qualquer um que tivesse interesse em rebeliões podia ver as vantagens de travá-las durante o Carnaval, com sua desordem rotineira, máscaras para ocultar os rostos dos perpetradores e cerveja ou vinho suficiente para confundir a polícia local. E mesmo que não houvesse nenhum feriado conveniente à vista, muitas vezes as pessoas voltavam a disfarçar as rebeliões com os trajes de Carnaval: máscaras ou mesmo fantasias inteiras, e quase sempre a música de sinos, gaitas de foles e tambores. Não é coincidência que as confrarias de jovens responsáveis por organizar festivais em partes da França rural tenham se tornado bastiões de motins, ou que milícias de camponeses na revolta contra os impostos, em 1548, fossem conduzidas por grupos de homens que organizavam as procissões dos dias de festa.

De maneira similar, o mastro em volta do qual aconteciam tantas festividades tradicionais francesas e inglesas tornou-se um símbolo de desacato e um chamariz para a ação. Ainda no final do século XVIII, as aspirações políticas das pessoas comuns se expressavam, como escreveu E.P. Thompson sobre a Inglaterra, "na linguagem dos laços, das fogueiras, dos juramentos e da negação dos juramentos, dos brindes, das charadas sediciosas e antigas profecias, das folhas de carvalho e dos mastros, das baladas com duplo sentido político, mesmo dos ventos que assobiavam pelas ruas".[25] Na Inglaterra, até o futebol podia fornecer um pretexto para as reuniões e um disfarce para a violência; em 1740, "foi anunciado um jogo de futebol com 500 participantes, mas a intenção era derrubar os moinhos de Lady Betey Jesmaine".[26] "É de fato impressionante", afirmam Stallybrass e White, "a frequência com que os confrontos sociais violentos 'coincidiam' com o Carnaval, (...) nesse caso, falar de 'coincidência' é equivocado, pois (...) é só em referência ao final do século XVIII e início do XIX — e apenas em algumas áreas — que podemos falar razoavelmente de uma política popular *dissociada* da cultura carnavalesca."[27]

Protestantes e armas

Sem dúvida o protestantismo era responsável por endurecer pessoas como a mulher do pastor mencionada anteriormente, cuja reação diante de um mastro festivo era ir atrás de um machado. Mas vale notar que o protestantismo não surgiu como um movimento puritano, anticarnaval. Na verdade, convém falar de duas reformas protestantes: uma liderada por Martinho Lutero no início do século XVI, e outra, mais puritana, por Calvino, algumas décadas mais tarde. É provável que a Reforma de Lutero tenha parecido para muitos, no início, uma possível fonte de alívio em relação aos ataques da Igreja Católica às festividades, que pareciam estar recrudescendo cada vez mais às vésperas da Reforma.

Na Florença dos anos 1490, por exemplo, o padre Girolamo Savonarola esbravejou contra as extravagâncias mundanas e a folia em todas as suas formas, entre elas o Carnaval, pregando que "garotos deveriam ajudar os pobres respeitáveis nas colheitas, em vez de aprontar travessuras, jogar pedras e construir jangadas [para o Carnaval]".[28] Na Alemanha, durante os anos em que o jovem Lutero estava refletindo sobre suas relações com o papa e com Deus, padres reformistas já estavam investindo contra os festivais da Igreja, argumentando que a bebedeira, a dança e os jogos que neles se realizavam eram "a ruína das pessoas comuns".[29] Particularmente preocupante para os católicos reformistas do século XVI era a gozação dos rituais religiosos, um hábito em tantas festividades. O final do século XV havia assistido a um crescente número de mandados contra essas paródias, assim como contra as pessoas que se fantasiavam de padres e freiras.[30] Um alvo da "reforma" católica do século XVI, por exemplo, era o costume do *Roraffe* dos habitantes de Estrasburgo, em que um bufão cantava e fazia estripulias na catedral durante toda a missa de Pentecostes.[31]

Lutero de fato pretendia abolir a adoração "supersticiosa" aos deuses, o que significava o fim dos dias santos e das festividades relacionadas a eles, mas não via nada de intrinsecamente ruim nos prazeres comunais tradicionais, chegando a afirmar num sermão:

> Como é um costume do país, tal como receber convidados, arrumar-se, comer, beber e se divertir, não posso condená-lo, a não ser que fuja do controle e assim cause imoralidades em excesso. E, ainda que o pecado sobrevenha em seu caminho, não é por culpa exclusiva da dança. Desde que não se pule sobre as mesas e não se dance dentro da igreja. (...) Contanto que sejam feitos com decência, respeitando os ritos e costumes dos casamentos (...) e, afinal, eu danço![32]

Ele até introduziu uma nova experiência poderosa de solidariedade comunitária na missa cristã, na forma de canto de hinos, sendo muitos destes de sua própria autoria. E para os cristãos acostumados ao silêncio e à passividade na missa católica, isso deve ter parecido uma inovação bastante intensa.

Assim como outras insurgências da época, o início do movimento protestante fez bom uso da tradição do Carnaval. Nos primórdios da Reforma, quando Lutero queimou publicamente a bula papal que o condenava, seus apoiadores não responderam com preces e aleluias; em vez disso, desfilaram pelas ruas de Wittenberg acompanhados por músicos e alguém vestido de papa, cantando e gargalhando. A procissão, a música, o falso papa, tudo isso tem a ver com o Carnaval; a diferença é que, em Wittenberg, os foliões estavam indo muito além da paródia. O historiador Bob Scribner encontrou provas de 23 incidências adicionais de protestantes, na Alemanha do século XVI, usando o Carnaval para propagar suas causas. Em carnavais programados ao longo do século, os protestantes (ou talvez eu devesse dizer proto-protestantes, já que os seguidores de Lutero ainda não tinham, em todos esses casos, desenvolvido uma Igreja alternativa) organizavam atividades tradicionais de Carnaval, como parodiar rituais católicos e imitar licenciosamente padres e freiras. Também queimavam falsas bulas papais, quebravam estátuas, roubavam pinturas das igrejas e as queimavam, furtavam comida e bebida de monastérios e até defecavam nos altares.

Às vezes as autoridades seculares locais tentavam controlar a folia anticatólica; em outras ocasiões, participavam delas. Scribner descreve o Carnaval de 1543, em Hildesheim, onde, depois dos dias e noites habituais de dança, iconoclastia e de pessoas vestidas como papas ou figuras de outras religiões, "o prefeito conduziu toda a multidão em festa, constituída por homens, mulheres e crianças, para a catedral. A entrada na igreja lhes foi negada, mas eles fizeram uma dança pelos claustros e profanaram as tumbas do cemitério".[33] Se era para o protestantismo ser sério e circunspeto, ninguém sabia disso no início. Na Alemanha de Lutero, o protestantismo fez sua primeira aparição, de cidade em cidade, como a realização da ameaça populista à Igreja Católica que permanecia implícita havia séculos nos carnavais.

Cedo demais, o protestantismo de Lutero cortou suas ligações com a tradição das revoltas carnavalescas. Quando camponeses alemães, em parte inspirados pelos ensinamentos de Lutero, rebelaram-se em 1524 — em alguns casos usando peças carnavalescas como máscaras[34] — um Lutero horrorizado ordenou o extermínio deles. De modo similar, Scribner conta que, mesmo onde os magistrados da cidade apoiavam a Reforma, alarmavam-se com ataques carnavalizados à Igreja católica, temendo, como colocou um oficial, que pudessem "ir além das meras questões de religião".[35] Em Basileia, em 1529, a Reforma havia derivado de uma rebelião na festa da terça-feira de Carnaval, com reivindicações pela democratização do governo da cidade e pela reforma dos rituais religiosos. Mas as demandas políticas não foram respeitadas e, na ordem protestante que se seguiu, o próprio Carnaval foi cada vez mais encurtado e tolhido, levando um cidadão a reclamar, em 1568, de que o próprio protestantismo era um diabólico "novo papado": *"Der tüfel het uns mit den nüwen Bapsttum beschissen!"* (O diabo defecou sobre nós um novo papado).[36]

A versão de Calvino do protestantismo, é claro, condenava todas as formas de comportamento festivo, incluindo atividades de lazer de qualquer tipo. Enquanto Lutero havia dançado, Calvino bania a dança, junto com os jogos de azar, a bebida e os esportes. Como escreveu Michael Walzer, o calvinismo "obviamente passava longe de qualquer transcendência da ansiedade. Não oferecia qualquer sentido de liberdade humana ou de amor fraternal (...). Sequer é injusto sugerir que Calvino buscasse manter certa ansiedade fundamental".[37] Para os calvinistas, que passavam suas vidas numa solitária batalha interna para determinar se seriam ou não "salvos", o prazer não era uma forma possível de distração, era a própria cilada do diabo.

O protestantismo, no entanto, visto como uma revolta contra a velha ordem ou como uma nova forma de pacificação, foi apenas um dos fatores que afetaram o destino do Carnaval no século XVI. Outro fator foi a disponibilidade de armas de fogo. O historiador Emmanuel Le Roy Ladurie destaca que "as coisas haviam mudado entre 1566 e 1584. Os delfineses [habitantes do sudeste da França, da província de Delfinado] haviam desenvolvido o gosto pelas armas, ou pelo menos adquirido o hábito de usá-las, depois de dez anos de guerra civil".[38] Uma arma primitiva, o arcabuz, começava a aparecer nas rebeliões camponesas e — nos que eram muitas vezes eventos paralelos — nos carnavais e outras festividades.[39] Na Romans do século XVI, as competições de arco e flecha que acompanhavam muitas ocasiões festivas foram substituídas por competições de armas de fogo; Jean Serve, líder da rebelião de Romans em 1580, recebeu o título de "rei do arcabuz", ao que parece por sua boa pontaria.[40]

Por toda Europa, as armas se tornaram um elemento proeminente do Carnaval: homens orgulhosos portavam armas e desfilavam pelas ruas, miravam as efígies dos homens impopulares e se uniam para atirar, em saudações grupais. Na Inglaterra, por exemplo, o tradicional *skymmington* — festividade que visava zombar de uma pessoa ou de pessoas específicas, e às vezes ameaçá-las — foi conduzido em 1618, de acordo com um relato da época, por "300 ou 400 homens, alguns pesadamente armados parecendo soldados", e chegou a um clímax ensurdecedor quando "os homens atiraram com suas armas, junto com o ruído de flautas, trombetas e sinos que o grupo carregava".[41] Tanto para os nobres que ouviam de suas grandes casas quanto para os clérigos escondidos em suas paróquias, o som da revolta armada deve ter sido bastante amedrontador.

A Revolução Francesa mostrou o que as armas podiam fazer pela revolta carnavalesca tradicional. Pessoas comuns se armaram para — no caso mais famoso — tomar a Bastilha e roubar as armas armazenadas ali. Um aspecto menos mencionado é que eles também se "armavam" com as fantasias carnavalescas que expressavam diretamente suas aspirações revolucionárias. Embora as festividades tradicionais tivessem sido amplamente enfraquecidas ou eliminadas pela Igreja no final do século XVIII, as pessoas do campo ainda mantinham o hábito de anunciar suas intenções políticas ao erguerem um mastro. Tais mastros serviam a um propósito político, como o "chamado para uma assembleia revoltosa, uma espécie de sino com alerta visual", escreveu a historiadora francesa Mona Ozouf, e podiam dar apoio a slogans como "Basta de arrendamentos",[42] lado a lado com os tradicionais laços e flores. A mensagem não era ignorada pelas autoridades feudais, que muitas vezes reagiam com violência ao levantamento dos mastros.[43]

Mesmo estando politizado, o mastro continuou tendo seu papel tradicional como símbolo de festividades públicas. Não havia dúvida, de acordo com Ozouf, da "ligação privilegiada existente entre o mastro e a alegria coletiva"[44] — ou, podemos acrescentar, entre a alegria coletiva e a revolução espontânea. Em Périgord, em julho de 1791, segundo o relatório redigido por um dos grupos revolucionários locais, os camponeses atacaram cata-ventos e bancos de igreja — símbolos das autoridades feudais e religiosas, respectivamente — "com violência e com a efusão de sua alegria (...) levantaram mastros nas praças públicas, circundando-os com símbolos contra a monarquia feudal".[45]

Dançar, fantasiar-se e outras formas de comportamento festivo em geral acompanharam esses levantes rurais durante a Revolução Francesa, principalmente em partes da França que ainda guardavam reminiscências da tradição carnavalesca. Os hábitos da zombaria e da inversão no Carnaval, que vinham divertindo e talvez acalmando as classes baixas havia anos, agora significavam sérias intenções políticas: porcos vestidos de nobres, um macaco usando uma mitra episcopal em sua cabeça, a insígnia feudal sendo arrastada pelas ruas por bodes, essas eram apenas algumas das brincadeiras festivas da Revolução Francesa. "Vemos mulheres açoitando estátuas de santos," conta Ozouf, "batinas sendo levantadas para revelar a roupa dos *sans-culottes*; freiras dançando a carmanhola. Um cardeal e uma prostituta andando cada um de um lado do caixão do Despotismo."[46] Notícias de vitórias revolucionárias eram muitas vezes festejadas com fogos de artifício, tambores, cantorias e dança pelas ruas. "São como loucos que deveriam ser amarrados, ou então como bacantes", declarou o prefeito de Leguillac a respeito dos revolucionários locais, enquanto o senhor feudal de Montbrun observava com desgosto que "eles dançavam como huronianos ou iroqueses".[47]

A retirada da classe alta

Muito antes da Revolução Francesa, a primeira reação das elites nervosas — nobres e membros da burguesia urbana emergente — foi simplesmente se retirar das festividades públicas e passar a realizar festividades paralelas. Ao menos até o século XV, eles haviam participado tão avidamente quanto os camponeses e os trabalhadores urbanos, e a mistura de classes sem dúvida fortalecia o drama e a excitação da ocasião. Os festivais castelhanos do século XV, por exemplo, juntavam a nobreza local, incluindo contingentes de cavaleiros fantasiados de bárbaros, com foliões de classe baixa: "A música das trombetas, dos tambores e de outros instrumentos musicais, assim como o comportamento imprevisível dos palhaços e bufões, serviam como contraponto e como inversão do esplendor marcial dos cavaleiros."[48] Tampouco se pode dizer que as classes altas sempre se comportam de maneira digna, talvez especialmente quando suas identidades estavam ocultas por trás de máscaras. "Qualquer consideração sobre o Carnaval", segundo a medievalista britânica Meg Twycross, "precisa levar em conta o fato de que o Duque em Ferrara, os cardeais em Roma, o Rei e seus servos na França se comportavam de maneira tão tumultuosa quanto as classes baixas temporariamente liberadas."[49]

De fato, os conflitos de classe que ocorriam nas ocasiões festivas às vezes eram iniciados por pessoas da elite, que podiam partir com seus cavalos para cima das multidões ou assediar as mulheres locais. De maneira geral, contudo, os membros da elite pareciam ser bastante bem-vindos; na Holanda do século XIV, por exemplo,

> uma cidade aumentou seu status aos olhos das cidades vizinhas quando conseguiu fazer com que o governante participasse das festividades locais. Com sua presença, o duque revelou seu poder e autoridade. Participou das refeições e das danças, ouviu com atenção os recitadores e atores da cidade, mostrou sua generosidade para todos eles e para os inúmeros menestréis e bufões.[50]

Até certo ponto, a classe alta sempre preferiu reservar algumas partes da celebração para sua diversão exclusiva. Em Castela, no final do século XV, por exemplo, onde o Carnaval servia como um momento de mistura festiva de classes, a família nobre que governava e seus acompanhantes na verdade apareciam e desapareciam durante as festas importantes, aproveitando a devassidão das celebrações públicas e logo se retirando para "formas mais nobres de entretenimento" em suas habitações.[51] Porém, um século depois, as classes viviam um processo de separação. Na França, conta Ladurie, o crescente uso de festividades como ocasiões de protesto às vezes fazia as comunidades organizarem "dois carnavais separados, em volta de dois mastros separados, um para os pobres e outro para os ricos", a fim de diminuir a possibilidade de violência.[52] Em Romans, em 1580, os ricos organizaram seu próprio Carnaval, escolhendo como símbolos alguns animais aparentemente mais nobres do que aqueles que representavam os camponeses e os trabalhadores: perdiz, por exemplo, em vez da lebre dos plebeus. Mas nesse caso, a separação foi pouco efetiva. Eclodiu uma briga entre as duas classes que chegou ao clímax com o massacre dos camponeses e artesãos insurgentes.

Do século XVI em diante, as festividades passaram a servir em grande parte para cavar um poço entre as classes.* Na Nice pré-revolucionária do século XVIII, ricos e pobres celebravam juntos os feriados importantes até *"une certaine heure de la nuit"*, quando era costume que todos retirassem suas máscaras — antes disso os ricos se retiravam com pressa para casa, presumivelmente ainda em segurança por estarem incógnitos.[53] Uma retirada mais dramática aconteceu na Alemanha, onde, no século XIX, as celebrações das elites locais "passaram a ocorrer cada vez mais em casa ou em festas privadas".[54] E, na Inglaterra do século XVIII, o romancista Henry Fielding observou que duas culturas inteiramente separadas emergiram.

---

*Alguma separação de classes pode ser vislumbrada em muitos tipos de festividade pelo mundo. Durante o período de Carnaval no Rio de Janeiro, já no final do século XX, boa parte das classes altas deixa a cidade para aproveitar a quietude do campo. Na costa suaíli da África, no século XIX, os principais feriados eram celebrados quase que apenas por "pessoas de baixo status", enquanto os "árabes poderosos (...) em geral se mantinham à parte de todos os rituais dos feriados, a não ser quando ocasionalmente eram patronos". (Glassman, p. 170)

Enquanto as pessoas de poder se apoderaram de vários lugares para uso próprio, como cortes, assembleias, óperas, bailes etc., as pessoas sem poder (...) têm tido constante posse sobre todas as feiras, festas etc. (...) Em vez de olharem uns aos outros como irmãos, para usar a linguagem cristã, eles parecem ter dificuldade em ver uns aos outros como animais da mesma espécie.[55]

Ao menos no início da primeira parte dos tempos modernos, as festividades privadas das elites eram, em sua maioria, tão desinibidas quanto as celebrações dos pobres. O historiador Edward Muir conta que, nas festas de casamento dos burgueses ricos, muitas vezes havia "palhaços, músicos, acrobatas, prostitutas, (...) declamação de poemas obscenos e danças selvagens em que os homens rodavam as mulheres para que suas saias se levantassem (roupas de baixo ainda não haviam sido inventadas)".[56] Mas na França do final do século XVIII, de acordo com um cronista burguês anônimo de Montpellier, as festividades tradicionais estavam definitivamente em decadência, fossem elas ao ar livre ou em ambientes fechados.

Tais diversões deixaram completamente de ser prioridade e deram lugar à preocupação em ganhar dinheiro. Não há mais *fêtes* públicas, competições de arco e flecha ou qualquer entretenimento. Se alguma coisa acontece de tempos em tempos, é só entre as pessoas comuns. *Les honnêtes gens* [as "melhores" pessoas] não participam.[57]

O historiador Robert Darnton comenta que os pobres e as classes trabalhadoras "monopolizavam a diversão", enquanto a elite apenas "desfilava solenemente em *processions générales*".

O fuzuê desaparecera das festas de casamento, exceto no "terceiro estado" [a classe trabalhadora]. Nas classes mais altas, convidava-se apenas a família imediata, não a vizinhança inteira. Não havia mais bebedeira, gritos à mesa, invasões e brigas durante a cerimônia, tampouco alcovitices vindo dos cabarés.[58]

Como outro historiador observa sobre a Inglaterra do mesmo período, erguera-se "uma sólida barreira entre a cultura da nobreza e a cultura do povo".[59]

Algo além de medo fazia os aristocratas e comerciantes ricos que os imitavam se afastarem das festividades públicas, algo como um desprezo. O nobre medieval que servia carne e bebida a seus vassalos nos feriados, que caía na dança e até tirava a camisa para lutar com o ferreiro, era um homem seguro de sua função social e do que acreditava ser sua superioridade inata. Era um guerreiro e, junto com os cavaleiros que o acompanhavam, representava a única proteção que as pessoas comuns tinham contra as incursões de outros nobres predatórios. Mas à medida que as armas de fogo substituíram as espadas e grandes exércitos tomaram o lugar dos bandos de cavaleiros montados, o nobre foi privado de seu antigo papel militar e castrado em mais de um aspecto. O poder se tornou mais centralizado, passando às mãos dos reis, que sozinhos tinham autoridade para cobrar impostos de populações imensas, e desse modo sustentar exércitos que chegavam às dezenas de milhares de membros. E os reis não viam com apreço o exercício da violência entre seus subordinados, mesmo na inócua forma de duelo. Agora se requeria ao nobre, para que não tramasse nada contra o rei, que fosse morar na corte real alguns meses por ano, onde tinha de se dedicar, de modo geral, apenas a conversar sobre insignificâncias e a distrair a família real. De guerreiro, passou a ser cortesão.

Com essa redução de status veio uma mudança na personalidade aristocrática, perdendo espontaneidade e distinção e ganhando cautela e autodomínio. A velha vida de guerreiro, de acordo com o cronista dessa transformação, Norbert Elias, permitia ao nobre "uma extraordinária liberdade para expor seus sentimentos e paixões, autorizava alegrias selvagens, a satisfação desinibida dos prazeres com as mulheres ou do ódio na destruição e no tormento de qualquer coisa hostil".[60] Na corte de seu superior, o rei, os modos fanfarrões do nobre já não serviam. Embora raras vezes fosse violenta, Elias relata que

> a vida nesse círculo [a corte] não é de modo algum pacífica. Grandes quantidades de pessoas são continuamente dependentes umas das outras. A competição por prestígio e favorecimento do rei é intensa. (...) Se a espada já não tem um papel fundamental como meio de decisão, é substituída pela intriga, pelos conflitos em que a carreira e o sucesso social são contestados com palavras. Eles demandam e produzem outras qualidades que não as das batalhas que tinham de ser lutadas com armas à mão. A contínua reflexão, a antevisão, o cálculo, o autocontrole, a regulação precisa e articulada dos efeitos possíveis a cada um, o conhecimento de todo o terreno, humano e não humano, em que se pode agir tornam-se pré-requisitos cada vez mais indispensáveis ao sucesso social.[61]

Uma forma de esquadrinhar a mudança de personalidade requerida pela vida na corte é pela emergência das "boas maneiras". O velho nobre-guerreiro não precisaria de boas maneiras nem mesmo se tal conceito estivesse bem definido em sua época. Uma vez que sua nobreza estava no sangue, tudo o que ele fizesse era, por definição, admirável, e guias da época sugerem que ele fazia muitas coisas que seriam julgadas, poucos séculos depois, como totalmente reprováveis. "Não limpe os dentes com a faca. Não cuspa em cima ou embaixo da mesa. (...) Não se deixe ir [traquear ou urinar?] na mesa. (...) Não limpe os dentes com a toalha de mesa. (...) Não durma na mesa."[62] Tratava-se, para dizer o mínimo, de restrições muito pequenas, sugerindo uma cultura de muito mais intimidade entre os indivíduos do que qualquer coisa que possamos imaginar confortavelmente hoje. Na Idade Média, as pessoas comiam juntas, "pegando a carne com os dedos a partir do mesmo prato, tomando vinho da mesma taça", e ainda tinham de ser lembradas, no início do século XVI, de que é "falta de educação cumprimentar alguém que está urinando ou defecando" — em um corredor, por exemplo, ou na calçada. O que faltava à cultura medieval, segundo Elias, era o "muro invisível de afeições que agora parece se erguer entre um corpo humano e outro, repelindo e segregando".[63]

É no cenário tenso e competitivo da corte real no início dos tempos modernos que a etiqueta, do modo como a conhecemos, é forjada, erguendo uma barreira entre indivíduos e, ao mesmo tempo, inevitavelmente, entre classes. A sociedade da corte é a primeira a adotar utensílios para comer, junto com pratos individuais e cadeiras em vez de bancos coletivos. Nessa disposição, impulsos a que o nobre medieval teria cedido sem pensar — arrotar, coçar-se ou estender-se para pegar algo do outro lado da mesa — são cuidadosamente reprimidos; cortesãos devem aprender a beber com mais moderação, evitar empurrar ou acotovelar uns aos outros. Vale enfatizar que a nova preocupação com a separação entre a comida e o ato de expeli-la, e do corpo de um homem e o corpo de outro, não teve nada a ver com higiene: o banho era uma prática ainda infrequente, até excêntrica se realizada em demasia; o conhecimento de que o contato com as excreções próprias e alheias podia transmitir doenças ainda demoraria uns dois séculos para se estabelecer. A noção de "espaço pessoal" e o horror em relação aos processos do corpo de outras pessoas que hoje definem os limites da interação humana surgiram, originalmente, de uma desconfiança e de uma ansiedade social.

Cortesãos também tinham diversões — na verdade, não tinham nenhuma outra maneira de passar o tempo, uma vez que o trabalho, mesmo os estudos e as especializações, estava abaixo deles —, mas eram muito diferentes, do século XVI em diante, daquelas dos pobres ou mesmo dos aristocratas de tempos anteriores. Em vez dos gestos e ostentações estridentes que animavam a mesa de um barão medieval, havia a "conversa", decorada com circunlóquios e admirada como uma forma de arte. Cortesãos ainda dançavam, mas a deles era uma nova forma de dança, soberba e contida, e quase sempre realizada em recintos fechados. Baldesar Castiglione, em seu famoso livro de conselhos do século XVI, recomenda ao cortesão principiante que ganhe excelência nessas danças, mas que, quando estiver desempenhando alguma particularmente desafiadora em público, use uma máscara para que não se desgrace com um passo errado.[64] Mesmo quando está supostamente se divertindo, o cortesão não pode baixar sua guarda.

Cada vez mais a aristocracia foi criando uma cultura própria, elaborando inovações como a música "clássica" e o balé — entretenimentos tensos e, para os padrões plebeus, sem dúvida tediosos, e o ideal é que fossem consumidos em silêncio. Na mesma toada, a exuberância e a solidariedade das festividades tradicionais começaram a parecer — para o cavalheiro ou a dama da corte, da mesma forma que para os executivos e profissionais que hoje imitam as maneiras dos nobres — inadequadas, vulgares, talvez até revoltantes. Como nos preconceitos de classe e raça dos nossos tempos, o desprezo vinha junto com o medo: o participante "vulgar" do Carnaval era, aos olhos dos superiores em termos sociais, também um sujeito rude e violento. Para os ricos, o Carnaval só podia evocar o que o historiador Stephen J. Greenblatt descreve como "o grande pesadelo da classe dominante do Renascimento: a horda de saqueadores, a multidão de cabeças, a massa insaciável, vertiginosa e assassina".[65]

6
Nota sobre puritanismo e reforma militar

Quase 200 anos depois da Reforma Protestante na Europa, algo incrivelmente similar ocorreu num cenário bem diferente. Um estudioso muçulmano, Muhammad ibn Ahd al-Wahhab, iniciou uma cruzada para reformar e purificar o islamismo árabe, que havia sido corrompido, em sua opinião, pelas práticas de veneração de santos e relicários, assim como por formas extáticas de adoração envolvendo danças e cantorias. Wahhab tratou de derrubar árvores sagradas (mais ou menos como os puritanos ingleses haviam atacado mastros), destruir relicários e acabar com rituais extáticos tradicionais. Sua visão da prática religiosa era tão austera quanto a de Calvino: não devia haver qualquer decoração ou música nas mesquitas, nenhuma rota de salvação a não ser as preces e a obediência aos ensinamentos religiosos, isto é, no caso islâmico, à *sharia*. E, da mesma maneira que Calvino, Wahhab e seus seguidores pretendiam estabelecer um estado teocrático com controle estrito sobre os comportamentos individuais — o haxixe, por exemplo, estava proibido, assim como as "perversões sexuais" e a indiscrição feminina —, algo que ainda é prezado por seus descendentes ideológicos, os militantes islâmicos dos nossos tempos.

O paralelo entre a Reforma Protestante e o movimento Wahhabi já foi notado outras vezes. Samuel P. Huntington, por exemplo, escreve que "ambos são reações à estagnação e à corrupção de instituições existentes; advogam um retorno a uma forma pura e mais exigente de religião; pregam trabalho, ordem e disciplina".[1] No mundo islâmico, o sufismo fazia o papel do catolicismo — uma corrente do Islã datada do século VIII ou IX que oferecia um conjunto de possibilidades espirituais muito diversificada, em alguns sentidos até floridas. Assim como o catolicismo, o sufismo tinha seus intelectuais, místicos e poetas; e também como o catolicismo, era aberto à proliferação de santos e de festividades populares, algumas das quais podiam se originar de práticas pagãs. Tanto no caso islâmico quanto no cristão, os "reformadores" alegavam estar retornando às bases de sua religião — livrando-se das pomposas excrescências, dos prazeres sensoriais, do Carnaval e das cores, e interrompendo o deslizamento em direção ao politeísmo representado pela veneração dos santos. A ideia, em ambos casos, era alcançar uma forma "purificada" de religião focada na batalha pelo que há de sagrado dentro da alma individual.

O que é desconcertante nesse paralelo é a aparente falta de condições semelhantes entre as sociedades envolvidas. A Reforma Protestante ocorreu numa Europa que já possuía uma grande quantidade de cidades e estava oscilando na iminência da Revolução Industrial. O wahhabismo, pelo contrário, conseguiu seus primeiros adeptos na parte central da península arábica, um lugar ainda ocupado por nômades vivendo em tribos instaladas em volta de oásis. O capitalismo e o industrialismo, que supostamente tiveram papéis importantes na Reforma Protestante, na melhor das hipóteses eram rumores distantes na pequena vila de Ad Dir'iyyah, onde Wahhab estabeleceu sua base. E, enquanto a Europa do século XVI estava começando a se expandir em direção à África, à Ásia e às Américas, a Arábia do século XVIII era um recanto distante do Império Otomano, que por si só já estava em declínio. Qualquer um que procurar uma explicação "materialista" para o puritanismo protestante e islâmico — isto é, uma explicação baseada em circunstâncias econômicas concretas — poderá apenas levar as mãos à cabeça em desespero.

É possível que de fato não tenha havido condições comuns subjacentes às duas "reformas", protestante e islâmica. Afinal, Wahhab também não foi o primeiro reformador puritano do Islã. O conflito entre uma forma fria e legalista de islamismo, centrada na *sharia*, e uma tendência sufista mais acessível remonta a muitos séculos antes. O que distinguiu o wahhabismo dos movimentos de "reforma" islâmica anteriores foi o patrocínio de um chefe tribal, Muhammad ibn Saud, que fez com que a disputa teológica se tornasse uma campanha armada. Um atrativo dos ensinamentos de Wahhab, para o líder saudita, era o fato de justificar ataques contra tribos vizinhas, que podiam ser julgadas como "infiéis" de acordo com os padrões rigorosos de Wahhab. Assim, o wahhabismo fornecia uma brecha na proibição de atacar outros muçulmanos: se não aceitavam o islã purificado na forma do wahhabismo, e se não se convertiam, podiam ser mortos. De acordo com um dos historiadores mais respeitados da Arábia Saudita, "o wahhabismo era uma ideologia de expansão e ataques militares",[2] e se difundiu por toda a península arábica à força.

Embora talvez não tenha sido totalmente à força. Há uma evidência que sugere um possível traço comum entre os movimentos de reforma religiosa da Europa no século XVI e da Arábia no século XVIII. De acordo com um texto árabe do século XIX, foi Wahhab quem introduziu o uso de armas na tribo saudita: "Eles [a tribo saudita] seguiram Wahhab em questões religiosas e terrenas como se estivessem lidando com guerras, interesses e hostilidades (...) e ele ordenou aos habitantes de Dir'iyyah que aprendessem a usar armas. Wahhab foi um dos que forneceu as armas que hoje eles possuem."[3] É claro que armas de fogo não eram novidade na Arábia, mas antes de Wahhab, os nômades árabes lutavam quase que exclusivamente com espadas, laços e flechas. Ele pode ter sido um tradicionalista, querendo restaurar uma forma pura e original de islamismo, mas também foi um modernizador.

Exércitos precisos

Na Europa, creditou-se às armas o restabelecimento do desequilíbrio de poder entre os aristocratas montados e as pessoas comuns. Um cidadão humilde com uma arma podia potencialmente derrubar um nobre dentro de uma armadura portando uma espada, e pode ter sido isso o que, em parte, fez o Carnaval parecer cada vez mais perigoso aos poderosos. Mas quando usadas na guerra, as armas tinham um efeito bem diferente — reduziam o soldado individual a uma engrenagem de uma máquina gigante de guerra — e esse processo suscitou um apoio entusiasmado dos novos puritanos da Reforma Protestante.

O estilo de luta da Europa medieval, anterior à Reforma, com cavaleiros aristocratas armados com armas cortantes, sempre havia permitido muito tempo livre aos soldados que não tinham cavalos, e boa parte dele era dedicado a festanças. As armas de fogo, que se tornaram as principais armas no século XVI, requeriam uma disciplina maior de colunas e fileiras, em parte por causa do primitivismo das armas disponíveis. Como mosquetes e arcabuzes não tinham miras muito precisas, funcionavam melhor quando uma grande quantidade de homens atirava ao mesmo tempo. E como tomavam muitos minutos para serem recarregados, os soldados tinham de se adaptar ao processo e gastar cada momento em que não estivessem atirando no preparo para voltar a atirar. Não era um trabalho para os "guerreiros" no sentido antigo e individualista, mas para homens que talvez pudessem ser considerados os primeiros proletários verdadeiros — os soldados disciplinados e devidamente obedientes dos novos exércitos de massa. Qualquer discussão sobre a supressão do Carnaval na Europa seria incompleta sem mencionar a disciplina dos lutadores desse continente, que eram proibidos de participar das bebedeiras e farras que antes haviam agitado o serviço militar de tantos recrutas relutantes.

Foi um calvinista, o aristocrata holandês Maurício de Nassau, quem primeiro aplicou o espírito do calvinismo ao negócio da guerra. No início do século XVII, 300 anos antes de o norte-americano Frederick Winslow Taylor, especialista em eficiência, transformar o trabalho em sua fábrica ao reorganizá-lo em séries de gestos repetitivos, Maurício planejou um detalhado sistema de movimentos — 32 no total — para cada soldado seguir quando estivesse atirando, recarregando e atirando de novo.[4] Seu novo sistema requeria treino incessante, marchando e recarregando, a ponto de tornar os movimentos automáticos o bastante para serem realizadas no estresse da batalha. No sistema de Maurício, no entanto, o *treinamento*, como se tornou conhecido, ia muito além do tempo necessário para praticar; o ponto era ocupar o tempo inteiro do soldado, de maneira que, quando ele não estava sendo recrutado, eram-lhe designadas tarefas antes desdenhadas pelos guerreiros, como cavar trincheiras e construir fortificações. "O ócio", como escreve o historiador William H. McNeill, "estava banido da vida militar. Era uma grande mudança em relação aos costumes anteriores, pois antes os soldados passavam quase todo o tempo esperando que algo acontecesse, e tradicionalmente as tropas escapavam do tédio se entregando à bebida e outros tipos de dissipação."[5] Como observou o especialista em história militar M.D. Feld, "as mudanças instituídas nas forças armadas holandesas correspondiam incrivelmente ao panorama de uma sociedade de classe média", referindo-se à classe média de uma sociedade *calvinista*.[6]

Outro calvinista, o revolucionário inglês Oliver Cromwell, levou a nova disciplina militar um passo adiante, banindo todas as diversões habituais dos soldados: beber, jogar, saquear, conquistar mulheres e até falar palavrões. A guerra havia sido desde sempre uma ocupação perigosa e desconfortável para um homem comum, mas também lhe oferecia uma quebra de rotina, uma chance de viajar e farrear. O "Novo Exército Modelo" de Cromwell não oferecia entretenimentos carnavalescos, exigia que o soldado funcionasse como uma pequena parte de uma máquina imensa e precisa. Era uma perspectiva que, embora parecesse pavorosa para o jovem camponês que buscava diversão, encantava os ideólogos calvinistas, e não só por suas potenciais vantagens militares. "Acima de todas as criaturas, [Deus] ama os soldados", dizia um pregador inglês calvinista, referindo-se, é claro, ao tipo calvinista, de soldado treinado e disciplinado.[7] Mesmo sem a ameaça da guerra, o recrutamento parecia, para os calvinistas, um uso admirável do tempo. "Abandone os baralhos e dados, o confinamento, a devassidão, a folgança, os discursos indecentes e confusões fora de época", urgiu outro pregador, "e comece a frequentar esses exercícios".[8]

Os novos exércitos calvinistas tiveram imenso sucesso. Maurício usou o seu para expulsar as tropas espanholas que ocupavam a Holanda; Cromwell venceu os cavaleiros partidários de Carlos I, que praticavam uma forma não puritana de protestantismo e ainda lutavam ao velho estilo desordenado e aristocrático. Logo os monarcas e generais de todo o mundo ocidental estavam impondo o recrutamento e a nova disciplina calvinista a seus próprios exércitos, independentemente de serem católicos, protestantes ou ortodoxos. Desse modo, com a ajuda de religiões reformadas e reformistas, a Europa se adaptou aos imperativos da guerra armada, e tais mudanças nos acompanham até hoje.

Historiadores europeus marxistas tenderam a ver os *meios de produção* como a força social determinante, esquecendo-se daquela que o antropólogo Jack Goody chama de *meios de destruição*. Dessa forma, estão mais propensos a ver a Revolução Industrial como uma mudança subjacente à Reforma Protestante do que a levar em conta o papel da revolução *militar* causada pelas armas de fogo. Mas a guerra armada, não menos do que a industrialização, requeria uma disciplina social sem precedentes — imensas quantidades de homens (e de mulheres, à sua própria maneira) treinadas para a obediência e para a autonegação — e o novo protestantismo ajudava a proporcioná-la. O wahhabismo pode ter funcionado da mesma maneira na Arábia tribal, que — graças ao próprio Wahhab — estava se ajustando ao modelo de guerra com armas de fogo.

Treinando com dromedários

Se a disciplina militar estava ligada ao puritanismo religioso na cabeça de Wahhab ou de seu patrono, Muhammad ibn Saud, infelizmente não podemos saber. O que sabemos, contudo, é que Saud era, como Wahhab, um inovador em termos militares. De acordo com um francês que esteve na expedição de Napoleão ao Egito e servia como cônsul de seu país em Aleppo quando os wahhabis invadiram a Síria, foi em Diriyah que Ibn Saud começou a perceber como seria realizada a conquista, sem negligenciar nenhum aspecto importante para garantir o sucesso. Seus soldados, que já estavam acostumados à fadiga, tornaram-se ainda mais fortes e infatigáveis devido ao treinamento. Dispensou os cavalos, trocando-os por dromedários, animais tão vivazes quanto os cavalos, só que mais fortes: a natureza os criara para o deserto, que seria inabitável sem eles. Ibn Saud ordenou que cada dromedário fosse montado por dois soldados. Racionou não apenas a comida dos soldados, mas a dos animais.[9]

A referência ao *treinamento* fornece uma surpreendente ligação entre as reformas militares lideradas pelos puritanos na Europa do século XVII. É improvável que os homens de Saud, que chegavam a 6 mil, fossem treinados em marchas repetitivas, à maneira dos europeus, porque não possuíam uma infantaria, mas o que os europeus chamariam de cavalaria. É possível que a substituição de cavalos por dromedários duplamente montados fosse uma adaptação ao uso de armas que Wahhab incentivava. As armas de fogo disponíveis naquele momento — provavelmente mosquetes — teriam sido inúteis para um único homem montado: já era difícil recarregar um mosquete no chão, o que dirá sobre o lombo de um animal em movimento. Com dois homens nas costas de um dromedário, um podia conduzir o animal enquanto o outro se dedicava à difícil tarefa de atirar. Assim, o treinamento instituído por Saud pode ter sido a prática de atirar e recarregar um mosquete montado sobre um dromedário em movimento.

Mas treinar não é apenas uma questão de forçar homens a se tornarem proficientes em uma tecnologia militar específica; é o objetivo universal de inculcar um altíssimo grau de disciplina. Saud queria que seus homens fossem "infatigáveis"; inclusive, os endurecia limitando suas refeições. Essas preocupações são inteiramente consistentes com o ascetismo e a autonegação demandadas pelas reformas religiosas puritanas. Tanto no caso da Europa como no da Arábia, uma forma real de puritanismo religioso era fazer os guerreiros internalizarem a disciplina que o novo modo de lutar com armas de fogo requeria: não eram só os generais que exigiam sobriedade e obediência de suas tropas; de acordo com os reformistas puritanos, Deus também o fazia.

Já no século XIX, a modernização militar e o puritanismo religioso estavam claramente interligados em outras partes do mundo muçulmano. Em 1826, o sultão otomano Mahmud II destruiu seu próprio exército de janízaros, cerca de 100 mil soldados de infantaria que estavam resistindo às reformas militares. Os janízaros podem ter sido condenados por seu histórico de tomadas de palácio, mas é interessante notar que também estavam muito associados a uma corrente do sufismo particularmente extática. No Egito, Mehmet Ali Pasha, que governou no início do século XIX, introduziu reformas militares semelhantes às europeias junto com uma abrangente tentativa de disciplinar a população. Passou a ser exigente com o sufismo em geral e tentou deslegitimar o *mulid*, um festival similar ao Carnaval europeu. No Egito "modernizado" do início do século XIX, escreve o antropólogo Michael Gilsenan, "os desfiles militares, a marcha ao ritmo de tambores, eram aprovados como expressão de ordem e hierarquia; procissões e bandeiras sufistas eram violentamente atacadas, como ainda são, como expressões do exato oposto e classificadas por algumas autoridades como não islâmicas.[10]

Poderia ter havido uma conexão entre a repressão das festividades e a necessidade de exércitos de massa disciplinados em outros cantos do mundo? O Império Romano, por exemplo, confiava numa infantaria rigidamente recrutada, e seria interessante saber se a hostilidade intermitente dos romanos em relação às religiões extáticas podia estar relacionada, em algum sentido, a esse aspecto militar de Roma.

E existe também o intrigante caso da China. Max Weber observou que os chineses haviam abandonado as tradições extáticas muito cedo, de maneira que, quando formaram um império em grande escala, "as danças já não eram encontradas — a velha dança de guerra havia desaparecido — assim como as intoxicantes orgias sexuais e musicais".[11] Segundo Weber, "todos os elementos orgiásticos foram estritamente eliminados" do culto religioso, que considerava os rituais extáticos "tão perigosos quanto a nobreza romana certa vez havia julgado o culto a Dioniso".[12] Pode ser relevante que a China antiga tenha passado por sua revolução militar, no início do século VII a.C., quando soldados de infantaria armados com arcos e flechas começaram a substituir guerreiros aristocráticos em carruagens. É muito provável que os arcos e flechas, e deixo que os historiadores da área estudem mais a fundo o assunto, tenham tido um papel na China antiga similar ao das armas de fogo na Europa do início da modernidade ou na Arábia do século XVIII. O projeto de disciplinar grandes quantidades de homens comuns no uso repetitivo de uma arma de ação à distância — arco e flecha ou arma de fogo — pode ter requerido um nível de disciplina social incompatível com as festividades tradicionais e os ritos extáticos.

7

Uma epidemia de melancolia

A partir da Inglaterra do século XVII, o mundo europeu foi arrebatado por algo que parece ter sido, em termos atuais, uma epidemia de depressão. A doença atacou jovens e velhos, submergindo-os em meses ou anos de letargia mórbida e terrores cruéis, e pareceu atingir sobretudo homens de sucesso e gênio — talvez apenas porque estes escreviam mais e eram objeto das escritas de outros com maior frequência. O escritor puritano John Bunyan, o líder político Oliver Cromwell, os poetas Thomas Gray e John Donne e o dramaturgo e ensaísta Samuel Johnson estão entre as primeiras e mais famosas vítimas. Para os médicos, a doença apresentava um enigma bastante intrigante, entre outras razões, porque o desfecho mais grave era o suicídio. Em 1733, o Dr. George Cheyne lamentou "a recente frequência e o aumento diário na quantidade de perversos e incomuns autoassassinatos, produzidos principalmente por esse destempero", e especulou que o clima inglês, combinado com o estilo de vida sedentário e a urbanização, "haviam suscitado um tipo de destempero com sintomas atrozes e temerários, escassamente referido por nossos ancestrais e nunca tendo atingido tal grau de fatalismo ou tão alta frequência em qualquer outra nação conhecida. Calcula-se que tais desordens nervosas motivem cerca de um terço das queixas das pessoas abastadas da Inglaterra".[1] Cem anos depois, pouco havia mudado: "Tais queixas [nervosas] prevalecem hoje em dia", alegava um contemporâneo, "numa escala desconhecida em qualquer período precedente ou em qualquer outra nação."[2]

Samuel Johnson, filho intelectualmente prodigioso de pais pobres, sentiu-se pela primeira vez vitimado pela depressão em 1729, aos 20 anos de idade, logo depois de ser forçado a deixar Oxford por falta de fundos. De acordo com seu amigo, o biógrafo James Boswell, também vítima de depressão, a "melancolia mórbida" de Johnson começou a "afligi-lo de maneira espantosa" na ocasião de seu retorno à casa dos pais.

> Ele se sentia oprimido por uma horrível hipocondria, com irritação, impaciência e mau humor perpétuos; também com abatimento e desespero, fatores que faziam de sua existência uma miséria. Nunca chegou a se livrar totalmente dessa doença sombria, e todas as atividades que empreendesse, todos os prazeres que vivesse, não eram nada senão interrupções temporárias da influência perniciosa de sua enfermidade.[3]

Sem um diploma ou a possibilidade de uma carreira, ele passava horas sentado, olhando o passar das horas no relógio da cidade, ao que parece, indiferente ao tempo. Fazia longas caminhadas cogitando o suicídio. Mas não era só a perspectiva de pobreza e fracasso que o tornava vulnerável, pois anos mais tarde, no ápice do sucesso como escritor e de sua popularidade como conversador, a doença voltou a arrebatá-lo. "Meus terrores e perplexidades aumentaram tanto", escreveu quando tinha por volta de 50 anos, "que estou acometido por uma forte depressão. (...) Que o Senhor todo-poderoso e cheio de misericórdia olhe para minha miséria com piedade."[4]

Para os ingleses, a enfermidade era a "doença inglesa", descrita no *Tratise on melancholy* [Tratado de melancolia], de Timotie Bright, no final do século XVI, e analisada exaustivamente pelo pastor anglicano Robert Burton em seu clássico de 1621, *The anatomy of melancholy* [A anatomia da melancolia]. Mas a chuvosa ilha do norte não era o único lugar visitado pela doença; toda a Europa era acometida. De acordo com Andrew Solomon, a preocupação com a melancolia era originária da Itália e havia sido levada para a Inglaterra por turistas ingleses.[5] A princípio, no entanto, parecia um problema espanhol, ao menos para o cientista político italiano Giovanni Botero, que observou, em 1603, que os homens daquele país tinham "mais do que um pouco de melancolia, o que os torna severos em suas maneiras, refreados e morosos em seus empreendimentos". Além disso, a incidência era alta na corte de Felipe III.[6]

Já no século XVIII, a melancolia era uma doença tão alemã quanto inglesa,* apresentando aos historiadores posteriores dessa nação o paradoxo de que a "era da luz, o Iluminismo" também era marcada pela "bile negra e a melancolia" — em pessoas como o editor Karl Philipp Moritz, que "podia passar o dia inteiro sentado, sem qualquer pensamento, fazendo garranchos em folhas de papel e detestando a si mesmo pela perda de tempo, sem encontrar energia para fazer algo melhor".[7] Na França, que produziu o famoso melancólico Jean-Jacques Rousseau,[8] o distúrbio só se tornou um dos temas literários principais na metade do século XIX, quando afligiu, entre outros, o poeta Charles Baudelaire. Daí em

---

*O historiador Robert Kinsman declarou que "a melancolia na arte renascentista, tanto pictórica quando literária, tornou-se um ponto de referência central" oferecendo uma série de exemplos germânicos, incluindo a obra de Dürer (Kinsman, p. 310).

diante, a depressão figura de maneira proeminente nas biografias dos notáveis: o romancista russo León Tolstói, o cientista social alemão Max Weber, o psicólogo americano William James.

A doença tornou-se cada vez mais recorrente no curso do século XX, quando se fizeram disponíveis algumas estatísticas relativamente confiáveis, e esse aumento não pode ser creditado a uma vontade maior de reportá-la por parte de médicos e pacientes. Taxas de esquizofrenia, síndromes do pânico e fobias não cresceram ao mesmo tempo, por exemplo, como fariam no caso de se deverem apenas às mudanças que estavam ocorrendo no relato de doenças mentais.[9] De acordo com a Organização Mundial de Saúde, a depressão é hoje a quinta principal causa de morte e incapacidade no mundo, deixando as doenças isquêmicas do coração em sexto.[10] Fatalidades ocorrem mais dramaticamente por meio do suicídio, mas mesmo a forma mais branda de depressão — chamada de distimia, caracterizada por uma incapacidade de experimentar o prazer — pode matar com o aumento da vulnerabilidade da pessoa a sérias doenças somáticas como o câncer e a doenças do coração. Longe de ser um problema dos famosos e bem-sucedidos, agora sabemos que a enfermidade atinge mais os pobres do que os ricos, e é mais comum entre mulheres do que entre homens.

Apenas nos últimos anos, centenas de livros, artigos e especiais televisivos foram dedicados à depressão: seus efeitos no indivíduo, as relações de gênero envolvidas, o papel de fatores genéticos, a eficácia (e moralidade) de tratamentos farmacêuticos. Entretanto, até onde sei, ninguém sugeriu que a epidemia possa ter se iniciado num tempo histórico particular e começado como resultado de circunstâncias culturais que surgiram naquela época e que têm persistido ou se intensificado desde então. A falha em levar em conta as raízes históricas pode decorrer, em parte, da ênfase que recai sobre as celebridades vitimadas do passado, o que tende a desencorajar uma perspectiva estatística ou epidemiológica.* Mas, se de fato houve um início para essa epidemia de depressão, em algum momento do século XVI ou XVII, obviamente nos preocupa, confrontando-nos com a pergunta: será que esse aparente declínio na habilidade de experimentar o prazer pode, de alguma maneira, estar ligado ao declínio das *oportunidades* de prazer, como o Carnaval e outras festividades tradicionais?

Há razões para pensar que algo como uma "epidemia de depressão" tenha de fato se desencadeado por volta de 1600, ou na época em que Burton apresentou sua "anatomia" da doença. A melancolia, como era chamada até o século XX, é obviamente um problema bastante antigo, tendo sido descrita no século V a.C. por Hipócrates. Os personagens de Chaucer, no século XIV, tinham conhecimento sobre ela, e clérigos medievais conheciam-na como *acedia*, que tecnicamente era um pecado, pois com frequência levava a negligenciar as obrigações religiosas. Logo, em alguma de suas formas, a melancolia sempre existiu — e lamentavelmente não temos evidências estatísticas de um aumento repentino nos primórdios da Europa moderna, que não contava nem com uma profissão psiquiátrica para fazer o diagnóstico, nem com uma instituição de saúde pública para registrar o número de acometidos. O que sabemos é que, nos séculos XVII e XVIII, tanto os livros médicos

---

*Essa é uma limitação do fascinante livro de Kay Redfield, *Touched with fire*, que se empenha em relacionar doenças maníaco-depressivas com a criatividade artística, principalmente ao listar uma longa linha de sofredores muito criativos. Para começar, ela não distingue com clareza doenças maníaco-depressivas, ou bipolares, da depressão "unipolar", incluindo em sua seleção uma série de vítimas unipolares — como Samuel Johnson. Em seguida, para estabelecer que a depressão em qualquer forma era mais frequente, no século XVIII, entre escritores e poetas do que em outras pessoas, compara a taxa entre poetas da época com as taxas da população geral de hoje (p. 73). Mas quais seriam as taxas de depressão da população em geral no século XVIII? E por que deveríamos considerar poetas e pessoas "altamente criativas" como sendo apenas aqueles que alcançam publicações e a fama subsequente? Por fim, ela não comenta o fato de nenhuma vítima famosa mencionada ter vivido antes do século XVII.

sobre melancolia quanto a literatura com temas melancólicos estavam alcançando um vasto público, presumivelmente ao menos em parte entre pessoas que sofriam de melancolia. Samuel Johnson, por exemplo, era um admirador do *The anatomy of melancholy* de Burton, definindo-o como "o único livro que o fez levantar da cama duas horas antes do pretendido".[11]

O interesse crescente pelo tema melancolia não é, contudo, uma evidência do aumento na prevalência da própria melancolia. Como sugeriu o historiador Roy Porter, a doença pode ter simplesmente se tornado mais elegante, tanto como diagnóstico médico quanto como problema, sobretudo por afetar os ricos ociosos e por significar um certo tédio ou desligamento. Não restam dúvidas de que o preconceito médico de que essa fosse uma doença dos talentosos, ou ao menos dos abastados, a teria tornado um diagnóstico atraente para os volúveis homens ascendentes e ainda sem classe definida. As doenças nervosas em geral, afirmou o dr. Cheyne, "nunca ocorrem ou podem ocorrer a ninguém que não os mais vívidos e espertos, cujas faculdades são as mais brilhantes e as mais espirituais, e cujo gênio é mais afiado e penetrante, particularmente quando há mais sensação e experiência tanto do prazer quanto da dor".[12]

Já no século XVIII, a melancolia tinha de fato se tornado uma característica elegante entre os ingleses abastados, inspirando os insípidos sentimentos expressos em poemas como "Os prazeres da melancolia", de Thomas Warton, e "Ode à melancolia", de Elizabeth Carter. Neste último, pode-se ler: "VENHA, Melancolia! Poder silencioso/ Companheira em minha hora solitária (...)/ Embora docemente triste, a convidada ideal."[13] Na verdade, a noção de que a melancolia era uma doença exclusiva da elite era tão comum que até estava sujeita a sátiras. Numa peça inglesa do século XVIII, um barbeiro reclama da melancolia e tem de ouvir: "Melancolia? Desculpe, rapaz, você acha que melancolia é palavra para sair da boca de um barbeiro? Você devia dizer tristeza, estupidez, bobeira: melancolia é a marca dos cortesãos!"[14] De sua parte, é provável que os médicos estivessem ávidos por diagnosticar a melancolia entre seus pacientes mais proeminentes e, em geral, para tirar o tratamento de distúrbios nervosos das garras do clero.

Mas a melancolia só passou a ser moda um século depois de Burton tomá-la como assunto, e devemos ponderar por que essa condição particular, entre tantas outras, ganhou tamanho destaque. Uma indiferença arrogante, por exemplo, poderia parecer mais adequada à era do imperialismo do que essa doença esmorecedora e debilitante; e o *Iluminismo*, outro fenômeno bem conhecido dessa era, podia ter sido melhor servido por um surto de impaciência questionadora. Mesmo quando a melancolia se tornou moda como tema poético e afetação social, havia indivíduos vitimados, como o poeta William Cowper, que dificilmente podiam ter escolhido por vontade própria a aflição. Ele se viu arrebatado pela primeira vez aos 20 anos, quando a ansiedade em razão de uma prova o conduziu a uma tentativa de suicídio que lhe exigiria uma recuperação de 18 meses num hospício. Ao longo de sua vida, quatro vezes mais ele foi imerso no que chamou de "uma melancolia que faz de mim quase uma criança",[15] e só se preservou do suicídio por meio de diversas internações. É difícil acreditar que ele pudesse estar fingindo quando escreveu a um amigo, já no fim de sua vida: "Tive uma noite terrível — tão terrível que acredito poder dizer que Deus não conhece homem que tenha vivido noite pior (...). Acordei oprimido por um desespero infinito, e vim até o escritório para execrar, com amargura inexprimível, o dia em que nasci."[16]

Tampouco podemos nos contentar com a afirmação de que a aparente epidemia de melancolia era uma invenção cínica dos homens que lucravam escrevendo sobre ela, uma vez que vários deles se autoidentificavam como vítimas. Robert Burton confessou:

"Escrevo sobre a melancolia para assim estar ocupado o bastante para evitá-la."[17] George Cheyne foi afligido, embora miraculosamente curado por uma dieta vegetariana que ele mesmo inventou. O inglês John Brown, que publicou um livro de sucesso em meados do século XIX sobre "o aumento de espíritos vis e distúrbios nervosos", acabou cometendo suicídio.[18] *Algo* estava acontecendo, do ano 1600 em diante, algo que fazia da melancolia uma preocupação central do público leitor, e a explicação mais simples é de que havia mais casos de melancolia do que aqueles específicos.

Fica a questão, se a melancolia experimentada séculos atrás é a mesma doença que hoje chamamos de depressão. Mesmo no atual *Manual diagnóstico e estatístico de transtornos mentais* (*DSM*), as definições de doenças mentais sempre parecem um pouco vagas em alguns pontos; e até o século XVIII, sequer havia tentativas de apresentar uma nomenclatura sistemática ou científica. *Melancolia*, no texto de Burton, às vezes se sobrepõe a *hipocondria, histeria* e *vapores* — sendo estes dois últimos vistos como distúrbios particularmente femininos.[19] De modo geral, no entanto, as descrições de melancolia poderiam, a não ser pela linguagem prolixa, substituir a definição moderna de depressão: "Medo e mágoa suplantando pensamentos agradáveis; suspeitas, descontentamento e ansiedade perpétua entrando no lugar deles", até que enfim "a melancolia, o demônio brutal", produz "uma alma cancroide macerada por preocupações e descontentamentos, um cansaço da vida (...), uma incapacidade de aceitar companhias, luz, a própria vida".[20]

Se comparamos as descrições dos melancólicos do passado com uma das melhores descrições subjetivas de depressão dos dias de hoje — a do livro *Perto das trevas*, escrito por William Styron, em 1990 — encontramos algo que certamente parece ser uma concordância razoável. Styron viu que estava cada vez mais se privando do contato com outras pessoas, até abandonando seus próprios convidados em jantares, ao passo que Boswell escreveu sobre Samuel Johnson durante um de seus episódios de melancolia: "Estava tão doente que, contrariando seu notável gosto por estar acompanhado, um dos sintomas mais fatais passou a ser o fato de ele estar totalmente avesso à sociabilidade."[21] Styron citou o ódio por si mesmo como um sintoma, enquanto o tão produtivo Johnson repetidas vezes se repreendia por levar "uma vida tão dissipada e inútil".[22] Com mais eloquência, John Bunyan deplorava o que chamava de sua "poluição interna original": "Essa era minha praga e minha aflição. Por causa dela, eu era mais repugnante aos meus próprios olhos do que qualquer sapo."[23]

Outro sintoma mencionado por Styron era uma ameaçadora mudança de aparência do mundo não humano. O terror era externalizado, como uma toxina cobrindo a paisagem e todos os objetos. Styron achou que a "querida casa que habitava há 30 anos, assumia (...) uma qualidade quase palpável de mau agouro".[24] De maneira similar, William James, sem dúvida a partir da longa batalha contra a doença, escreveu que, para os "melancólicos", "o mundo parece sempre remoto, estranho, sinistro, nefasto. Sua cor se esvai, seu ar é frio".[25] Essas percepções se encaixam com perfeição à noção dos melancólicos dos séculos XVI e XVII de que o próprio mundo natural estava em estado de deterioração — desintegrado, corrupto e condenado. Como colocou John Donne — e não consigo pensar em imagem mais propícia para a maneira como o mundo se apresenta ao depressivo — "a cor está em decadência".[26] Decorrem daí, sem dúvida, a sensação de Styron de imersão em uma "garoa cinza de horror", e as repetidas referências de Johnson às "angústias do terror".[27]

Penso que podemos concluir com alguma segurança que a melancolia experimentada pelos homens e mulheres do início da era moderna era de fato o mesmo distúrbio que hoje conhecemos como depressão, e de que a ocorrência de melancolia/depressão estava de fato crescendo naquela época, ao menos em relação aos tempos medievais — embora devamos admitir que não temos nenhuma maneira de saber quão substancial foi esse crescimento em termos estatísticos. Podemos voltar, então, à questão da relação entre essa primeira "epidemia de depressão" e o assunto maior deste livro: a supressão dos rituais e das festividades comunais. É muito provável que os dois fenômenos estejam emaranhados de diversas maneiras. É possível que, como consequência da doença, os indivíduos deprimidos tenham perdido seu apreço pelas festividades comunais e até tenham passado a vê-las com repugnância. Há, no entanto, outras possibilidades: primeiro, que tanto o crescimento da depressão como o declínio das festividades sejam sintomáticos de uma mudança psicológica mais profunda, subjacente, que teria começado cerca de 400 anos atrás e persistido, de alguma maneira, até os dias de hoje; segundo, uma possibilidade mais intrigante, que o desaparecimento das festividades tradicionais tenha sido por si só um fator que contribuiu para a depressão.

O eu ansioso

É impossível não se aproximar de tal "mudança psicológica mais profunda, subjacente", sem certa apreensão, mas felizmente muitos estudiosos respeitáveis já visitaram esse terreno difícil. "Historiadores da cultura europeia têm uma concordância substancial", escreveu Lionel Trilling, em 1972, "de que, no final do século XVI e no início do século XVII, ocorreu algo como uma mutação na natureza humana".[28] Essa mudança foi chamada de *ascensão da subjetividade* ou de *descoberta do eu interior*, e como se pode presumir que todas as pessoas, em todos os períodos históricos, têm alguma consciência de si mesmas e alguma capacidade para a reflexão subjetiva, estamos na verdade falando de uma intensificação bastante drástica da capacidade universal humana de enfrentar o mundo como um "eu" autônomo, separado e muito desconfiado em relação a "eles". Como vimos no Capítulo 5, a nobreza europeia havia passado por uma espécie de mudança psicológica ao se transformar de classe guerreira em grupo de cortesãos — distanciou-se da retidão e da espontaneidade e assumiu uma cautela em relação aos outros. No final do século XVI e durante o XVII, tal mudança se difundiu ainda mais, afetando inclusive artesãos, camponeses e operários. A nova "ênfase no desengajamento e na autoconsciência", como descreve Louis Sass,[29] torna o indivíduo mais autônomo e crítico em relação aos arranjos sociais, o que vem para o bem, mas também pode converter o indivíduo em uma fortaleza murada, cuidadosamente protegida contra todos os outros.

Historiadores inferem essa alteração psicológica a partir de uma série de mudanças concretas ocorridas no início dos tempos modernos, primeiro e mais notavelmente na burguesia urbana, ou classe média ascendente. Espelhos em que se pode perscrutar a própria face tornam-se populares entre aqueles que têm dinheiro para comprá-los, lado a lado com os autorretratos (Rembrandt pintou mais de 50 deles) e autobiografias em que se revisa e elabora a imagem que cada um projetou sobre os outros. Nos lares burgueses, os espaços públicos em que se recebiam as visitas foram pela primeira vez diferenciados dos espaços privados — os quartos, por exemplo — em que cada um podia se encerrar para baixar as guardas e verdadeiramente "ser o que é". Formas mais decorosas de entretenimento, como peças e óperas, exigiam que os espectadores permanecessem imóveis, cada um em sua poltrona separada, e começavam a oferecer uma alternativa para a interação promíscua e para os prazeres da comunhão física do Carnaval.[30] A própria palavra *eu*, como Trilling notou, deixou de ser um mero pronome e atingiu o status de substantivo, referindo-se ao núcleo interior de cada um, invisível aos outros.

A noção do *eu* escondido por trás da aparência de cada um e adaptável de uma situação para outra é atribuída à nova possibilidade de ascensão social. Na cultura medieval, você era o que parecia ser — um camponês, um comerciante ou um aristocrata — e qualquer tentativa de alcançar outro status seria vista como um engodo; leis suntuárias com frequência impediam que cidadãos comuns ricos, por exemplo, vestissem roupas com cores ou de tecidos tidos como propriedades dos nobres. De acordo com a historiadora Natalie Zemon Davis, "durante o Carnaval e em outros dias de festa, um jovem camponês podia se vestir como um animal ou como alguém de outra classe ou sexo e se expressar por meio dessa fantasia (...) Mas eram máscaras temporárias e só pretendiam o bem comum".[31] No final do século XVI, porém, a mobilidade social estava começando a ser possível ou ao menos imaginável, tornando o "engodo" um estilo de vida bastante difundido. O mercador que almejava um título aristocrático, o artesão que aspirava o status de mercador — cada um precisava aprender a representar o papel do outro, uma tarefa para a qual o sistema de etiqueta elaborado nas cortes reais podia servir como roteiro. Você pode não ser um lorde ou um burguês altivo, mas pode adquirir a habilidade de agir como um. Por isso a popularidade, na Inglaterra do século XVII, dos livros que ensinavam às pessoas como se comportar em determinadas circunstâncias, como escrever uma carta que causasse boas impressões, como escolher uma esposa socialmente vantajosa.

Por isso, também, o novo fascínio pelo teatro, com a noção do ator que é diferente de seus papéis. Uma noção que exige certo esforço até que o público se acostume; nos primeiros anos do teatro, os atores que faziam o papel de vilões corriam o risco de ser atacados por espectadores furiosos nas ruas. Dentro do próprio teatro, há uma fascinação por tramas envolvendo engodos ainda maiores: em Shakespeare, há Portia, que finge ser doutor em lei; Rosalinda, que se fantasia de menino; Julieta, que simula a própria morte — só para citar alguns exemplos. Escrevendo poucos anos depois da morte de Shakespeare, Robert Burton lamenta o fato de as atuações não estarem mais confinadas ao teatro, pois "os homens, assim como os atores, representam uma miríade de papéis". Era doloroso, em sua opinião, "ver um homem assumir todo tipo de semblantes, como um camaleão, (...) representar 20 papéis e pessoas ao mesmo tempo para seu próprio proveito, (...) ter diversas faces, roupagens e personalidades para cada nova pessoa que encontra".[32] O eu interior que pode trocar trajes e maneiras de acordo com a ocasião lembra a figura do artífice hábil, ocupado demais e atento aos prazeres do convívio desembaraçado. Considerando o eu exterior projetado pelo eu interior no mundo social, quem iria querer "perder-se" na excitação comunal do Carnaval, depois de tanto esforço e cuidado para se construir?

O "eu interior" é tão prezado em nossa cultura que sua aquisição parece ser um sinal inquestionável de progresso — um requisito, como disse Trilling, para "a emergência do homem europeu e americano".[33] Foi com certeza esse senso de individualidade e de autonomia pessoal, "de liberdade desimpedida para fazer perguntas e explorar", como colocou o historiador Yi-Fu Tuan, que permitiu que homens como Martinho Lutero e Galileu arriscassem suas vidas ao desafiar a doutrina católica.[34] O que é preferível: um individualismo corajoso, ou meramente ávido e competitivo, ou uma personalidade medieval (ou, no caso das culturas não europeias, "primitiva") tão profundamente tomada pela comunidade e pelo ritual que mal consegue distinguir um "eu"? Da perspectiva de nosso tempo, a escolha, da forma como colocada, é óbvia. Não conhecemos nada além dela.

Mas há um preço a ser pago pelo alegre individualismo que associamos aos aspectos mais felizes do início do período moderno, o Renascimento e o Iluminismo. Como observa Tuan, "o reverso" do novo senso de autonomia pessoal é "o isolamento, a solidão, uma sensação de desengajamento, uma perda da vitalidade natural e do usufruto inocente das dádivas do mundo, um pesar porque a realidade não tem outro significado senão aquele que a pessoa escolhe imputar-lhe".[35] Ora, se há uma circunstância indiscutível quanto à etiologia da depressão, é precisamente esse senso de isolamento ou, para usar o termo adotado por Durkheim em seu estudo sobre o suicídio, essa *anomia*. Durkheim utilizou-o para explicar o crescimento das taxas de suicídio na Europa no século XIX; epidemiologistas o invocam para ajudar a explicar o crescimento corrente em nosso tempo.[36] Como Durkheim afirmou: "Originalmente, a sociedade é tudo, o indivíduo não é nada. (...) De maneira gradual, no entanto, as coisas mudam. À medida que as sociedades começam a crescer em volume e densidade, as diferenças individuais se multiplicam e chegará o momento em que o único laço remanescente entre os membros de um grupo humano específico será o fato de serem todos homens [humanos]."[37] O lado ruim da autonomia heroica, considerada uma das grandes conquistas da era moderna, é o isolamento radical e, com ele, a depressão às vezes seguida de morte.

Mas o novo tipo de personalidade que surgiu na Europa dos séculos XVI e XVII não era de modo algum tão autônoma e autodefinida quanto se alega. Longe de estar destacado do ambiente humano imediato, o novo indivíduo autocentrado se preocupava continuamente em julgar as expectativas dos outros e seu próprio sucesso em fazer jus a elas: "como estou indo?", quer saber esse "eu" supostamente autônomo. "Que tipo de impressão estou causando?" Historiadores falam de uma *interiorização* que marca a nova personalidade, significando "a capacidade de introspecção e autorreflexão", mas muitas vezes parece que o que é "interiorizado" é pouco mais do que os prováveis julgamentos dos outros que circundam o eu.

Não é coincidência que o conceito de *sociedade* tenha emergido ao mesmo tempo que o conceito de *eu*: o que parece preocupar mais o novo e em teoria autônomo eu é a opinião dos outros, que juntos compõem a "sociedade". Os espelhos, por exemplo, não nos mostram de maneira adequada, mostram apenas o que os outros veem, e as autobiografias revelam apenas aquilo que desejamos que esses outros saibam. O peso devastador dos julgamentos das outras pessoas — imaginado ou real — ajudaria a explicar o assalto da depressão em períodos de vivência ou antecipação do fracasso: a saída forçada de Johnson de Oxford, a prova que Cowper teria que fazer. No século XIX, relata a historiadora Janet Oppenheim, "pacientes severamente deprimidos muitas vezes revelavam medos bastante infundados de ruínas financeiras ou expectativas de desgraça profissional".[38] Isso não é autonomia, e sim dependência: o "eu" emergente define seu próprio valor em função do que percebe dos julgamentos dos outros.

Se a depressão foi um dos resultados do novo individualismo, um dos efeitos habitualmente concomitantes a ela, a ansiedade com certeza foi outro. Dá trabalho, e requer um altíssimo grau de atenção, presumir as reações dos outros e preparar as próprias palavras e gestos de acordo com elas. Nos casos do cortesão maquinador, do burguês esforçado e do advogado ou clérigo ambicioso da Europa no início da era moderna, o "eu" que eles descobriram talvez seja melhor descrito como uma consciência desse incessante esforço interno para ajustar o próprio comportamento às expectativas dos outros. *Atuar*, nesse contexto, vem a ter um novo e exigente significado, desconectado do prazer; atuar é representar. Não surpreende que a vida burguesa se privatize nos séculos XVI e XVII, com quartos e escritórios para onde se retirar e nos quais, algumas horas por dia, o esforço podia ser abandonado, a máscara podia ser deixada de lado.

A alma atormentada

Mas não podemos compreender todo o impacto psicológico dessa "mutação da natureza humana" por meio de termos puramente seculares. Quatrocentos, ou mesmo 200, anos atrás, a maior parte das pessoas teria interpretado sentimentos de isolamento e ansiedade com o auxílio da religião, traduzindo o *eu* como "alma", o sempre atento olhar julgador dos outros como "Deus", e a melancolia como "o medo corrosivo da maldição eterna". O catolicismo oferecia vários paliativos para os perturbados e aflitos, na forma de rituais elaborados para garantir o perdão divino ou ao menos diminuir a desaprovação; mesmo o luteranismo, embora rejeitasse a maioria desses rituais, postulava um Deus acessível e, no final das contas, amoroso.

Nem tanto na versão calvinista do protestantismo, que nos séculos XVI e XVII já se difundira além das estritas denominações calvinistas do presbiterianismo e da Igreja Reformada da Holanda para infectar, em variados graus, o luteranismo, o anglicismo e até, por meio da Contrarreforma, o catolicismo. Em vez de oferecer alívio, o calvinismo fornecia uma moldura metafísica para a anomia: se você se sente isolado, perseguido e possivelmente amaldiçoado, isso se deve ao fato de você realmente ser assim. Robert Burton entendeu o papel do calvinismo em promover a melancolia, destacando a *melancolia religiosa* como uma forma particularmente virulenta da doença, e seu livro pode ser lido, até certo ponto, como uma polêmica contra a religião severa e puritana.

A principal questão que aterroriza e atormenta a maioria dos que são perturbados na mente é a enormidade de suas ofensas, o intolerável fardo de seus pecados, a cólera e o desgosto de Deus tão profundamente apreendidos que eles já se veem condenados. (...) Essa curiosidade furiosa, essa especulação desnecessária, essa meditação infrutífera sobre a eleição, a reprovação, o livre-arbítrio, a graça (...) ainda atormentam e crucificam a alma de muitos, levantando o mundo inteiro junto pelas orelhas.[39]

Com o calvinismo, a sensação de isolamento desenfreada na Europa do início da era moderna chega a um grau intolerável. O cristianismo requer que cada alma venha a se confrontar com Deus sozinha, ao menos no momento da morte, mas a alma calvinista vagueia para sempre em solidão. Os amigos podem se revelar falsos — inimigos ou competidores disfarçados —, como ilustrou Weber ao falar sobre "a repetição notavelmente frequente, em especial na literatura puritana inglesa, dos alertas contra qualquer confiança no auxílio e na amizade entre os homens".[40] Mesmo a família não merece qualquer lealdade duradoura. Em um grande épico puritano, *O peregrino*, de John Bunyan, um cristão foge de sua casa na "cidade da destruição", desprezando o fato de que "sua mulher e seus filhos (...) começaram a chorar pedindo-lhe que voltasse; mas o homem tapou os ouvidos com as mãos e correu gritando: 'Vida, vida, vida eterna', sem olhar para trás, escapando em direção à planície".[41] Os domínios internos do próprio Bunyan, a julgar por sua autobiografia espiritual, *Grace Abounding to the Chief of Sinners* [Graça abundante ao principal dos pecadores], raras vezes eram visitados por outro humano ou iluminados por um vislumbre do mundo físico. Em mais de 80 claustrofóbicas páginas relatando momentos alternados de desespero e esperança, são raros outros pronomes que não "eu" e outros seres animados que não Satã ou Deus. Quando por fim Bunyan menciona alguns colegas humanos, é apenas para expressar sua desilusão em relação a eles, pessoas que antes ele havia considerado calvinistas confiáveis: "[Ficaram] muito angustiados e humilhados quando tiveram perdas, como maridos, esposas, filhos etc. Senhor, pensei, quanta encenação por coisas tão pequenas!"[42]

Uma das grandes percepções de Max Weber foi ver a compatibilidade entre o calvinismo e o capitalismo, ou, como também se pode dizer, perceber a terrível sensação de isolamento psíquico — "a solidão interna sem precedentes"[43] — que uma economia competitiva e cruel impunha. Assim como a alma batalhava em seu caminho solitário rumo à perdição ou à graça, o "eu" tramava e trilhava uma trajetória paralela no mundo material. Mas, se essa trajetória pretendia ser ascendente em direção à riqueza ou apenas à segurança, requeria-se muito mais do que uma fria indiferença em relação aos outros. Era preciso se engajar em um projeto interminável de autodisciplina e autonegação, postergando-se qualquer gratificação que não seja, talvez, o prazer de ver os próprios bens se acumularem. "A tarefa mais urgente" do calvinismo, escreveu Weber, era "a destruição do gozo espontâneo e impulsivo".[44] Um manual médico escocês do século XVIII confirma essa visão do calvinismo, avisando que

> muitas pessoas de mente religiosa se comportam como se pensassem que é um crime ser alegre. Imaginam que a religião inteira consiste em determinadas mortificações, ou negam a si mesmas a menor das indulgências, mesmo em relação às diversões mais inocentes. Uma escuridão perpétua paira sobre seus semblantes, enquanto a mais profunda melancolia assalta suas mentes. Com o passar do tempo, as perspectivas mais razoáveis se esvaem, tudo ganha uma aparência carregada e aqueles objetos que deviam

provocar prazer não proporcionam mais do que desgosto. A vida em si torna-se um fardo, e o sujeito infeliz, persuadido de que nenhum mal pode ser pior do que o que sente, com frequência resolve por si só dar um fim em sua miserável existência.[45]

John Bunyan parece ter sido um rapaz bastante alegre em sua juventude, dado a danças e esportes nos gramados de sua vila, mas com o início de sua crise religiosa esses prazeres tiveram de ser deixados de lado. A dança foi sua renúncia mais difícil — "Levei um ano para conseguir abandoná-la plenamente"[46] — mas no final ele conseguiu alcançar uma vida de todo privada de diversões. Em *O peregrino*, o herói Christian, feito à semelhança de Bunyan, dá-se conta de que toda vez que baixa a guarda e experimenta um momento de tranquilidade ou ao menos tem sua ansiedade diminuída, perde terreno ou acaba sendo manipulado por outros. A única coisa com que Christian se depara que lembra uma festividade, a *Vanity Fair*, acaba sendo uma armadilha mortal para o virtuoso, o lugar em que, Fiel, o companheiro avoado de Christian, é apanhado, torturado e queimado até a morte por frequentadores devassos. O Carnaval, em outras palavras, é o portal do inferno, assim como o prazer, em qualquer de suas formas — sexual, gustativo, de convívio —, é o ardil do diabo. Nada fala com mais clareza desse humor cada vez mais sombrio, do declínio das possibilidades de alegria, do que o fato de que, enquanto o camponês medieval criava festividades para escapar do trabalho, o puritano abraçava o trabalho para escapar do terror.

Oliver Cromwell passou por uma crise psicológica muito similar à de Bunyan. Nascido em uma família puritana da classe média rural inglesa, teve uma juventude marcada por "loucuras e folias", e por um gosto por "brincadeiras a cavalo e pegadinhas de gosto duvidoso".[47] Aos 28 anos, contudo, passou a ser vítima de uma condição diagnosticada por um médico como *valde melancholicus*, ou seja, "melancolia extrema", aparentemente ocasionada por uma reverberação dos pecados da juventude. Mais tarde ele escreveria a um primo, ecoando Bunyan: "Você conhece qual foi meu estilo de vida. Ah, eu vivia e amava a escuridão, detestava a luz. Eu era um chefe, um chefe dos pecadores."[48] Depois do que hoje poderíamos chamar de experiência de "renascimento", Cromwell abandonou seus piores pecados, independentemente de quais fossem, embora, diferente de Bunyan, tenha continuado a curtir música, cerveja e vinho.

Se Weber foi bem-sucedido em estabelecer uma relação de similaridade entre o calvinismo e o capitalismo, isso ainda está aberto a discussão, mas sua própria vida oferece uma evidência vívida da conexão entre o calvinismo e a *depressão*. Ainda que tenha sido um pensador inteiramente secular, Weber foi ensinado por sua mãe calvinista a ver o prazer em qualquer uma de suas formas como um perigo a ser afastado por meio de trabalho e autodisciplina incessantes. Sua biógrafa e esposa, Marianne, comentou que ele usava o trabalho como uma maneira de se "salvar" do "perigo de ficar confortável". Sobre sua vida de estudante no final do século XIX, ela contou: "Ele persiste na rígida disciplina de trabalho, regula sua vida em função do relógio, divide a rotina diária em seções exatas de diversas matérias, economiza à sua maneira, alimentando-se toda noite em seu quarto com um bife malpassado de uma libra e quatro ovos fritos."[49] Alguns meses depois do casamento, ele escreve a ela: "Não posso me arriscar a permitir que a serenidade do presente — que aproveito com a sensação de uma nova e verdadeira felicidade — venha a se transformar em relaxamento."[50]

Quando já passara dos 30, num período de invejável sucesso acadêmico, Weber teve um colapso total, com duração de vários meses e marcado por dores nas costas, tremor nas mãos, insônia, sentimentos de autodepreciação, desespero e — talvez o que lhe fosse mais trágico — uma completa inaptidão para o trabalho. Outro biógrafo tentou enquadrar os problemas de Weber nos moldes freudianos, atribuindo o colapso às tensões entre Weber e seu pai, um sujeito bastante comodista e tolerante.[51] Robert Burton, no entanto, decerto teria culpado a mãe calvinista e diagnosticado Weber, independentemente de suas crenças pessoais, como mais uma vítima de *melancolia religiosa*.

Não precisamos confiar em uma inferência psicológica para relacionar calvinismo e depressão. O suicídio, cujas taxas vêm sendo registradas, com graus variáveis de diligência, há séculos, é um indicativo claro de depressão. Em seu estudo clássico, Durkheim descobre que os protestantes do século XIX — nem todos calvinistas convictos, é claro — eram duas vezes mais propensos a tirar suas próprias vidas do que os católicos, e isso não podia ser apenas uma questão de diferença regional, uma vez que a mesma estatística prevalecia em regiões em que os crentes de ambas as religiões estavam misturados.[52] Mais notável ainda, uma análise recente identificou uma súbita onda de suicídios no distrito suíço de Zurique, tendo início no final do século XVI, justamente quando a região se tornou território calvinista. Algum tipo de colapso geral das tradições sociais não pode ser invocado como explicação, já que, na mesma medida em que cresceu a taxa de suicídios, a de homicídios caiu. E tampouco se pode dizer que esses suicídios tenham refletido uma falha de adequação ao regime calvinista, com tantas proibições ao jogo, à dança e à promiscuidade sexual. O historiador R. Po-Chia Hsia conta que a maior parte dos mortos recebeu postumamente a apreciação de "honorável, temente a Deus, leitor da Bíblia, diligente e cristão". E de fato a maioria — 61% — vinha de famílias que "constituíam a espinha dorsal do regime calvinista".[53]

A cura perdida

Então, se estamos procurando uma raiz comum entre a depressão, por um lado, e a supressão das festividades, por outro, não teremos muito trabalho. A urbanização e o advento de uma economia competitiva e baseada no mercado favoreceu um tipo de pessoa mais ansiosa e isolada — potencialmente, tão propensa à depressão quanto desconfiada em relação aos prazeres comunais. O calvinismo forneceu um transcendente racional para esse câmbio, intensificando o isolamento e praticamente institucionalizando a depressão como um estágio na busca pela salvação. Tudo isso se une em homens como John Bunyan, uma vítima de depressão severa — ou assim diríamos em linguagem secular — e um fervoroso opositor, em seus anos de pregador, das festividades tradicionais, senão do prazer em qualquer de suas formas. Como "profunda mudança psicológica subjacente", tanto a depressão como a destruição das festividades poderiam ser descritas como consequências inevitáveis do abrangente processo conhecido como modernização. Mas será que não haveria uma ligação mais decisiva, uma maneira de a morte do Carnaval ter contribuído diretamente para a epidemia de depressão?

Em algumas instâncias, a destruição do Carnaval com certeza deixou um resíduo de tristeza e arrependimento. O historiador francês Jules Michelet, do século XIX, lamentou sua infância privada de festivais: "Minha infância nunca floresceu ao ar livre, na cálida atmosfera de uma multidão afável, em que a emoção de cada indivíduo torna-se 100 vezes mais intensa em virtude da emoção sentida por todos."[54] A escritora Jean Rhys relembrou a inveja que sentia na infância, por volta de 1900, em relação aos festeiros de classe baixa a que ela era impedida de se juntar:

Os três dias que precediam a quaresma, em Roseau, eram de Carnaval. Não podíamos vestir fantasias ou juntarmo-nos a eles, mas podíamos assistir da janela aberta, e não através das persianas. Multidões alegres e mascaradas acompanhavam uma banda. Eu abriria mão de tudo, tudo, se pudesse dançar daquela maneira, sentir aquela vida que nos alcançava ali em cima, espectadoras bem-comportadas.[55]

Não há evidência, no entanto, de uma necessidade humana inata por prazer comunal que, se contrariada, levaria à depressão ou a outras doenças mentais. Obviamente, milhões de pessoas passam ao largo de tais prazeres sem desenvolver distúrbios clinicamente reconhecidos, e os tormentos de um homem como Bunyan, por exemplo, se tornariam triviais se fossem atribuídos a seu abandono de jogos e danças. Mas não sou a primeira a sugerir que a supressão das festividades pode ter exercido um papel importante na etiologia dos distúrbios nervosos que tanto afligiram a cultura europeia a partir da idade moderna. Falando sobre a histeria, que havia sido vista ao longo dos séculos XVII e XVIII como o equivalente feminino à melancolia, os historiadores Stallybrass e White notaram que "fragmentos de Carnaval espirravam das bocas daquelas aterrorizadas mulheres vienenses dos estudos de Freud sobre a histeria. 'Você não ouve os estampidos dos cavalos no circo?', pergunta a Srta. Emmy von N. em um momento de horror particularmente abjeto".[56] Freud estava tão determinado a encontrar uma fonte puramente sexual para a doença mental que não se viu preparado para assimilar essas pistas. "De uma maneira ou de outra", pontuam Stallybrass e White, "as pacientes de Freud podem ser vistas como se representando fragmentos rituais desesperados de uma tradição festiva, sendo que a *autoexclusão* desses eventos havia sido uma das características definitivas de sua classe social".[57]

Se a destruição das festividades não causava de fato a depressão, pode ter ocorrido ainda que, ao abandonar as festividades tradicionais, as pessoas tenham perdido uma *cura* potencialmente efetiva para ela. Robert Burton sugeriu muitas curas para a melancolia — estudo e exercício físico, por exemplo — mas voltava repetidas vezes à mesma prescrição: "Que usem a caça, os esportes, os jogos, os gracejos, as companhias alegres, (...) alguns tragos de vez em quando, que ouçam música e aproveitem a companhia das pessoas que apreciem especialmente; histórias felizes e brinquedos, cantorias e o que mais os possa alegrar."[58] Ele admitiu o então corrente ataque "à dança, à cantoria, às máscaras, às fantasias" encabeçado por "algum Catão severo", mas com entusiasmo endossou as formas tradicionais de festa: "Sempre defendi que jogos de faz de conta, vigílias, cervejadas etc., se realizados em momentos predeterminados, devem ser permitidos. Que festejem livremente, que cantem e dancem, que assistam a teatros de marionetes, corridas de cavalo, (...) que joguem bola e pratiquem quaisquer esportes e recreações que desejem."[59] Em seu mundo ideal, "ninguém devia se fatigar demais, e sim ter momentos definidos de recreação e de férias para melhorar o humor, assim como festas e reuniões alegres (...) como o festival sagrado dos persas e as saturnálias romanas".[60] Suas posições estavam de acordo com os tratamentos de melancolia já em uso no século XVI. Enquanto os "loucos" eram confinados e tratados com crueldade, os melancólicos eram, ao menos em teoria, "confortados" e "acalmados com instrumentos musicais".[61]

Pouco mais de um século depois de Burton ter escrito *The Anatomy of Melancholy*, outro escritor inglês, Richard Browne, ecoou tal prescrição sustentando-a a partir de uma visão científica (para a época) do funcionamento da "máquina" humana. Cantar e dançar podiam curar a melancolia, ele propunha, por incitar as "secreções".

Segundo Browne, graças aos "encantos da música (sem os quais dançar seria insípido), a mente se enche de ideias alegres e alentadoras, os espíritos flutuam com vigor e a atividade recupera toda a máquina".[62] Porém, se esses prazeres tradicionais estavam sob ataque no tempo de Burton, pareciam estar em processo de extinção no de Browne: "Vemos, assim, quão vasta é a influência que o ato de cantar exerce sobre a mente do homem, e com prazer refletimos sobre suas alegres consequências. Ao mesmo tempo, não podemos senão ficar chocados ao ver como essa diversão é tão pouco praticada, sendo tão numerosas as vantagens que se podem tirar dela."[63] Refletindo uma era mais puritana, Browne não recomendava nenhuma saturnália — apenas doses regulares de dança "em momentos definidos e precisos", de preferência "com duração de uma hora ou pouco mais depois de cada refeição".[64]

Um século mais tarde, até Adam Smith, o grande profeta do capitalismo, defendia as festividades e as artes como formas de aliviar a melancolia.

> Ao encorajar, isto é, ao dar liberdade a todos aqueles que em nome de seus próprios interesses tentam, sem escândalo ou indecência, distrair-se e divertir os outros com pinturas, poesia, música, dança, (...) o estado facilmente dissiparia, em sua maior parte, o humor melancólico e sombrio que quase sempre fomenta as superstições e o entusiasmo popular.[65]

Burton, Browne e Smith não foram os únicos a propor que as festividades fossem uma cura para a melancolia, e há razões para acreditar que — seja por palpite, nostalgia ou experiência pessoal — eles haviam tocado num ponto importante. Desconheço qualquer tentativa em nosso próprio tempo de usar o comportamento festivo como tratamento para a depressão, se é que tal experimento pode ser cogitado no contexto da clínica moderna. Há, no entanto, abundância de evidências de que os prazeres comunais — das simples festividades aos rituais extáticos — serviram em diversas culturas como uma forma de aliviar ou mesmo curar a depressão. Quase 200 anos atrás, o musicólogo grego Aristides Quintilianus observou: "Este é o propósito da iniciação báquica [dionisíaca]: que a ansiedade depressiva [*ptoiesis*] das pessoas menos instruídas, ou mesmo outros infortúnios produzidos por suas condições de vida, seja dispersa por meio das melodias e danças do ritual de maneira alegre e divertida."[66] De forma similar, Marsilio Ficino, escritor italiano do século XV, ele próprio um sujeito depressivo, recomendava exercícios, alterações da dieta e música.[67]

Os rituais extáticos dos povos não ocidentais muitas vezes têm funções curativas e religiosas (se é que essas duas funções podem ser distinguidas de modo confiável), e uma das condições que parecem curar é a que conhecemos como depressão. Vejamos alguns exemplos fornecidos por diferentes culturas: o povo !Kung, do deserto Kalahari, usa as danças extáticas noturnas para tratar "a grande variedade de males que no Ocidente se chamariam doenças físicas, psicológicas, emocionais, sociais e espirituais", segundo um etnógrafo que de fato participou desses rituais.[68] Bem ao norte de !Kung, no Marrocos islâmico, rituais envolvendo música, dança e transe são usados para curar "paralisia, mutismo, cegueira súbita, depressões severas, palpitações nervosas, parestesias e possessões".[69] Na Uganda cristã dos anos 1990, rituais de dança eram utilizados para ajudar a reabilitar crianças muito retraídas, traumatizadas por suas experiências como prisioneiras de uma guerrilha assassina conhecida como Exército de Resistência do Senhor.[70]

A tradição folclórica italiana oferece outro exemplo para o uso de festividades públicas como cura para a depressão. No Capítulo 4, vimos que se atribuía à tarântula a culpa por manias de dança na

Itália. Em alguns relatos, o suposto efeito da picada da aranha era a síndrome da melancolia, marcada por uma lassidão que chegava ao limite da estupefação, para a qual o único remédio era dançar, de acordo com o historiador do século XIX, J.F.C. Hecker, de preferência ao ar livre e por dias a fio. Ao som dos instrumentos apropriados, ele conta, os afligidos "acordavam como se estivessem sob um encanto, abriam os olhos e, movendo-se devagar no início, em seguida iam se agitando ao compasso da música, gradualmente acelerando até se entregarem à dança mais apaixonada". Esses esforços acabavam curando-os por um tempo, pois um ano depois cidades inteiras já estavam cheias de sofredores, "mais uma vez abatidos e misantrópicos, de novo dispostos a dissipar a melancolia por meio da música e da dança".[71] Como mencionado antes, as celebrações terapêuticas acabaram sendo institucionalizadas, transformando-se em festividades regulares e sazonais em que se praticava o tipo de música e dança conhecido como tarantela.

Hecker narra um caso similar de síndrome e cura na Abissínia do século XIX, a atual Etiópia. Um indivíduo, em geral uma mulher, era acometido por uma doença devastadora até que seus parentes concordavam em "contratar, por uma certa soma de dinheiro, uma banda com trompetes, tambores e pífanos, além de comprar uma quantidade significativa de licor; então, todos os jovens do lugar se reuniam na casa do paciente", onde dançavam e farreavam por dias, o que invariavelmente conduzia o doente à cura.[72] De maneira parecida, na Somália do século XX, uma mulher casada afligida pelo que chamamos de depressão — muitas vezes precipitada pela intenção declarada do marido de assumir uma segunda esposa — podia chamar uma xamã, que às vezes diagnosticava possessão por um espírito *sar*. Então, músicos eram contratados, outras mulheres, convocadas, e a primeira era curada depois de uma longa sessão de dança extática com a participação do grupo todo.[73] Em sua descrição do fenômeno,

I.M. Lewis enfatiza os potenciais ganhos materiais da sofredora, já que as xamãs muitas vezes recomendavam, como parte da cura, que o marido desse presentes caros à esposa afligida. Mas isso me parece uma visão exageradamente simplista e utilitária da situação. Para os que acreditam, é o ritual de dança que exorciza o espírito *sar*, e a crença deles merece respeito.

Em nenhum desses casos — da Inglaterra do século XVII à Somália do século XX — podemos ter absoluta certeza de que as festividades e os rituais dançados realmente curavam a doença que conhecemos como depressão, mas há razões para pensar que sim. Primeiro, pelo fato de tais rituais servirem para romper a sensação de isolamento do sofredor e restabelecer sua conexão com a comunidade. Segundo, porque encorajam a experiência da *perda de si*, isto é, uma liberação, ainda que temporária, da prisão do próprio eu, ou ao menos da aflitiva tarefa de avaliar como cada um se apresenta aos olhos do grupo ou aos de um Deus sempre crítico. Friedrich Nietzsche, o clássico indivíduo solitário e atormentado do século XIX, talvez tenha entendido a terapêutica do êxtase melhor do que qualquer outro. Em um tempo de celebração universal do "eu", ousou falar sobre o "horror da existência individual"[74] e vislumbrou o alívio nos antigos rituais dionisíacos que só conhecia por meio de leituras — rituais em que, ele imaginava, "cada indivíduo não apenas se reconcilia com o outro, mas une-se a ele — como se o véu de Maya tivesse sido rasgado e só restassem retalhos flutuando ante a visão de uma Unidade mística (...). Sente a si como a um deus e caminha a passos largos com o mesmo júbilo e o mesmo êxtase dos deuses que viu em seus sonhos".[75]

A imensa tragédia para os europeus, defendi aqui, mais aguda ainda para os protestantes do norte, foi o fato de que as mesmas forças sociais que os impeliram à depressão também eliminaram uma cura tradicional. Eles podiam se congratular pelas brilhantes conquistas nas ciências, pesquisas e indústrias, e até se convencerem de que, diferentemente de Fausto, não haviam vendido suas almas ao diabo em troca dessas realizações. Porém, com a supressão das festividades que acompanhou o "progresso" moderno europeu, eles haviam feito algo talvez até mais prejudicial: tinham completado a demonização de Dioniso iniciada pelos cristãos séculos antes, e assim rejeitado uma das mais antigas fontes de auxílio — as redentoras e espairecedoras técnicas de êxtase.

8

Armas contra tambores: o imperialismo enfrenta o êxtase

O leitor pode, com razão, acusar-me de eurocentrismo por conta de minha ênfase até o momento nos desenvolvimentos europeus, mas há um ponto que não se pode perder de vista: foram os europeus — e não os chineses ou os astecas — que impuseram à força sua cultura e suas crenças a povos do mundo inteiro. O período em que os europeus descartaram e suprimiram suas tradições festivas, de modo geral do século XVI ao XIX, foram os mesmos em que se espraiaram por todo o globo conquistando, escravizando, colonizando e quase sempre destruindo outros povos e outras culturas. Avanços tecnológicos — na navegação e, é claro, nos armamentos — tornaram possível a campanha europeia de conquista; e as mudanças psicológicas discutidas no capítulo anterior, rumo a um tipo de personalidade mais compulsivo e individualista, talvez tenham ajudado a fazer dela algo necessário e atraente. Não restam dúvidas de que há muitas razões (econômicas, demográficas, ideológicas e até sexuais) para explicar por que a adoção europeia do novo puritanismo coincidiu com tal surto de expansionismo — chega a parecer um movimento de *fuga*.

Mas é a consequência imediata do expansionismo europeu, menos do que suas fontes, o que nos preocupa aqui: os europeus que exploraram, conquistaram e colonizaram mantinham ainda fresca a própria experiência de dura "reforma" cultural e eram pouquíssimo tolerantes com os rituais exuberantes de outros povos. Para citar um exemplo, um historiador do Haiti descreveu os missionários protestantes que se estabeleceram nessa ilha ensolarada, no início do século XIX, como seguidores de um "credo rígido e desconsolado", rotineiramente vestidos de preto e "nunca rindo, nunca fazendo uma piada ou entendendo a dos outros, jamais gostando do que condenavam como leviandade imprópria e nunca se esquecendo por um momento do horrível peso dos pecados do mundo".[1] Mesmo das formas mais sutis, os europeus cristãos tentavam exportar ao mundo a reprovação de tudo aquilo que viam como "emocionalismo". Como escreveu um professor do início do século XX que condenava a religiosidade "primitiva", "o fruto maduro do Espírito não é a irrupção subliminar, o fluxo extático de emoção, a rapsódia, o lapso da inibição, e sim o amor racional, a alegria, a paz, o sofrimento contínuo, a gentileza, a bondade, a fé, a obediência, enfim, o *autocontrole*".[2]

Em algumas ocasiões, a destruição europeia dos rituais "nativos" se deveu à destruição física dos próprios nativos: seria um gesto míope reclamar sobre a abolição das tradições da Tasmânia ou do Caribe, por exemplo, quando os povos que podiam ter sido os perpetuadores dessas tradições já não existem, tendo sucumbido séculos atrás às armas e às doenças europeias. Na Austrália, os esforços dos missionários para elevar e "civilizar" os aborígines muitas vezes foi sobrepujado pelo negócio mais premente de queimá-los. Um posto avançado dos missionários foi abandonado com a explicação de que "o término da missão decorreu do simples fato de os aborígines terem se extinguido nesses distritos".[3]

Em geral, contudo, não havia nada de incidental na campanha europeia contra os ritos comunais de outras sociedades. A maioria dos europeus não estava nem um pouco acostumada a qualquer aspecto das culturas não europeias; as religiões africanas, por exemplo, foram descritas por um inglês promotor de esforços missionários como "pouco mais do que frouxas coleções de ideias, vagas e pueris, erguidas a partir de uma devoção supersticiosa à natureza que os circunda".[4] Especialmente repulsivo para os europeus eram os rituais dos povos indígenas, nos quais invariavelmente constavam danças, cantos, máscaras e até estados de transe. Em grandes partes da África, por exemplo, era profunda a identificação entre danças e músicas comunais e aquilo que os europeus chamavam de "religião". O termo que os botsuanos do sul da África usam para designar dança (*go bina*) também significa "venerar",[5] e para os grupos do sul, do centro e do leste da África que falam banto, a palavra *ngoma* pode significar "ritual", "culto", "dança" ou simplesmente "tambor".[6]

O antropólogo Jean Comaroff notou que, entre todos os costumes e tradições "nativos" do sul da África, "o canto e a dança coletiva talvez fossem os mais ofensivos aos cristãos".[7] Como vimos na introdução, os europeus tendiam a enxergar essas atividades, onde quer que as encontrassem, como erupções de adoração ao diabo, lascividade ou, numa perspectiva mais "científica", histeria. Um missionário jesuíta entre o povo Yup'ik, no Alaska do final do século XIX, escreveu:

Tenho grandes esperanças em relação a estas pobres pessoas, mesmo sendo elas tão repugnantes no exterior que a própria natureza conseguiria notar. (...) Em geral suas superstições são uma medonha adoração ao diabo. Eles se comprazem profusamente em performances e festas para satisfazer os mortos, mas na verdade estão satisfazendo e corrompendo a si mesmos em danças e banquetes.[8]

De modo que, se o objetivo era pacificar os povos indígenas num sentido militar e administrativo ou, mais generosamente, impor sobre eles os supostos benefícios da civilização, muitas vezes os europeus se viam em oposição furiosa aos prazeres e rituais comunais dos povos em cujas vidas se intrometiam.

A existência de uma campanha europeia mundial contra o ritual indígena está acima de qualquer dúvida; alguns especialistas a mencionam quase que de passagem, como se não exigisse qualquer elaboração. O antropólogo Jon P. Kirby, por exemplo, relata que os missionários do oeste da África "estavam ocupados demais suprimindo os rituais e as crenças tradicionais" para descobrir o que estes eram e significavam,[9] enquanto outra antropóloga, Beverly Stoeltje, explica que a distinção entre ritual e festival "se desenvolveu em consequência das tentativas dos sistemas religiosos modernos de obliterar religiões nativas".[10] Ao que parece, ainda que os rituais das religiões nativas não pudessem ser tolerados, às vezes podiam sobreviver como festividades "seculares".

Mas é frustrante a dificuldade de se encontrar relatos de conflitos sobre práticas nativas específicas. Uma exceção é o Havaí, onde um embate triplo — entre missionários e navegadores brancos e havaianos nativos — foi documentado. Os havaianos, em sua maior parte, queriam continuar dando vazão a seus prazeres tradicionais; os navegadores queriam beber e explorar as mulheres locais; os missionários queriam estabelecer um tipo de teocracia puritana. Embora os havaianos estivessem organizados em reinados socialmente complexos, o missionário branco norte-americano Hiram Bingham os via como "selvagens quase nus", tendo "a aparência da destituição, da degradação e do barbarismo".[11] Ele e os missionários que o sucederam lutaram, com sucesso variado, para suprimir tanto as festanças dos navegadores quanto costumes havaianos, como surfar, organizar corridas de canoa, usar colares de flores e "aquela depravada dança nativa", a hula-hula.[12]

Só pude encontrar relatos improvisados e dispersos sobre os embates entre os europeus magnânimos e os "adoradores do diabo" nativos de outras partes do mundo. O que sugerem é que a campanha global contra as festividades e os rituais extáticos se assemelhava em muitos aspectos à campanha posterior à Reforma contra as festividades da própria Europa: era uma tarefa esporádica, empreendida tanto por autoridades mundanas quanto religiosas e sujeita a frequentes empecilhos. Em alguns lugares, a repressão era definida por lei, tomando a forma de decretos contra batuques, danças e máscaras, por exemplo, sob a pena de açoite ou até de mutilação. Como observa Kirby, "a maior parte dos missionários considerava os administradores coloniais como aliados na tarefa essencial de destruir estruturas existentes",[13] assim como os reformistas da Europa, motivados pela religiosidade, que em geral podiam contar com a assistência das autoridades seculares.

Em outros lugares, onde a administração colonial ainda não se desenvolvera, os missionários individuais geralmente tentavam barrar as práticas nativas "demoníacas" por sua própria conta, como os pregadores puritanos que derrubavam sozinhos os mastros e interrompiam festividades na própria Inglaterra. Os relatos de missionários incluem muitas histórias de conduta corajosa, impulsiva e, de um posto de vista não europeu, ridícula. Os primeiros missionários católicos na África contaram que, assim que começavam a rufar os tambores, eles "corriam até lá no mesmo instante para interromper a prática infernal".[14] Um frade franciscano no forte português de Massangano, no que é hoje a Angola, quase foi apedrejado até a morte por uma multidão enfurecida devido à sua "tentativa de se opor às cerimônias mal-intencionadas".[15] Em meados do século XIX, um missionário presbiteriano encontrou negros jamaicanos engajados no que chamavam de dança *myal* e se apressou a interrompê-los, apenas para ser alertado de que as dançarinas não estavam, como ele supunha, "loucas". "Você é que deve estar louco", eles disseram, "e o melhor seria que fosse embora."[16]

Mais uma vez, como na Europa, rituais coletivos converteram-se no que Comaroff chamou de "arena de batalha" entre culturas que competiam entre si — circunstâncias para a troca de insultos e ameaças, senão de violência não verbal. Povos colonizados podiam usar rituais para zombar dos invasores europeus ou, como em geral suspeitavam estes, para incitar a resistência armada. Ou podiam ser atraídos pelos ensinamentos cristãos, apenas para depois repelir as formas cristãs de adoração. Nxele, uma profeta xhosa do século XIX, foi originalmente conduzida ao cristianismo, para então decidir que a forma correta de adoração não era "rezar o dia todo com os rostos voltados para o chão dando as costas ao todo-poderoso, e sim dançar, aproveitar a vida e fazer amor, de modo que o povo negro se multiplique e preencha a Terra".[17] De sua parte, os europeus "focaram seu ataque nos ritos comunais"[18] e muitas vezes mediram o progresso de seus esforços "civilizatórios" pelo sucesso em suprimir tais ritos. Um missionário metodista no sul da África, S. Broadbent, escreveu em 1865: "Fico feliz também em dizer que os costumes e cerimônias botsuanos estão em considerável decadência. A dança nativa ainda é realizada em alguns lugares, mas muitas vezes eu apareço na hora certa e me oponho a ela, pregando àqueles que estão dispostos a ouvir."[19] Entre os Namaquas da África do Sul, dizia-se sobre alguém que se convertia ao cristianismo que este "havia desistido da música".[20]

Observadores europeus frequentemente notavam o paralelo entre os combates aos ritos nativos no mundo inteiro e ao Carnaval e outras festividades dentro da Europa. Lembravam sua tendência, como antes mencionado, de igualar os "selvagens" dos "novos" mundos às classes baixas do velho mundo, para não falar das eventuais analogias entre o Carnaval europeu e os ritos extáticos dos povos distantes. O paralelo se estende, em parte, ao motivo: um dos objetivos do combate dentro da Europa era incutir a ética do trabalho às classes baixas, aplicar o tempo "perdido" nas festividades em tarefas produtivas. De maneira similar, colonizadores europeus com frequência ficavam alarmados tanto com a aparente preguiça dos nativos quanto com a energia que investiam em atividades rituais puramente "supersticiosas", a tal ponto que sua irritação às vezes se estendia à flora que sustentava a suposta vida fácil e acomodada do nativo. O poeta Samuel Coleridge, por exemplo — sem dúvida um liberal para os padrões da Inglaterra do século XIX —, certa vez sugeriu que as árvores de fruta-pão da ilha de South Sea fossem destruídas para que seus habitantes tivessem que aprender a trabalhar duro.[21] Na mesma linha, o historiador Thomas Carlyle se manifestou contra a abóbora do oeste da Índia: "em um lugar onde um homem negro, trabalhando cerca de meia hora por dia, (...) pode suprir-se, com a ajuda do sol e do solo, de quanta abóbora lhe seja necessária, é provável que ele venha a torcer o nariz para o trabalho duro."[22] Não muito distante de eliminar essas plantas psicologicamente debilitantes, o cristianismo podia resolver o problema, como proposto pelo inglês promotor de missões citado acima: "Uma das grandes dificuldades experimentadas pelos exploradores de trabalho na África é o caráter instável e indisciplinado do trabalhador nativo. Os ensinamentos cristãos e o treinamento industrial podem ajudar muito a limitar esse problema."[23]

Mas o paralelo entre as restrições na Europa e a repressão cultural perpetrada pelos europeus em colônias distantes vai só até aí. Dentro da Europa, as elites reconheciam os humanos que eram objetos de repressão — geralmente camponeses, trabalhadores e artesãos — como colegas cristãos e, cada vez mais com o passar do tempo, pessoas que dividiam com eles um sentimento de nação. Era diferente com os "selvagens", cuja cor de pele e cujos traços faciais se combinavam com as crenças e costumes pouco familiares para possibilitar que fossem inteiramente o "outro" — a ponto de até sua condição de humanos estar aberta a questionamentos. Colonizadores ingleses na Austrália viam os ocupantes originais daquele subcontinente como "uma espécie de macaco sem rabo" ou, se eram humanos em algum sentido, eram claramente o tipo de humano "mais próximo ao macaco ou ao orangotango".[24] Georges Curvier, conhecido anatomista comparativo suíço do século XIX, julgou que "a raça negra (...) se aproxima de forma manifesta da tribo de macacos. Os ajuntamentos compostos por essa variedade sempre permaneceram em um estado de completo barbarismo".[25] Essa atitude ajudou a justificar uma aproximação mais casual, até despreocupada, ao genocídio. "Prestei menos atenção a uma centena de indianos armados do que teria prestado a um punhado de moscas", escreveu um conquistador espanhol,[26] enquanto um guarda florestal inglês gabou-se de "atirar [em tasmanianos] tão tranquilamente quanto em pardais".[27]

Na Europa, a tentativa de "reforma" cultural posterior à Reforma não incluía destruir os celebrantes, apenas as celebrações. Lá, o principal contexto político-econômico era a ascensão do absolutismo e, mais tarde, da industrialização, sendo que em ambos os sistemas emergentes as classes baixas europeias tinham papel importante: como soldados dos exércitos de massa dos monarcas absolutos e como trabalhadores das empresas manufatureiras. O destino delas era a disciplina, não necessariamente a morte. O contexto colonial, porém, em grandes partes do mundo, incluía uma matança desavergonhada, compreendendo, como escreveu Tom Engelhardt, "uma pulsão exterminatória singular, que durou séculos e atingiu todo o planeta".[28] O análogo do trabalhador europeu era o escravo colonial e, em lugares como a América do Sul e o Caribe, os escravos que trabalhavam até a morte podiam ser facilmente substituídos. Em ambientes em que os conquistadores e colonizadores não precisavam das populações indígenas nem mesmo como massas de trabalhadores — na Austrália ou no oeste dos EUA, por exemplo — os nativos estavam simplesmente ocupando espaço, podendo o progresso da "civilização" ser medido por sua desaparição. Num livro recente, Mark Cocker estima em 50 milhões a quantidade de pessoas assassinadas em quatro séculos de imperialismo europeu, um número impressionante até para os padrões de genocídio do século XX.[29]

Nesse contexto, os missionários que por todas as partes acompanhavam os conquistadores chegam a parecer quase tão nobres e altruístas quanto pensavam ser. A missão deles, afinal, baseava-se na crença de que os povos nativos eram constituídos por almas a serem salvas, o que significa que eram humanos. Missionários britânicos frequentemente se opunham ao tráfico de escravos e às vezes até à própria escravidão; na Austrália, protestavam contra estupros e massacres de aborígines. Na América do Sul, missionários jesuítas eram malvistos pelas autoridades coloniais por protegerem demais os índios que haviam convertido, e foram expelidos de todo o continente no final do século XVIII. De sua parte, as autoridades seculares às vezes se opunham aos esforços missionários, em particular aos que se dirigiam aos escravos africanos nas Américas, temerosas de que estes levassem muito a sério as lições liberatórias cristãs. Até a restauração religiosa da metade do século XVIII, muitos proprietários de escravos norte-americanos resistiam vigorosamente à conversão de seus escravos, que podiam ser açoitados por comparecer a encontros cristãos ou mesmo por rezar de modo íntimo.[30] Ou ofereciam aos escravos uma forma bastante distorcida de cristianismo, como neste excerto de um texto de catecismo feito para escravos norte-americanos:

P: O que Deus quer para vocês?
R: Que façamos a colheita.
P: Qual é o significado de "não cometerás adultério"?
R: Que devemos servir a nosso senhor celestial e a nosso mestre terreno, obedecer a nosso supervisor e não roubar nada.[31]

Em algumas instâncias, as autoridades seculares irritavam os missionários ao suprimir com pouco vigor e consistência os ritos coletivos "bárbaros": na Jamaica e no Brasil, proprietários de escravos muitas vezes permitiam danças noturnas como uma maneira de manter os escravos contentes e, dada sua evidente "lascividade", possivelmente encorajá-los a se reproduzir.[32] Na Índia, administradores coloniais ingleses a princípio se opunham à entrada de missionários cristãos, temendo que a oposição ao hinduísmo ameaçasse a estabilidade e assim os lucros imperiais.[33]

Mas o que é surpreendente, em qualquer panorama do colonialismo como empreendimento global, é o grau de concordância entre conquistadores e missionários, entre aqueles que explorariam os povos não europeus, suas terras e suas riquezas, e aqueles que iriam "meramente" destruir suas culturas.[34] "O imperialismo é uma questão de religião", argumentou o promotor inglês do esforço missionário. "Precisamos de um imperialismo cristão e de um comercialismo cristão. Também precisamos de um cristianismo imperial e de uma religião econômica".[35] Proprietários de escravos e administradores coloniais podiam se importar pouco com os deuses que seus escravos e subjugados adoravam, mas estremeciam diante da força coletiva que tais rituais invocavam e representavam. A dança era "particularmente desagradável para os europeus, não apenas por sua luxúria", escreve Comaroff, mas por causa da absoluta "vitalidade do sistema que representava", uma vitalidade que desafiava diretamente os objetivos dos exploradores brancos.[36] E, ainda que os missionários pudessem se preocupar pouco com o lucro de seus conterrâneos, eles compartilhavam seu horror pela unidade do grupo incorporada com tanto poder no ritual nativo. John Mackenzie, enviado ao sul da África pela Sociedade Missionária Londrina, escreveu com entusiasmo sobre o "enfraquecimento das relações comunitárias entre membros de uma tribo, dando lugar ao fôlego fresco e estimulante da saudável competição individual".[37]

Carnaval negro

As vítimas do expansionismo europeu em geral não abdicavam de suas tradições com tanta tranquilidade e plenitude quanto os europeus teriam desejado. Mesmo sob o peso demolidor do imperialismo e da escravidão, sob a mais minuciosa vigilância das autoridades coloniais, os povos subjugados às vezes encontravam maneiras de preservar partes de seus rituais comunais e de inventar outros novos. A diáspora africana em direção às Américas nos fornece casos surpreendentes de tal resistência cultural, cujos traços persistem até os dias de hoje, na forma, por exemplo, da música americana de derivação africana: blues, rock, hip-hop, jazz.

Entre os séculos XVII e XIX, pelo menos 10 milhões de africanos foram transportados à força até as Américas em condições que pareceriam suficientes para impedir por completo a preservação de quaisquer tradições culturais: chegavam ao "novo" mundo virtualmente nus, despidos de todos os artefatos culturais e de todas as relações de afinidade e parentesco, atirados junto com outros africanos de comunidades e línguas inteiramente distintas: iorubá, daomeano, ibo, entre outras. Uma vez estabelecidos nas *plantations* de brancos europeus e norte-americanos, eram obrigados a trabalhar de maneira quase incessante e muitas vezes eram proibidos de participar de quaisquer práticas "bárbaras", incluindo danças e batuques. Ainda assim, esses povos atormentados conseguiram, com grande coragem e engenho, preservar algumas das formas tradicionais de celebração comunal e, além disso, usá-las como trampolim para a rebelião contra as regras impostas, tal como as classes baixas europeias haviam disposto do Carnaval como ocasião para a resistência armada em relação aos governantes e patrões.

Em sua maior parte, os africanos da diáspora empreenderam essa tarefa de preservação cultural sob o disfarce de instituições europeias. O Carnaval, por exemplo, transportado às Américas pelos colonizadores católicos franceses, espanhóis e portugueses, a princípio era uma atividade restrita aos brancos, mas logo foi incorporada pelos escravos para seus próprios propósitos. O cristianismo em si fornecia outro disfarce para as tradições africanas e —

quando combinado às reminiscências da adoração africana — um veículo para o ritual extático. Tanto a tradição secularizada do Carnaval como as versões africanizadas do cristianismo que emergiram nas Américas — o vodu,* a santeria, o candomblé etc. — tornaram-se instâncias para desacato por parte dos negros e, inevitavelmente, alvos da repressão branca.

Comecemos com o Carnaval e outras festividades em certo sentido seculares trazidas pelos europeus às Américas. Essas celebrações, que os europeus pretendiam manter com tanto vigor no "novo" mundo quanto no velho, se não com mais, postulavam um problema imediato no cenário colonial: e quanto aos escravos? Quando os europeus farreavam ou simplesmente festejavam, havia sempre rostos escuros assistindo, esperando que alguma partícula de generosidade cruzasse seu caminho, ou talvez ansiando que algum momento de fraqueza apresentasse a possibilidade de uma revolta. Em ambientes protestantes, como a Jamaica e o sul dos EUA, onde o Natal era o ponto alto do calendário social, os escravos o utilizaram como abertura para estabelecer sua própria festividade, provavelmente derivada da África: o *junkanoo*. Já em 1688, escravos jamaicanos celebravam o *junkanoo* com fantasias, danças e "instrumentos de percussão amarrados às pernas e punhos".[38] Pouco mais de um século depois, o *junkanoo* já era visto com algum respeito pelos brancos, que concordavam em fazer as próprias tarefas domésticas durante esses breves períodos de celebração negra. Um branco da época relatou que nesses feriados "a distância entre senhores e escravos parecia se aniquilar por alguns instantes, tal como os escravos romanos e seus patrões na festa da Saturnália, com a qual em alguns casos o Natal pode ser comparado".[39] Nos estados

---

*Coloquialmente, vudu. Evito esse termo por suas associações com a magia negra e, em geral, com a "irracionalidade", como na expressão *economia vudu*. Outra versão da palavra é vodum.

da Carolina do Norte e do Sul, por onde o *junkanoo* havia se difundido no século XIX, os escravos marchavam até a casa-grande, onde dançavam e exigiam dinheiro e bebida de seus senhores. Assim, um momento de fraqueza branca — o Natal — transformava-se em uma oportunidade para os negros.

Em ambientes católicos, os escravos se depararam, e rapidamente a exploraram, com uma versão mais robusta da tradição festiva europeia: um período de Carnaval que se iniciava no Natal e se estendia não apenas até o Ano-Novo, mas até a Quarta-feira de Cinzas. O caso de Trinidad está particularmente bem documentado. Lá, o Carnaval era a princípio uma celebração branca, importada dos colonizadores franceses, e ocasião para uma festança tão desinibida que, de 1800 em diante, foi imposta uma lei marcial no período do Natal para conter os prejuízos dos brancos.[40] As pessoas "de cor" — escravas ou livres — eram barradas ou confinadas a suas celebrações distantes dos espaços públicos.

> As pessoas livres de cor estavam sujeitas a regulamentações muito severas e, embora não estivessem proibidas de usar máscaras, ainda assim eram compelidas a se afastar e a nunca ousar se juntar às diversões da classe privilegiada. Os índios eram mantidos à parte, os escravos, a não ser como meros espectadores, (...) não tinham qualquer participação no Carnaval, exclusivamente destinado à classe alta da comunidade.[41]

Para os escravos que ousavam infringir a lei e usar máscaras durante o Carnaval, a sentença prevista eram "100 chicotadas (...) ou, sendo à noite, 200".[42] Talvez essas horrendas proibições não fossem inteiramente necessárias: os escravos e os negros livres podiam se sentir bastante repelidos pelo peculiar costume dos brancos de se vestirem como escravos durante o Carnaval — como "mulatas" ou *Négue Jadin* (negros lavradores).[43]

Sem dúvida, inconscientemente, os brancos de Trinidad haviam quebrado a regra estabelecida quase dois milênios antes em Roma: as elites não devem se engajar em celebrações desinibidas na frente de seus inferiores sociais, sob o risco de comprometer sua legitimidade como governantes. Nas primeiras décadas do século XIX, negros trinitários mostraram seu desrespeito ao se apropriarem da instituição do Carnaval, adquirindo enfim uma participação plena em 1834, às vésperas da emancipação, com o evento transformado para se adaptar à sua própria cultura e a seus propósitos. Os negros impuseram as próprias músicas à celebração, além de toda uma imagística simbólica derivada da África e alguns rituais de inversão e zombaria. No Carnaval de 1834, trinitários negros marcharam para fazer uma paródia da milícia branca da ilha — algo que os brancos, sensíveis às caricaturas raciais, acharam "de muito mau gosto".[44]

Uma retomada similar do Carnaval aconteceu mais tarde no Brasil, onde, no início dos anos 1880, os negros usaram tambores e pandeiros para "dar início a um novo tipo de desfile de Carnaval", ao que parece derivado da prática anterior dos escravos de dançar em funerais de príncipes africanos que morriam na escravidão.[45] Tanto em Trinidad quanto no Brasil, os brancos reagiram à participação negra da mesma maneira que as elites haviam reagido às desordeiras celebrações da classe baixa nos carnavais da Europa: retirando-se para espaços privados e organizando seus próprios jantares e bailes de máscaras, invariavelmente descritos como "elegantes" pelos jornais locais, em contraste com as celebrações "bárbaras" dos negros.

É preciso esforço para imaginar a vitalidade e a cor dos grandes carnavais dominados pelos negros no Caribe do século XIX. Infelizmente, só temos acesso aos relatos de desaprovação dos observadores brancos, e esses tendem sempre a subestimar a criatividade artística envolvida na produção de fantasias e nas coreografias, focando em vez disso na violência, na desordem, na grosseria dos eventos. Um jornal de Trinidad do início dos anos 1870, por exemplo, menciona os "gritos e clamores brutais" dos celebrantes, assim como as "horrendas formas correndo por toda a cidade com tochas incandescentes nas mãos, como demônios que escaparam de lugares quentes não mencionados usualmente na sociedade educada".[46]

Não podemos nem mesmo discernir, a partir dos relatos dos brancos, que aspectos do Carnaval eram derivados da África e não da Europa, uma vez que, à medida que foram se afastando cada vez mais das festividades, os brancos tenderam a rotular todos os elementos que lhes eram desagradáveis como "africanos". Na realidade, algumas das características do Carnaval negro que os brancos consideravam mais perturbadoras teriam sido perfeitamente familiares, ao menos na forma e no objetivo, aos celebrantes do Carnaval medieval francês — sobretudo os rituais de inversão e zombaria e os ataques às autoridades. A inversão de gênero, na forma de travestismo, parece ter sido uma brincadeira comum no Carnaval trinitário, podendo-se ler num jornal (de brancos) de 1874: "No que diz respeito à quantidade de garotas mascaradas e usando roupas de homens, não podemos definir ao certo quantas centenas estavam se expondo a tal vergonha. Eram tantas quanto os homens, em geral da mais baixa classe, que se empertigavam em roupas de mulher, balançando as saias em suas caminhadas."[47] Em uma ameaça mais direta, os participantes negros do Carnaval aproveitavam a ocasião para difamar as virtudes de brancas famosas e para injuriar toda a escravocracia. Como conta um historiador, "foliões cuidadosamente fantasiados faziam o papel de governadores, chefes de justiça, advogados-gerais, juízes e procuradores conhecidos, jogadores de críquete proeminentes e outros sustentáculos da sociedade".[48]

Em outro surpreendente paralelo com a tradição festiva europeia, os escravos caribenhos e os negros livres utilizavam o Carnaval para organizar levantes armados. A historiadora Elizabeth Fenn relata que 35% de todas as conspirações e revoltas negras no Caribe inglês foram planejadas no período de Natal, observando que "nesse aspecto os negros das Américas diferiam pouco dos camponeses e trabalhadores franceses estudados por Emmanuel Le Roy Ladurie e Natalie Zemon Davies".[49] Uma das primeiras revoltas de escravos em Trinidad, no Natal de 1805, foi atribuída às sociedades de escravos, chamadas de *convois* (comboios), organizadas "com o propósito de dançar e se divertir inocentemente".[50] Em Cuba, grupos similares conhecidos como *cabildos*, responsáveis por organizar as procissões de Carnaval, promoveram levantes em 1812 e 1835.[51] Até o calmo *junkanoo* incitava o medo de rebelião dos brancos. Um romance de 1833 de um antigo habitante da Jamaica descrevia as preparações militares às vésperas do Natal em Kingston "para o caso de os foliões sucumbirem a alguma vontade de queimar ou pilhar a cidade, ou de cortar a garganta de seus senhores, ou qualquer outra inocente recreação semelhante".[52]

Em Trinidad, o Carnaval e todas as outras formas de festividades dos negros passaram a sofrer uma dura repressão nos anos 1880. Temerosos de uma possível reação dos negros a um banimento absoluto do Carnaval, os britânicos o atacaram aos poucos, estabelecendo proibições contra os batuques, os desfiles, a dança, as máscaras e até portar tochas acesas. As tentativas de impingir tais regras muitas vezes levaram a choques violentos entre os foliões e a polícia, como numa celebração em Princes Town, onde mulheres dançaram para zombar da polícia enquanto outros, numa massa de 500 pessoas, atiravam objetos e pequenas bombas, "algumas contendo substâncias malcheirosas". A polícia abriu fogo e matou duas pessoas, e alguns meses depois atacou outra festividade celebrada por negros e índios imigrantes do leste, matando "muitos" participantes.[53]

A preservação do êxtase

O Carnaval fornecia um veículo para a preservação das tradições africanas; a religião, outro. Quanto da teologia e do ritual religioso africano sobreviveu ao tráfico de negros é uma questão que os especialistas debatem com muito entusiasmo. Desarraigados de seus santuários, privados de oportunidades para as adorações coletivas, os escravos não podem ter trazido muito mais do que lembranças das ideias e práticas religiosas do oeste da África. Ainda assim, os africanos desarraigados, dos quais se esperava que ocupassem o mesmo espaço espiritual — e muitas vezes físico — dos animais domésticos, conseguiram remendar partes do cristianismo com os fragmentos memorizados de suas religiões originais para criar outras inteiramente novas: o candomblé no Brasil; o vodu, a santeria, o obeah e o xangô no Caribe. Mesmo o protestantismo negro norte-americano, na medida em que oferecia (e continua oferecendo) uma variação rítmica envolvente da versão branca, servia para manter vivas as abordagens musicais e comunais à adoração.

Teologicamente, as maiores religiões "sincréticas", ou híbridas, — vodu, candomblé e santeria — definem-se pelo uso de santos católicos como disfarce para um panteão de deidades derivadas da África. Mas é a *prática* coletiva dessas religiões o que nos interessa, que era, e continua sendo, *dionisíaca*, se entendermos essa palavra no sentido religioso mais antigo. São religiões extáticas e dançadas, em que a música e a sincronia muscular da dança são empregadas para induzir a um estado de transe interpretado como possessão por um deus ou como uma união transcendente com ele. Para a maior parte dos observadores europeus, os rituais dançados que levavam ao transe de possessão pareciam uma loucura, o completo abandono ou um frenesi sexual. Um romance de 1929 sobre o Haiti, por exemplo, oferecia a seguinte descrição do ritual vodu:

> Na luz vermelha das tochas que fazia a Lua parecer pálida, corpos negros retorcidos, saltitantes, berrantes, enlouquecidos pelo sangue, pelo sexo, por deus, pela bebida, rodavam e dançavam em sombria saturnália, as cabeças estranhamente jogadas para trás como se os pescoços estivessem quebrados, dentes brancos e globos oculares brilhando, e casais agarrados que de vez em quando se afastavam do círculo, como se conduzidos por calores até a floresta, para compartilhar e saciar seu êxtase.[54]

Apesar de toda essa ambivalência em relação à experiência extática, os antropólogos concordam que os ritos de religiões como o vodu e o candomblé são na verdade bastante disciplinados e focados. Alfred Métraux, etnógrafo do vodu, que encontramos na Introdução preocupado quanto a se os ritos do vodu representavam uma forma de histeria, observa com mais precisão que

> estão mais para exercícios difíceis em que cada um emprega todo o seu ser, nunca se permitindo sucumbir a gestos desordenados. O ritual dita que os deuses sejam apresentados várias vezes ao longo da cerimônia, e eles nunca falham em surgir nos momentos apropriados. Desse modo, a possessão é um fenômeno controlado que obedece a regras precisas. Considera-se inadequado que um deus "monte" numa pessoa que não pertence à família que está promovendo o festejo. Se isso acontece, ele é convidado a se retirar.[55]

Os participantes sabem em que circunstâncias os estados de transe devem ocorrer, e só os alcançam com muita prática e treino. Como escreve um especialista em literatura caribenha, "essa experiência de eleição [transe de possessão], o choque de comunhão, não é evidência de um distúrbio psíquico ou prova de patologia, e sim resultado de disciplina e estudo intensos. Nem todo mundo pode ser possuído, pois nem todo mundo pode saber como reagir às demandas e expectativas de seu deus".[56] Os ritos extáticos dessas religiões da diáspora não eram orgias tresloucadas, como os brancos muitas vezes pensavam, e sim *técnicas* de êxtase deliberadamente cultivadas, derivadas de tradições antigas.

Em sua maior parte, foram as religiões do oeste africano que inspiraram os ritos dos negros nas Américas.[57] No Caribe, a tradição extática preservada nas religiões da diáspora é quase inteiramente africana, uma vez que os escravos africanos só começaram a ser importados quando os indígenas caribenhos e aruaques se mostraram impróprios para o trabalho forçado, morrendo de doenças europeias ou por causa dos maus tratos. O candomblé brasileiro, contudo, também faz uso de ritos extáticos de certos grupos indígenas brasileiros observados pelos europeus assim que começaram a chegar, no século XVI. Um dos primeiros viajantes franceses, por exemplo, encontrou mulheres indígenas brasileiras (de qual localidade ou tribo não se sabe) reunidas para dançar e cantar em círculo, depois do que começavam a espumar pela boca, "subitamente possuídas pelo diabo".[58] Mas a conexão africana continua forte no Brasil, onde tipos específicos de candomblé (isto é, subcomunidades religiosas) às vezes se distinguem por suas raízes iorubás ou daomeanas, e se acredita que a possessão é necessária para intimar fisicamente os deuses de seus lares africanos.[59] Se a escrava não podia escapar de volta para a África, sua religião podia trazer a África até ela — ou pelo menos a lembrança da liberdade. Como colocou um observador do século XIX, "ao dançar e cantar, eles esquecem suas dores e servidões e só se lembram do país nativo e do tempo em que eram livres".⁶⁰

De maneira similar do Carnaval, as religiões da diáspora acabaram fornecendo um trampolim para as rebeliões do século XIX. Algumas das razões para isso são óbvias até nos termos europeus mais racionalistas: os rituais religiosos ofereciam um pretexto para os escravos se congregarem; as instituições religiosas encorajavam a organização entre os escravos de diferentes senhores; o treinamento religioso nutria lideranças tanto entre mulheres como entre homens. Assim, encontramos o candomblé servindo como "núcleo de insurreição" no início do século XIX no Brasil,⁶¹ e as reuniões de santeria ligadas às revoltas de escravos em Cuba. Em Trinidad, onde prevalecia o obeah, algumas revoltas também foram coordenadas por líderes religiosos.⁶² O Haiti nos apresenta o mais espetacular e bem-sucedido caso de insurreição inspirada em parte numa religião da diáspora.⁶³ Os rituais de dança noturnos do vodu serviram para amealhar escravos à causa e, até a independência em 1803, foram alvos constantes da repressão francesa. O próprio Samba Boukman, um dos primeiros líderes da revolução, era um *houngan* (sacerdote vodu) guiado por um *loa* (deidade) de derivação africana. Como demonstra o caso do Haiti, a memória da liberdade — mantida viva em danças e visões extáticas — também podia ser uma fonte.

Revolução extática

Mas a reação dos povos subjugados ao colonialismo não era apenas conservadora, no sentido de querer manter vivas tradições antigas. Como muitas vezes notaram os antropólogos, o imperialismo parecia encorajar, perversamente, a emergência de cultos religiosos novos e muitas vezes desafiadores. Talvez devêssemos classificar religiões da diáspora como o vodu entre as "novas", já que eram amálgamas criativos de religiões africanas e europeias, mas houve muitas outras invenções desse tipo — com frequência de curta duração e, em geral, ao menos implicitamente, contrárias ao domínio branco. Imaginem a agonia do missionário que havia, com a ajuda das autoridades coloniais, reprimido as práticas religiosas indígenas, demolido os santuários locais e enfiado todas as crianças em escolas das missões apenas para encontrar os "nativos" abandonando o cristianismo para abraçar alguma nova forma de "diabrura". A explicação dada por boa parte dos antropólogos é de que o êxtase coletivo servia como um modo de escapismo: dolorosamente pressionados pelo colonialismo, os povos colonizados buscavam, por meio das formas extáticas de adoração, uma alternativa transitória para os horrores da situação em que se encontravam.

Seja qual for a explicação, o caso é que encontramos cultos extáticos brotando já a partir do primeiro contato com os brancos, presentes quase até os dias de hoje. Na África, alguns deles tomaram formas institucionais nas assim chamadas "igrejas independentes", que, assim como as religiões da diáspora das américas, inspiravam-se tanto no cristianismo como nas religiões indígenas. Frequentemente lideradas por mulheres, eram "muitas vezes comparadas às igrejas fundadas pelas missões, em razão do uso de vestes brancas e soltas e de chapéus, de tambores e cantos responsivos, e por sua ênfase na cura espiritual".[64]

As respostas extáticas à conquista foram um fenômeno global, acontecendo na Indonésia, na Melanésia e na América do Norte assim como na África. Na América do Norte, os índios menominis do norte de Wisconsin lançaram seu culto de Dança do Sonho em 1879, em que o rito central era uma dança em volta de um grande tambor que incorporava o Grande Espírito: "O batuque rítmico, que acelera gradualmente até o clímax, produz um estado de excitação e frenesi que imbui fortemente o sentimento de unidade nos dançarinos".[65] Mais conhecida é a Dança dos Fantasmas, surgida no final dos anos 1860 entre os Paiute e em seguida se difundindo entre os Cheiene, Shoshone, Sioux e outros. O ritual central também era uma dança que conduzia a estados de transe.

> Os dançarinos-fantasma, mulheres e homens, pintavam os corpos para indicar as revelações que recebiam e organizavam-se em círculos concêntricos, com os braços apoiados nos ombros de ambos os vizinhos, de maneira que o ritmo vibrante da dança fazia com que os adoradores se movessem como um único corpo. O ambiente criado com rapidez por essa dança conduzia à exaltação coletiva e ao transe, sendo a dança habitualmente realizada à noite.[66]

Para um caso mais explicitamente revolucionário, consideremos o culto maori Hau-hau que surgiu em 1864 durante o domínio britânico na Polinésia, num momento em que muitos dos maoris haviam se convertido ao cristianismo. Os colonizadores britânicos, irritados com a contínua presença maori em terras que seriam apropriadas para o cultivo, haviam começado a se comportar de maneira patentemente não cristã — afastando os maoris de suas vilas para que milhares morressem de fome e outras causas. Os maoris reagiram pegando em armas e se desconvertendo em massa do cristianismo. Abraçaram o novo culto hau-hau, que combinava temas religiosos tradicionais e parte dos ensinamentos dos missionários, ou ao menos músicas cantadas "numa extraordinária mistura de hebraico, inglês, alemão, grego e italiano". O ritual central, mais uma vez, era uma dança realizada, segundo relata o etnógrafo italiano Vittorio Lanternari, "com o propósito de produzir um estado de êxtase nos participantes".[67] Candidatos à iniciação no culto juntavam-se em volta de um mastro sagrado, onde, pela tensão, combinada com o calor do dia, os gritos dos adoradores e o ritmo alucinante dos dançarinos dando voltas e mais voltas, os candidatos eram hipnotizados; seus corpos eram então agarrados pelos outros e arremessados para o ar repetidas vezes até ficarem inconscientes. Assim que se recuperavam, eram considerados iniciados no culto e sumariamente incluídos na batalha [contra os britânicos].[68]

Antropólogos e outros especialistas tenderam com frequência, nas últimas décadas, a ver tais ritos com impaciência, senão desgosto. Afinal, dançar em círculo não torna, como alegado nesses casos, as pessoas imunes às armas ou faz colonizadores voltarem a seus navios. De um arrogante ponto de vista europeu moderno, só podia ser um comportamento "irracional", aparentado às doenças mentais.[69] Nesse sentido, a antropóloga Lucy Mair via similaridades entre as visões desses cultos proféticos (e muitas vezes extáticos) e "fantasias" e "fenômenos histéricos" comuns aos pacientes mentais.[70] Mesmo o tão compreensivo Lanternari descreveu os ritos extáticos dos povos colonizados como "psicoses coletivas" e "meios de evasão".[71] Mais recentemente, o sociólogo Bryan Wilson observou com condescendência:

> Cultos e outros movimentos dos povos mais simples quase sempre contêm manifestações de algo que os observadores poderiam chamar de "histeria" ou "frenesi". Sem dúvida, essas reações podem ser induzidas em algumas circunstâncias, mas não há razão para supor que em geral não sejam espontâneas (...). O benefício psíquico de tais exercícios, podemos notar de modo parentético, é, sociologicamente falando, o único tipo de salvação que podem alcançar.[72]

Mas é essa orgulhosa postura de superioridade dos ocidentais, mais do que os rituais dos "povos mais simples", o que exige uma interpretação psicológica. Afinal, os rituais de dança dos povos colonizados que se rebelavam não pareceriam tão estranhos assim para os rebeldes dos carnavais medievais europeus ou para um germânico anabatista do século XVI, que dançava feliz pelas ruas de Münster até que protestantes mais ortodoxos o subjugaram. O que havia mudado entre os séculos XVI e XX era a ideia ocidental de revolução. Os camponeses medievais europeus, assim como os povos colonizados do mundo inteiro no século XIX, pareciam imaginar a revolução como uma transformação bastante súbita, vinda de baixo e levando à abolição da hierarquia detestada, a um mundo "virado de cabeça para baixo". Mas os europeus revolucionários da era pós-Reforma enfrentavam monarcas absolutos que possuíam grandes exércitos e aparatos policiais. Nessa situação, a revolução parecia ser um projeto cuidadoso, requerendo muitos meses ou anos de preparação, e similar à guerra em sua exigência de disciplina e planejamento.

O historiador Michael Walzer argumentou que a revolução moderna era uma tarefa para a personalidade ascética, obcecada e autonegadora que o calvinismo tentava inculcar, e sem dúvida alguns dos revolucionários bem-sucedidos do mundo ocidental se enquadravam nesse perfil. Como vimos, o revolucionário inglês Oliver Cromwell, um calvinista, reclamava continuamente das inclinações festivas das tropas. O líder jacobino Robespierre desprezava as assembleias desordeiras ou "qualquer grupo tumultuoso" — algo difícil de se evitar durante a Revolução Francesa, podemos imaginar.[73] Seu colega revolucionário Louis de Saint-Just descreveu o "homem revolucionário" em termos que seriam amplamente aceitos por qualquer puritano: "inflexível, mas sensato; frugal, simples, (...) honorável, sóbrio, mas não ridículo."[74]

Lenin vociferou contra "a negligência, o descuido, a desordem, a impontualidade", assim como contra "a dissolução na vida sexual",[75] vendo-se como "administrador" e "controlador", além de líder.[76] Para homens como Robespierre e Lenin, o rito revolucionário principal era a *reunião* — em posição sentada, sem requerer qualquer forma de participação além dos discursos ocasionais, e conduzida de acordo com regras de conduta estritas. Dançar, cantar e alcançar transes só podiam ser distrações em relação ao pesado assunto em questão.

Podemos responder de muitas maneiras a esse modelo calvinista de revolução que serviu para reforçar o desdém ocidental pelos rituais extáticos dos povos oprimidos e colonizados. Podemos apontar que o modelo ocidental de revolução, ascético e militarista, embora tenha sido aplicado com sucesso a batalhas anticoloniais, em meados do século XX, carrega o considerável risco de ter uma ditadura como desfecho. O medo da desordem e do comportamento "irracional" mascara um medo do povo, e um líder que se vê como "controlador" está propenso a se tornar um tirano. Como alternativa, podemos dar um argumento utilitário para a importância do ritual extático em revoluções que poderiam ser "ocidentais". O que se alcança por meio desses rituais, num sentido puramente funcional, é um sentimento intenso de solidariedade entre seus participantes — ao menos é o que sugerem todos os relatos —, e solidariedade é a base da ação política efetiva vinda de baixo. Mesmo as "fantasias" experimentadas pelos participantes, ou apreendidas com o transe, têm um efeito enriquecedor. O lavrador que alcança a unidade com um deus por meio do transe de possessão vodu, e a vendedora que leva uma vida paralela como sacerdotisa, são opositores potencialmente formidáveis.

Além disso, se os ritos extáticos fossem apenas uma distração frívola da política "real" no sentido ocidental, como explicaríamos o ardor com que as autoridades brancas tentavam reprimi-los? A única explicação que nos restaria seria que as autoridades brancas é que estavam sendo "irracionais" e que a histeria *branca* é que era uma característica do empreendimento colonial — uma vez que, onde quer que surgissem, as religiões sincréticas e os movimentos místicos dos povos nativos enfrentavam duras repressões. Na África, as autoridades coloniais esmagavam qualquer movimento religioso que vissem como heterodoxo, muito entusiasmado ou simplesmente "africano" demais. A primeira líder de um movimento "independente" africano/cristão — uma congolesa que assumiu o nome de Donna Beatrice — morreu queimada pelos belgas em 1706.[77] Em 1920, os mesmos belgas sentenciaram outro profeta africano independente, Simon Kimbangu, à prisão perpétua, e os britânicos perseguiram a versão africana do movimento Watchtower pelas longas noites de batucadas, hinos e glossolalia.[78] Nas Américas, no final do século XVIII, o governador britânico de Trinidad lançou "um tipo de inquisição" contra o obeah, em que os suspeitos de aderir à religião eram queimados, enforcados ou sujeitos a amputações de orelhas e narizes.[79] Napoleão Bonaparte instigou esforços para erradicar o vodu do Haiti;[80] autoridades coloniais portuguesas perseguiram e reprimiram os candomblés.[81]

Em alguns casos, é pura histeria — ou ao menos uma reação exagerada — o que parece ter motivado a repressão dos rituais nativos. A religião da Dança dos Fantasmas, por exemplo, não representava qualquer ameaça aos brancos; na verdade, seu código moral incluía os preceitos "Não machucar ninguém" e "Nunca lutar!"[82] No entanto, aparentemente desinformado sobre esse caráter pacifista do culto, as autoridades norte-americanas suprimiram-no com vigor e acabaram atribuindo-lhe a culpa pelo levante dos Sioux de 1890, que culminou no massacre de Wounded Knee. Afinal, aqueles dançarinos eram subversivos o bastante para imaginar o retorno iminente de todos os índios mortos, que, no final do século XIX, já eram suficientemente numerosos para formar um exército impressionante.

Mas será que a repressão europeia aos ritos extáticos de todas as partes do mundo pode ser atribuída a uma reação irracional exagerada, ou podemos creditar aos brancos alguma habilidade de distinguir uma ameaça real? No Caribe, a velha hostilidade das autoridades coloniais em relação aos tambores africanos não parece ter sido baseada em uma avaliação realista dos usos subversivos do instrumento. Autoridades britânicas em Trinidad baniram os tambores em 1884, com um jornal expressando o habitual medo do "estado de civilização de povos cujos membros podem ser colocados em movimento pela repetição de um som tão bárbaro".[83] Podemos, porém, inferir um motivo mais racional e militar, uma vez que as autoridades baniram simultaneamente a dança, as procissões e "qualquer assembleia ou reunião de dez ou mais pessoas munidas de paus ou outras armas".[84] Em Cuba, as forças de ocupação norte-americanas baniram os "tambores de origem africana," em 1902, mais tarde ampliando a proibição para incluir "todas as danças cerimoniais afro-cubanas", por serem "símbolos de barbárie e perturbadoras da ordem social".[85] Na Carolina do Sul, por sua vez, foram algumas considerações militares que pesaram na proibição dos tambores em meados do século XVIII, em parte porque os escravos os estavam utilizando como meio de comunicação à distância.

Por fim, mesmo supondo que os rituais religiosos e de dança com que as pessoas, no mundo todo, respondiam à escravidão e à colonização fossem de todo frívolos, nada ameaçadores e politicamente inúteis, quem somos nós — pessoas operando dentro da tradição ocidental de racionalidade e sabedoria formal — para julgá-los? Se os oprimidos não ganhavam com os rituais e cultos extáticos nada mais do que um "benefício psíquico", para usar a expressão de Wilson, ainda devemos admitir que — para povos que haviam perdido suas tradições, suas terras e muitas vezes a liberdade — um benefício psíquico não é algo desprezível. Como escreveu o antropólogo I.M. Lewis, "o que encontramos repetidas vezes em uma grande variedade de culturas e lugares é uma transferência especial de poder místico para os mais fracos. Se eles não herdam de fato a terra, ao menos recebem meios para compensar as duras deficiências jurídicas".[86]

Tomemos uma religião extática mais recente, a Full Witness Apostolic Church of Zion, fundada por um mineiro zulu em 1956, ainda sob o *apartheid* sul-africano. O ritual principal dessa igreja é uma dança circular em saltos derivada de uma iniciação ritual pré-colonial: "O círculo rodante cria um movimento unitário, como um dínamo gerando energia espiritual. (...) A coordenação de gestos físicos sob as batidas motoras e os efeitos psicológicos do movimento circular parecem dissolver as margens entre os indivíduos participantes, que agem e respondem como um corpo só."[87] Esses dançarinos podiam ter sido aconselhados, por um antropólogo de tendências esquerdistas, por exemplo, a juntar-se ao Congresso Africano Nacional, e é possível que alguns deles o tenham feito. Mas, se tudo o que conseguiam em seu ritual religioso era um momento de alegria transcendente — bom, temos de lhes dar crédito por ter conseguido isso. Extrair prazer a partir de vidas sob condições de extrema dureza e opressão é uma realização considerável; alcançar o êxtase é um tipo de triunfo.

Tais triunfos vão se tornando cada vez mais raros, contudo, à medida que passamos dessa era das conquistas ao presente. Apesar de todos os esforços para preservar os ritos tradicionais — e de todas as chamas dos movimentos religiosos extáticos e desafiadores — o panorama geral dessa história é necessariamente de destruição cultural e obscurantismo. Rituais antigos foram suprimidos; religiões sincréticas foram marginalizadas e tornadas clandestinas; cultos revolucionários inspirados na religião foram destruídos. Para voltar aos taitianos com quem começamos este capítulo, no final do século XVIII, eles haviam utilizado uma de suas festividades tradicionais para zombar de dois padres espanhóis que haviam tentado convertê-los, chamando os pobres cristãos de ladrões, tolos e (embora esse insulto possa ter perdido sua potência ao retirá-lo do contexto e da língua originais) "moluscos".[88] Algumas décadas mais tarde, entretanto, os taitianos estavam resignados diante do fato de os circunspetos missionários protestantes poderem se vangloriar de ter "contido a leviandade natural dos nativos" e imposto o abandono de seus rituais de dança.[89]

Quando o navegador russo, barão Thaddeus Bellingshausen visitou a ilha em 1820, descobriu que os taitianos passaram a usar roupas europeias e que tanto homens quanto mulheres vinham raspando a cabeça desde que, como escreveu o historiador Alan Moorehead, "aquelas adoráveis cabeleiras resplandecentes que antes chegavam à cintura das garotas aparentemente começaram a ser vistas pelos missionários como pouco higiênicas". As tatuagens foram desencorajadas; o licor, oficialmente banido; e, "onde antes havia imperado o sexo livre e desinibido, agora existia a culpa cristã". Os missionários devem ter se orgulhado especialmente de que "ninguém mais dançava ou tocava músicas taitianas. Mesmo tecer coroas de flores era proibido".[90] Derrotados, convertidos e "reformados", os taitianos tinham pouco a fazer senão beber.

Esses eram os *tristes tropiques* de que lamentava Claude Lévi-Strauss, em meados dos anos 1950 — um cenário de culturas rotas, economias arruinadas e populações melancólicas dispostas ao suicídio e entregues ao alcoolismo.[91] Em face de tanta destruição, pode parecer insignificante se concentrar na obliteração dos rituais e das festividades comunais. Mas em qualquer avaliação do impacto do imperialismo europeu, as "técnicas de êxtase" — formas de engendrar transcendência e alegria dentro do próprio grupo nativo, sem qualquer acesso às tecnologias e mercadorias dos homens brancos — devem ao menos ser incluídas entre as perdas.

9
Espetáculos fascistas

Nesta era moderna — ou, devemos dizer, pós-festiva — de tempos em tempos as pessoas se reúnem em grandes grupos com a expectativa de viver uma experiência de unidades elevação ou ao menos de diversão. A ocasião pode ser um evento esportivo, um show, uma produção teatral, um desfile ou uma cerimônia pública como o funeral de uma figura importante. De todas os encontros de massa da era moderna, contudo, os mais notórios — e decerto os mais perturbadores — foram os imensos comícios e rituais públicos dirigidos, na década de 1930, pelos nazistas e pelos fascistas italianos. Entre eles, nenhum foi mais notório do que o congresso do partido nazista realizado em Nuremberg, onde centenas de milhares de fiéis partidários se reuniram para uma experiência muitas vezes qualificada por observadores como "extática".

Foi no congresso de Nuremberg de 1934 que o jornalista norte-americano William Shirer começou a "compreender (...) algumas das razões para o sucesso de Hitler. Pegando de empréstimo um capítulo da igreja romana, ele está restaurando o esplendor, a cor e o misticismo das desmazeladas vidas dos alemães do século XX".[1] O congresso, que durou uma semana, não incluiu qualquer debate ou deliberação que interferisse nos efeitos "místicos", apenas desfiles (sobretudo de soldados e líderes nazistas), exercícios militares e discursos exortatórios. Para os apogísticos eventos noturnos, o arquiteto nazista Albert Speer projetou um enorme estádio de concreto coroado com uma águia gigante, adornado com milhares de faixas com suásticas e iluminado por 130 holofotes de alta potência.[2] Ali, "sob aquela inundação de luz", Shirer acreditava que os participantes do congresso haviam atingido "a mais alta condição do ser que o homem germânico jamais conheceu: o derrame de suas almas e mentes individuais (...) até que, sob as luzes místicas e ao som das palavras mágicas do austríaco, fundiram-se completamente ao rebanho germânico".[3]

O austríaco era, é claro, Adolf Hitler, cujos discursos e aparições eram encenados com grandes efeitos dramáticos. Para sua chegada no local do comício, Shirer conta, a banda parou de tocar e um silêncio assustador dominou a multidão. Então a banda começou a tocar a Marcha de Badenweiler, utilizada apenas para as entradas de Hitler, seguida por uma orquestra tocando a Abertura Egmont de Beethoven, à medida que "imensos refletores iluminavam o palco".[4] O discurso em si pode ter sido pouco mais do que uma sequência de slogans sobre "sangue e solo", "nossos heróis caídos", etc., mas foi despejado com uma paixão ardente até chegar à fúria, com o coro da massa gritando "Sieg Heil". Nessas circunstâncias, mesmo o embaixador da França, André François-Poncet, totalmente hostil ao movimento, não pôde deixar de se maravilhar com a "atmosfera de entusiasmo coletivo que permeava a cidade antiga, a singular exaltação que tomava centenas de milhares de homens e mulheres, a febre romântica, o êxtase místico e o delírio sagrado que os possuía!"[5]

Essa imagem das multidões em êxtase gritando "Sieg Heil" diante de seu louco líder — sempre justaposta em nossas mentes às valas coletivas e aos corpos descarnados das vítimas — tornou-se, em nosso tempo, emblemático da excitação coletiva em qualquer de suas formas. Ela alterou a visão de mundo das ciências sociais, fazendo com que o entusiasmo de Durkheim pelo que chamou de *efervescência coletiva* começasse a parecer, como afirmou Charles Lindholm, "terrivelmente ingênuo". Lindholm relata que o campo da psicologia social ficou tão "traumatizado com o rumo que os movimentos de massa tomaram na idade contemporânea", que passou a ver a excitação coletiva como "sinônimo de mal".[6] O historiador William H. McNeill acrescentou que, "desde a Segunda Guerra Mundial, a repugnância contra o hitlerismo descreditou as expressões musculares rítmicas de conexões ideológicas, políticas e de outros tipos em todo o mundo ocidental".[7] Ou, como alguns psicólogos sociais revisionistas interpretaram há bem pouco tempo, um dos efeitos do fascismo foi convencer os cientistas sociais de que "grupos são inerentemente perigosos".[8]

Mesmo em círculos menos acadêmicos, a própria palavra *Nuremberg* evoca multidões levadas à histeria por encenações engenhosas e oradores carismáticos — seguidas de quaisquer atrocidades que podem ser incitadas a cometer. Basta fazer uma pesquisa na internet a partir das palavras "Comício de Nuremberg" para encontrar referências não apenas ao evento histórico, mas a qualquer tipo de assembleia carregada de excitação grupal. A palavra *Nuremberg* é utilizada como termo pejorativo aplicado ao Super Bowl (a final do campeonato de futebol americano dos EUA), a shows de rock e ao Oscar. Um esquerdista descreve um comício de direita pró-Israel como "Nuremberg judaico";[9] um crítico fala sobre a atitude da plateia de um show de comédia nada inteligente, "Parece que estou no comício de Nuremberg e que os 'Sieg Heils' são feitos na forma de risadas".[10] Em artigo de 1968 no *New York Times*, um crítico descreve um show dos Rolling Stones como "puro Nuremberg!".[11] Refletindo sobre o fanatismo esportivo, incluindo seu próprio entusiasmo em relação ao beisebol, o romancista Leslie Epstein escreve:

> A dissolução do eu, a transcendência, o sentimento de unidade, completude, união: quem pode dizer o que é, por um lado, uma alegria inocente, o retorno do adulto à infância, o salto do garoto para a maturidade; e, por outro lado, o eco do comício de Nuremberg (...)? O que é, afinal, o lugar-comum tolerado do "matem o árbitro!" e a compulsão não menos sancionada de "matem os judeus"?[12]

Epstein priva-se de assumir como própria essa revelação, atribuindo-a ao velho senso comum: "Muito antes de Freud escrever sobre o assunto, (...) todos já sabiam que fazer parte de uma multidão era permitir-se regressar a uma forma mais primitiva de vida instintiva."

Mas a condenação das massas por parte dos intelectuais teve início 150 anos antes de Nuremberg, e numa situação política inteiramente distinta, senão oposta: a Revolução Francesa. Enquanto os comícios fascistas celebravam a tirania, os revolucionários franceses procuravam sua derrubada permanente. Enquanto o fascismo resume o direito político em sua extremidade mais cruel, a Revolução Francesa deu à luz a ideia moderna de *esquerda* — para não mencionar a própria categorização de instâncias políticas como *direita* e *esquerda*. Se houve qualquer similaridade entre, digamos, os acontecimentos de Nuremberg e as ações decisivas da Revolução Francesa, ela parece ser superficial: ambos tiveram grandes reuniões de pessoas ao ar livre, ou seja, *massas*.

As massas francesas insurgentes podem agora parecer relativamente benignas para nós — quase arautos da era da democracia —, mas elas suscitaram uma onda de horror pelos palácios e mansões da Europa: tratava-se de pessoas vestidas em farrapos, muitas delas famintas ou ao menos querendo pão, e elas haviam conseguido demolir a monarquia dos Bourbon. Em sua perspectiva do século XIX, o cientista político amador francês Gustave Le Bon declarou que as massas revolucionárias não podiam ser compreendidas por quaisquer motivações racionais, como a fome ou o desgosto pelo Velho Regime. Eram simplesmente insanas, e assim estavam porque a insanidade é uma característica inerente a qualquer massa. Nessa condição, os indivíduos entram em "um estado especial, comparável ao estado de fascinação em que o indivíduo hipnotizado se encontra nas mãos do hipnotizador". A proximidade com grandes quantidades de pessoas faz com que o cérebro se "paralise", de maneira que o indivíduo "se torna um escravo de todas as atividades inconscientes de sua medula espinhal".[13] O que temos não é uma multidão de indivíduos, mas medulas espinhais, e nada pode ser mais "primitivo" do que isso.

O livro de Le Bon, *Psicologia das multidões*, tornou-se a obra de ciências sociais mais vendida do mundo, mesmo Le Bon não tendo testemunhado a revolução que descrevia livremente, como se estivesse assistindo a ela a partir de uma varanda. E ele nem cita outros historiadores e testemunhos da época. Seu livro consiste em um conjunto de asserções que, em grande parte, poderíamos descartar hoje por serem simplesmente preconceitos. Por exemplo: ele insiste que multidões são "como mulheres", com sua irracionalidade e sua tendência aos extremos.[14] Quanto às classes baixas cuja energia conduziu a revolução, ele se opôs ao tipo de igualitarismo pelo qual lutavam, assim como a todas as formas de democracia, escrevendo que "as massas" de seu próprio tempo eram motivadas por "nada menos que uma determinação de destruir por completo a sociedade como ela existe hoje".[15] Mas essas falhas não desqualificaram Le Bon como a única fonte para as reflexões de Freud sobre o comportamento coletivo, fazendo com que passasse a fazer parte do cânone do pensamento ocidental.

Assim, no que veio a ser a visão convencional dos intelectuais, "a massa" — seja celebrando Hitler com obediência em Nuremberg ou erguendo-se para exigir pão na Paris revolucionária — se parece acima de tudo com os bandos de "selvagens" que os colonialistas encontraram realizando rituais extáticos. Os primeiros missionários entenderam que os "selvagens" em êxtase estavam possuídos pelo diabo; mais tarde os psicólogos descreveram as pessoas tomadas na multidão como "des-individualizadas" ou como tendo "regredido" a um estado altamente sugestionável, instável em termos emocionais e infantil. Não que o diabo tenha saído de moda inteiramente, mesmo para mentes científicas: comentando sobre as multidões que ele havia visto quando jovem pelas ruas de Paris, Freud escreveu: "Acredito que estão todos possuídos por mil demônios. (...) São as vítimas das epidemias psíquicas, das históricas convulsões de massa."[16] Individualmente, podemos ser pessoas razoáveis e civilizadas, mas — assim defende tal raciocínio — basta juntar-nos para que algum mal primitivo irrompa. Nuremberg em 1934 e Paris em 1789, o Holocausto e o Terror, tudo se mistura com as danças de guerra dos Mohawks e com os ritos de iniciação dos aborígines australianos para formar uma categoria única de comportamento selvagem e potencialmente homicida.

Mas será que os comícios nazistas e fascistas dos anos 1930 eram de fato exemplos do êxtase coletivo, podendo ser alinhados com os carnavais e rituais dionisíacos? E, se assim for, será que a ameaça de uma violência incontrolável paira sobre toda reunião, todo ritual e festividade em que as pessoas experimentem a transcendência e a perda de si?

ESPETÁCULOS FASCISTAS 225

Comecemos com uma distinção importante: os massivos comícios fascistas não eram festivais ou rituais extáticos, e sim espetáculos programados por um pequeno grupo de líderes para a edificação de muitos. Tais espetáculos têm uma história venerável, remontando pelo menos ao Império Romano, cujos líderes confiavam nos circos e nas marchas triunfais para preservar a lealdade dos cidadãos. A Igreja Católica medieval usava rituais expressivos e procissões de feriado para conseguir o mesmo efeito, fazendo desfilar estátuas de santos pelas ruas, acompanhadas por oficiais da Igreja muito bem-vestidos. Em um espetáculo de massa, os objetos de atenção — os que marcham ou, no caso romano, os cativos acorrentados e os animais exóticos presos em jaulas — são apenas parte da atração. Crucial à experiência é o conhecimento de que centenas de milhares de outras pessoas estão assistindo ao mesmo espetáculo — assim como, na era da televisão, o apresentador pode nos lembrar com solenidade que um bilhão de pessoas ou mais estão ligadas no mesmo jogo de futebol ou premiação cinematográfica.

No caso de Nuremberg, temos um registro dos procedimentos graças a um documentário de Leni Riefenstahl, *O triunfo da vontade*, que testemunha uma experiência claramente não festiva. A maior parte da "ação" consiste em homens uniformizados marchando em colunas pelas ruas ou em espaços abertos. Ocasionalmente, alguns civis aparecem: mulheres em roupas folclóricas tradicionais passam com rapidez; milhares de membros das brigadas nacionais de trabalho também marcham. Estes também estão uniformizados e carregam suas pás sobre os ombros como se fossem fuzis. Além disso, há longos discursos dos notáveis, principalmente à noite, e uma quantidade considerável de música, sobretudo das bandas marciais. Esse é todo o entretenimento, se é que podemos chamá-lo assim. Em Nuremberg, assim como em inúmeros outros comícios da Alemanha nazista e da Itália fascista, o único espetáculo a ser visto é o militar, a única forma legítima de propor a marcha.

E o que resta para fazer às quase 200 mil pessoas que vão a Nuremberg para o evento? Alinhar-se pelas ruas enquanto passa o desfile de Hitler — sorrindo, aclamando, fazendo a saudação nazista. Alinham-se pelas ruas de novo quando as várias colunas de homens desfilam. Reúnem-se à noite para os discursos. Seu único papel, em outras palavras, é assistir e aplaudir.

Pode-se argumentar que em *O triunfo da vontade* as massas têm um papel maior como parte do espetáculo — afinal, estava sendo feito um filme sobre aqueles acontecimentos, além de Hitler e seus escudeiros estarem gostando de ver o público amontoado. Mas mesmo como parte do espetáculo como um todo, o papel individual está limitado a ser um elemento diminuto da massa. Os movimentos estão restritos à saudação de braço erguido, o menor dos deslocamentos da multidão diante da passagem de Hitler era contido firmemente e de imediato pela fileira de policiais. Dia após dia vai prosseguindo o congresso do partido e a multidão só espera e assiste, quase como espectadores de teatro privados de assentos. Mas estão comportados e imóveis demais para serem confundidos com, digamos, uma torcida esportiva massiva ou os frequentadores de um show de rock do século XX. "São atores", observou o historiador George L. Mosse, "em ritos litúrgicos cuidadosamente encenados."[17]

Um público espectador é muito diferente de uma multidão, festiva ou não. Numa multidão, a pessoa está ciente da presença dos outros e, como Le Bon intuiu corretamente, às vezes ganha ousadia, graças à grande quantidade de gente, para fazer coisas que jamais aventaria por sua própria conta. Numa plateia, em compensação, em teoria cada indivíduo ignora os outros espectadores a não ser como massa. Sente-se capturado pelo discurso, pelo espetáculo, pela performance — e muitas vezes mais isolado ainda dos outros espectadores pela escuridão do ambiente e pelas admoestações contra falar com as pessoas ao lado. Os espetáculos fascistas visavam encorajar um senso de solidariedade ou pertencimento, mas, do modo como foram realizados, e pelo fato de serem *atuados*, reduziram nações inteiras ao status de público espectador.

Os festivais da Revolução Francesa

O protótipo dos comícios fascistas do século XX era, ironicamente, baseado na Revolução Francesa, embora num tipo de evento que Le Bon deixou de notar. Ele fantasiou e ficou obcecado pelas ações espontâneas das massas, mas não deu atenção aos espetáculos patrióticos massivos — bem organizados e, na maior parte, bastante calmos — dirigidos por qualquer facção que estivesse no poder ou que almejasse chegar a ele. Ao menos no caso da Revolução Francesa, há pouco risco de se confundir os espetáculos oficiais com as festividades mais espontâneas. Os "festivais da revolução" oficiais, como eram chamados esses espetáculos patrióticos, não se erigiram sobre ou reforçaram festividades carnavalescas tradicionais ou a excitação das multidões pelas ruas. Em grande medida, foram projetados justamente para se opor a elas e substituir essas formas de festividade mais vigorosas.

E, dentro da própria revolução, havia comportamentos festivos de massa a que se opor. Historiadores do século XIX — de diversas afinidades políticas — invariavelmente comentaram as qualidades "bacantes" e "saturnais" da revolução. De 1789 a 1794, a tradição dos levantes festivos das classes baixas europeias chegou a seu clímax histórico: empregaram-se as ocasiões festivas tradicionais e seus símbolos, como o mastro, para fazer avançar a causa revolucionária. Ou utilizaram os levantes políticos como ocasiões para o comportamento festivo: dançar a carmanhola pelas ruas, cantar músicas revolucionárias, fazer banquetes, beber. Mesmo a tradição carnavalesca de usar fantasias fez sua aparição, com cidadãos vestindo o distintivo tricolor da revolução ou portando as vestimentas simples das classes baixas. A multidão predominantemente feminina que marchou até Versalhes, em 1789, que, reza a lenda, teria sido convocada por uma garotinha batendo um tambor, fez da marcha de volta uma viagem de celebração: "Vendedoras de peixes sentavam-se nos canhões, outras vestiam quepes de granadeiros; barris de vinho eram posicionados ao lado de explosivos; galhos verdes tapavam o cano dos fuzis; alegria, gritaria, clamor, gozo, (...) barulho, a imagem da antiga Saturnal, nada pode descrever esse comboio."[18]

O poder, durante a revolução, era algo escorregadio e, seja lá qual fosse o grupo que o tomasse ou que se mantivesse nele por um tempo, fatalmente enfrentava um problema irritante: como frear a energia coletiva das pessoas comuns sem fazer com que ela se voltasse contra o grupo em si. As ações mais ou menos espontâneas do *menu peuple* (as pessoas simples) haviam derrubado o rei e levado a Assembleia Nacional ao poder, mas sempre havia algum perigo, ainda mais nos períodos de grande fome, de que o mesmo tipo de ações espontâneas fosse utilizado contra a Assembleia Nacional ou alguma de suas facções internas. Décadas antes, Rousseau havia sugerido que os festivais públicos eram um meio de unificar o povo, e os intelectuais revolucionários estavam bastante cientes da necessidade de substituir os rituais em descrédito da realeza e da Igreja católica. A ideia por trás dos festivais revolucionários, se é que podem ser generalizados, era que, em vez de correr e marchar pelas ruas, as pessoas poderiam ficar na calçada e assistir aos grupos oficiais selecionados passarem marchando: batalhões de homens velhos e garotos, carros alegóricos muito bem pintados, colunas de soldados. Em vez de se entreterem dançando, bebendo e flertando, as pessoas ouviriam os discursos e, quem sabe, recitariam em coro a Declaração dos Direitos do Homem. No lugar da loucura e da espontaneidade, serenidade e ordem.

Podemos discernir algumas das intenções dos homens que projetaram as festividades revolucionárias oficiais a partir de sua postura em relação às festividades tradicionais, como o Carnaval: uma rígida hostilidade. Em parte, os líderes intelectuais da revolução, os homens que constituíam a Assembleia Nacional, sentiam-se repelidos por qualquer coisa "tradicional", assim como por qualquer coisa que lembrasse o antigo regime. Eles aboliram o calendário tradicional da Igreja, substituindo-o por uma série de meses de sua própria invenção — Prairial, Termidor etc. — e uma semana de dez dias que culminava em algo como um domingo, chamado *décadi*. Para as autoridades revolucionárias, o Carnaval era "o período em que os preconceitos peculiares ao antigo regime se tornavam prazeres barulhentos", um evento repleto de superstições, sendo assim um terreno fértil para "charlatões religiosos".[19] Tudo isso tinha de ser varrido para dar espaço ao programa revolucionário de racionalidade e virtude inabalável.

Mas não foi apenas a vontade de modernizar, ou o medo de novos motins políticos, o que inspirou a hostilidade dirigida às festividades tradicionais. A liderança revolucionária representava outra classe social que não o *menu peuple* e carregava consigo um desdém elitista em relação às diversões das massas. Entre os jacobinos, por exemplo, cuja ascensão ao poder conduziu a revolução a um clímax terrivelmente sangrento, podiam-se encontrar advogados e jornalistas provenientes da emergente classe média educada— pessoas muito diferentes dos trabalhadores e camponeses que emprestavam os músculos à revolução: "Os jacobinos de classe média pregavam as virtudes do casamento monogâmico e deploravam os costumes libertinos, a bebida, os jogos de azar e a prostituição. Em contraste, o *menu peuple* se divertia em casas de vinho baratas e os jogos enchiam suas horas com um módico alívio em relação a seus empregos monótonos."[20] Assim como os calvinistas em partes protestantes da Europa, os jacobinos viam as festividades tradicionais como "bárbaras" e as consideravam uma perda do tempo que podia ser devotado ao trabalho. Para eles, como escreve a historiadora Mona Ozouf, "o festival popular [tradicional] significava o ruído sem sentido das pás de ferro e das panelas; multidões obstruindo ruas e praças públicas; 'esportes' bárbaros como atirar em pássaros ou esquartejar gansos parte por parte; a ameaça velada das máscaras; o repugnante espetáculo das pessoas lutando por pedaços de pão e salsichas. Em resumo, a excitação popular desconcertava, ou pior, 'ofendia' a razão".[21] O líder jacobino Louis de Saint-Just, que o historiador Christopher Hibbert descreve como "um jovem inteligente, duro, sisudo, impiedoso e antipático"[22] não via outra saída senão "dar um fim a toda essa imundície orgiástica".[23]

Além das condenações à guilhotina — que utilizaram para resolver tantos outros problemas que enfrentaram —, os jacobinos fizeram o máximo que puderam para eliminar o que eles viam como festividades dissipadoras, indignas, atávicas. Tendo dispensado o conhecido calendário de dias santos, Páscoa, Natal, entre outros, seguiram para banir o travestismo — uma antiga característica do Carnaval — e desencorajar o uso de mastros mesmo para fins revolucionários. Enviaram comissários especiais às diversas províncias para investigar as festividades tradicionais, os mesmos comissários que receberam a tarefa de ativar os festivais oficiais em suas respectivas áreas. Mas esses esforços foram incapazes de reformar o gosto popular. Ozouf cita um observador da época para afirmar que "os organizadores dos festivais [oficiais] estavam sempre à caça de público, ao passo que todo ano, em nome de São João, São Martim ou São Bento, o povo não precisava se valer de intimações para convergir em grandes quantidades"[24] para suas danças habituais, para beber e se fantasiar. Para explicar o próprio fracasso, os comissários recobraram o fracasso anterior da Igreja também em seu esforço de conter as festividades tradicionais: "Mesmo a terrível eloquência dos pregadores foi incapaz de abalar os domínios do Carnaval."[25]

É uma confissão surpreendente, levando-se em conta quanto os jacobinos odiavam a Igreja. Ao menos na questão das festividades, os comissários revolucionários reconheciam que estavam do mesmo lado da Contrarreforma puritana do catolicismo. Os jacobinos podiam ser "revolucionários" no sentido político convencional, mas, no que tangia à vida dos sentidos e à possibilidade de um prazer coletivo desordenado, faziam parte de uma longa tradição de repressores. A historiadora Madelyn Gutwirth os compara ao rei de Tebas que combate as mênades na peça de Eurípides: "Os revolucionários (...) vestidos em suas túnicas de virtude moral eram assustadoramente parecidos com o censurador Penteu."[26]

Porém, ainda que o objetivo subjacente aos festivais revolucionários oficiais fosse a repressão, isso não implica que eles fossem homogêneos e uniformes a ponto de se tornarem tediosos. Eram, na verdade, muito diversificados, não apresentando — além do patriotismo e do apelo à união — um tema político e filosófico unificador, e sim uma pletora de temas que representavam facções variadas. Os conservadores organizavam festivais para acentuar a lei e a ordem; os ateus empreendiam o "Festival da Razão"; os festejos dos jacobinos, muito didáticos, eram planejados para encorajar a virtude cívica. Como entretenimento público, alguns desses festivais podiam até ser rígidos e tediosos, mas ao menos um parece ter sido um evento verdadeiramente excitante. Foi o festival de 1890, em comemoração pela tomada da Bastilha em 14 de julho de 1789 — o primeiro "Festival da Federação" — que, mais do que qualquer outro festival bem-sucedido, cresceu em função da demanda popular.

As autoridades revolucionárias acederam com relutância à ideia de celebrar a queda da Bastilha, temendo que os aglomerados massivos pudessem levar a erupções imprevisíveis de violência. "Quando você tem a responsabilidade de conduzir uma revolução", Mirabeau alertou seus companheiros revolucionários, "a dificuldade não é fazê-la andar, mas mantê-la sob controle."[27] Assim, o Festival da Federação foi projetado para "selar" a revolução e marcar o fim da desordeira participação em massa. Para a celebração principal, em Paris, os organizadores rejeitaram todas as propostas que lhes pareceram inadequadas ou potencialmente perturbadoras — tal como a participação feminina nos festivais oficiais — e tentaram restringir o festival a um longo desfile inteiramente militar.

Mas o evento sobrepujou as restrições impostas pelos oficiais. Milhares peregrinaram até Paris, onde pessoas de todas as classes — de mulheres burguesas em trajes de seda a operários comuns — trabalharam juntas e prepararam o Champs de Mars para a ocasião. Segundo o historiador britânico do século XIX Thomas Carlyle, foi "um verdadeiro trabalho de irmãos, confundindo ou abolindo todas as distinções",[28] e o mesmo entusiasmo harmônico prevaleceu por toda a nação. Em Paris, as pessoas não apenas compareceram ao desfile oficial de 14 de julho — que, em suas duas horas de duração, atemorizou até o enérgico revolucionário Camille Desmoulins — como organizaram suas próprias festas carnavalescas, paródias e danças nos dias que se seguiram. O historiador do século XIX Jules Michelet descreveu o ocorrido na cidade de Saint-Andéol:

> [As pessoas] corriam para os braços umas das outras e davam as mãos, em uma imensa farândola [um tipo de dança] que incluía a todos, sem exceção, e se espalhou pela cidade e pelos campos, pelas montanhas de Ardèche, em direção aos prados de Rhöne; o vinho escorria pelas ruas, mesas eram espalhadas, provisões eram divididas e todas as pessoas se juntavam à noite para celebrar essa festa do amor e louvar a Deus.[29]

Michelet foi acusado de romantizar a revolução, mas é provável que estivesse certo ao afirmar que, ao menos por alguns dias de festividade, no verão de 1790, "ninguém era mero espectador; todos eram atores".[30] Com o vinho e a comida que compartilhavam, com a dança que envolvia as cidades e se alastrava pelos campos, esse há de ter sido um dos melhores momentos em toda a história da humanidade para se estar vivo.

O extremo mais rígido do espectro festivo foi a Festa do Ser Supremo, de 1794, instigada pelo líder jacobino Maximilien Robespierre para se opor à Festa da Razão que a antecedeu e que, ele sentia, havia sido demasiado ateísta. Houve uma longa procissão, conduzida pelo próprio Robespierre em trajes impecáveis — para ele não era apropriado o estilo proletário dos *sans-culottes* — e incluindo batalhões de crianças e mães com bebês de colo, além de, em algumas cidades, representantes de diversas atividades marchando com suas ferramentas nas mãos. Houve instrutivos *tableaux vivants*, retratando, entre outras coisas, a família francesa ideal. Houve alguma cantoria de músicas patrióticas francesas, uma saudação de artilharia e um total de três discursos de Robespierre, que provocaram alguns resmungos e gargalhadas da multidão. Com tudo isso, enfatiza Ozouf, não houve espaço para a criatividade individual: "Tudo era regulado nos mínimos detalhes. (...) Passavam-se instruções de como devia ser arranjado o cabelo das garotinhas, que buquês de flores tinham de ser entregues a elas, onde a roseta devia ser amarrada."[31]

Os festivais da Revolução Francesa, com suas mensagens políticas variadas e muitas vezes conflituosas, provavelmente podem ser melhor entendidos como um meio, e não como eventos ligados a uma única campanha de propaganda. Não havia televisão, é claro, no final do século XVIII, não havia rádio e a indústria de jornais era apenas nascente (embora discursos publicados circulassem muito). Para fazer qualquer tipo de mensagem chegar a grandes quantidades de pessoas, o melhor era reuni-las em locais fechados e apresentar discursos específicos, símbolos selecionados (por exemplo, alguma garota bonita que representasse a liberdade ou a Deusa da Razão) e interlúdios de músicas orquestrais. Na Revolução Francesa, elementos de todos os comícios nacionalistas e espetáculos bem-sucedidos foram reunidos — a parada ou procissão, a música, os discursos — e desde então têm sobrevivido à emergência de mídias eletrônicas poderosas, tornando-se inclusive conteúdo ocasional delas. Os comícios fascistas em Roma ou Nuremberg, a celebração do Jubileu de Prata da rainha britânica em 2002, uma comemoração de 4 de julho em qualquer pequena cidade norte-americana, tudo isso deve sua forma básica aos festivais da Revolução Francesa.

O militar como entretenimento

Uma faceta central dos festivais da Revolução Francesa, seja lá qual fosse seu sabor político, era o desfile militar acompanhado por músicas de marcha. A ideia das marchas militares como espetáculos de entretenimento remonta a muito antes da revolução; no final do século XVII, Luís XIV havia introduzido as manobras militares nos rituais de sua corte.[32] A Suíça, mais democrática, abriu os desfiles militares para o público geral nos anos 1760 — numa forma de "celebração patriótica" que Rousseau encorajou a França a reproduzir.[33] Isso os revolucionários fizeram com entusiasmo, como vimos, ajudando a desenvolver a procissão militar para que se tornasse um dos aportes centrais do nacionalismo.

O que fazia dos militares um espetáculo potencialmente edificante eram os treinamentos muito disciplinados introduzidos mais de dois séculos antes da revolução pelo príncipe holandês Maurício de Nassau. Teria tido pouco valor de entretenimento assistir às tropas desordenadas da Idade Média passando com dificuldade pelas ruas, mas os treinamentos haviam produzido homens capazes de marchar em sincronia, com grande precisão, com ou sem acompanhamento musical. As marchas grupais transformaram a procissão militar em um evento excitante para muitos espectadores, apesar de estes estarem fadados à imobilidade nas calçadas ou nas arenas. Antes, os exércitos europeus contavam apenas com flautas e tambores como encorajamento musical; a banda completa para as marchas foi um implemento trazido do mundo muçulmano e só começou a ganhar a Europa no início do século XVIII. Na Turquia, os europeus foram buscar tambores graves, címbalos e pandeiros, assim como os efeitos visuais produzidos pela presença de músicos negros vestidos com turbantes de seda e uniformes coloridos e brilhantes, dando "uma pitada de exotismo oriental ao show", nas palavras do historiador Scott Myerly.[34]

Se o treinamento abriu a possibilidade para o desfile como espetáculo público, as guerras napoleônicas criaram a demanda para isso. Os exércitos de Napoleão herdaram o princípio central da Revolução Francesa: "o povo" já não estava sujeito a um rei, sendo constituído por cidadãos de uma nação. E o que era a nação? Como Benedict Anderson argumentou de maneira convincente, não uma população unida por laços de sangue, língua e tradições comuns, pois a muitas regiões que aspiravam o status de nação — como a Itália e a Alemanha no século XIX — faltavam algumas ou todas essas fontes de unidade. Antes de crescer "naturalmente" em função da geografia e da genética compartilhadas, uma nação requeria esforço para ser criada. Era, e continua sendo, uma *ideia* mística de unidade, uma coletividade imaginária definida por certos símbolos (a bandeira, por exemplo), monumentos, experiências em comum (de revolução ou guerra, entre outras) e até mesmo por músicas. Como parte do que hoje podemos chamar de esforço de "construção de uma nação", os jacobinos convocaram compositores para que criassem novas músicas marciais para os festivais patrióticos. O interessante é que não foi a canção revolucionária "Ça Ira"(Vai dar certo), popular, contagiosa e dançante, que o governo francês escolheu como hino nacional em 1795, mas "La Marseillaise", apropriada apenas para marchas.

O nacionalismo é o sentimento induzido por essa coletividade imaginada — ou, mais comumente, pelos símbolos que a representam —, um sentimento tão carregado de ideias de sacrifício e transcendência espiritual que especialistas muitas vezes o relacionam à religião. Que outro ritual seria mais apropriado para essa nova "religião" do que aquele que podia inspirar, ainda que brevemente, fortes sentimentos de ligação com os compatriotas? Esse havia sido o objetivo, é claro, dos festivais oficiais da Revolução Francesa. Despidos da parafernália revolucionária — a récita de juramentos patrióticos, os carros que levavam garotas representando a liberdade —, o que restava dos festivais revolucionários era a parada militar, e foi esse espetáculo ameaçador que as guerras napoleônicas popularizaram Europa afora. Como Myerly observa, no rastro das guerras napoleônicas, os espetáculos militares tornaram-se "um importante tipo de entretenimento" na Inglaterra, competindo com encontros anteriores, mais participativos e menos marciais.[35]

Para fazer jus a seu novo status de atores, os soldados começaram a se vestir conforme o papel exigia. Antes do século XIX, havia sido difícil impor uniformes, principalmente porque os exércitos eram formados sobretudo por mercenários, que viam nos uniformes um sério obstáculo à deserção. Depois das guerras napoleônicas, os uniformes se tornaram quase universais não apenas porque tinham funções militares, como distinguir um lado do outro. Na verdade, os botões muito polidos que brilhavam nos uniformes do século XIX podiam fazer de um soldado um alvo fácil, mas essa desvantagem aparentemente importava menos do que as considerações de figurino, pois esses homens podiam passar mais tempo marchando para o público do que nos campos de batalha.

Naturalmente, os homens mais em destaque eram os oficiais, com uniformes reluzentes e coloridos e chapéus extravagantes. No Musée de l'Armée, em Paris, ainda hoje podem ser encontrados capacetes dos oficiais do século XIX e chapéus de pele de urso com penas, que podiam aumentar a altura de um homem em 30 centímetros ou mais. Essas roupas não eram apenas incômodas e perigosas nas batalhas; de vez em quando podiam até atrapalhar os espetáculos que estavam destinados a embelezar. Myerly conta que, "quando estava usando o quepe de pele de urso dos guarda-costas principais, que chegava a 60 centímetros de altura com suas enormes penas de cisne, em pleno desfile, (...) o Duque de Wellington foi derrubado de seu cavalo por uma rajada de vento em frente a dezenas de milhares de espectadores e soldados".[36]

A Grã-Bretanha abraçou os espetáculos militares com tanto entusiasmo quanto os franceses. Um desfile militar de 1811 em Wimbledon atraiu 200 mil espectadores para assistir a 20 mil soldados em marcha; outro, de 1830, em homenagem ao rei, moveu multidões "tão imensas que não podem ser contabilizadas ou descritas".[37] Além desses espetáculos militares deliberadamente encenados, até tarefas corriqueiras como a troca de guarda começaram a atrair público. "Todos somos soldados, de um jeito ou de outro", observou um advogado de Edimburgo na ocasião de uma batalha em 1803. "O desfile e as marchas eram o cerne dos pensamentos e das conversas dos homens."[38] As mulheres também se sentiam atraídas pelo espetáculo de jovens oficiais muito bem uniformizados montados em cavalos; todos reagiam às músicas marciais, que, como notou um espectador, "fazem o corpo pulsar e ativam a imaginação".[39] Mesmo o socialista Robert Blatchford louvou os treinamentos públicos dos militares por estimularem um senso de solidariedade entre os espectadores, "um sentimento de força por meio da unidade e do *esprit de corps*", embora não tenha deixado de observar de maneira azeda que "na verdade esse senso de solidariedade é dirigido não pelos cidadãos, mas pelo Estado".[40]

De modo superficial, pode-se até pensar os espetáculos militares como um tipo de Carnaval. Havia "fantasias" — na forma de uniformes, que no caso das tropas suíças derivavam de um tipo de fantasia carnavalesca de arlequim. Havia "dança", ou ao menos movimentos conduzidos por música — na forma de marchas — e até hoje a interseção entre marcha e dança pode ser exemplificada, nos EUA, pelos treinamentos que resultam em coreografias apresentadas em eventos especiais. No entanto, o espetáculo militar representa uma forma estranhamente invertida de Carnaval: enquanto o objetivo do Carnaval é zombar de todos os tipos de hierarquia social, o espetáculo militar pretende apenas reforçá-los.

Controle por espetáculo

Quando jovens, Hitler e Mussolini haviam sido bem preparados para a tarefa de aperfeiçoar os espetáculos nacionalistas dos séculos XVIII e XIX. Ambos haviam participado da Primeira Guerra Mundial e se impressionado muito com o poder eletrizante dos espetáculos e desfiles militares, e também estavam familiarizados com as teorias de Le Bon. Se a partir das ideias de Le Bon eles estavam alertas, como futuros ditadores, para a loucura e imprevisibilidade das massas, isso não podemos saber, mas o caso é que ambos se apropriaram dos pensamentos de Le Bon sobre "os líderes das massas e seus meios de persuasão".[41] A própria irracionalidade da multidão, Le Bon havia afirmado, fazia com que ela ficasse nas mãos "dos homens de vontade forte, que sabem se impor sobre ela".[42] Apenas por meio de truques demagógicos — como a repetição constante de ideias simples — o líder podia moldar grandes quantidades de pessoas à sua vontade. Ignorando, como de costume, o fato de que as massas da Revolução Francesa, seu exemplo primário de insanidade coletiva, lutavam por sua liberdade, Le Bon insistia que "não é a necessidade de liberdade, e sim de servidão, que sempre predomina na alma das massas. Elas estão tão propensas à obediência que instintivamente se submetem a quem quer que se declare seu mestre".[43] Isso deve ter sido uma ótima notícia para os aspirantes a ditador, desde que pulassem a passagem em que Le Bon observava que os homens que ascendem ao poder manipulando o que ele via como massas provavelmente costumam ser "nervosos mórbidos, pessoas excitáveis e meio desarranjadas que beiram a loucura".[44]

Na verdade, nem Hitler nem Mussolini chegaram ao poder pelo tipo de manipulação que preocupava Le Bon — outro argumento contra aqueles que veem uma conexão inevitável entre a excitação coletiva e a perversidade fascista. Manipulações violentas do *menu peuple* haviam sido decisivas na Revolução Francesa, mas a violência que exerceu papel central na ascensão do fascismo do século XX foi a exercida pelas forças paramilitares fascistas — as *Freikorps* e os camisas-marrons na Alemanha, os *arditti* e os camisas-negras *squadristi* na Itália —, que esmagaram a oposição socialista e intimidaram a população geral de suas respectivas nações. Líderes de oposição foram espancados ou assassinados, seus escritórios foram bombardeados, suas manifestações, atacadas por agressores organizados.

Para Hitler e Mussolini, os comícios de massa não eram apenas um meio de mobilizar a população para o esforço de guerra, mas um meio de governá-la. Não havia, é claro, nenhum traço de democracia na Alemanha e na Itália totalitárias, mas isso não significava que os ditadores podiam ignorar por completo o povo — como haviam feito, por exemplo, os reis Bourbon, antes de 1789, governando a França como se fosse um Estado privado. Se a Revolução Francesa deixou uma grande lição para os futuros regimes, foi a de que "o povo" tinha de ser estimulado a se identificar com o Estado, mesmo no caso de um Estado em que não exercia qualquer influência. As novas mídias — o rádio e o cinema — ajudavam a propagar a mensagem fascista, mas não a transmitir um senso de envolvimento direto e pessoal. Essa era a função dos comícios de massa: criar um tipo de participação substitutiva. Os soldados marchavam para demonstrar o poder do Estado; o ditador falava, talvez anunciando as novas políticas; e o povo reunido aclamava, registrando assim sua aprovação sem qualquer meio de expressão mais incômodo e potencialmente decisivo como o voto.

Por isso a necessidade de comícios frequentes e regulares, marcados de acordo com o novo calendário de feriados nacionalistas.

Ninguém, até onde sei, totalizou o custo desses comícios, mas deve ter sido enorme, começando pelos gastos envolvidos em conceder à maioria da população um dia sem trabalho. Quanto à frequência, Lindholm comenta que Hitler almejava "converter toda a Alemanha em um gigante e permanente encontro de massas, esperando por sua aparição eletrizante".[45] Na mesma linha, um contemporâneo descreveu os comícios de Mussolini como "a principal indústria da Itália fascista".[46] As *piazzas* das cidades italianas e as praças centrais das germânicas — que antes haviam sediado as vigorosas festividades dos feriados religiosos — tornaram-se cenário para os novos espetáculos nacionalistas, tendo como pano de fundo obrigatório as antigas ruínas romanas (na Itália) e os recém-construídos monumentos nacionalistas (em ambos países).

Da mesma maneira que os jacobinos, os nazistas e os fascistas desaprovavam formas alternativas de celebração e entretenimento. Os nazistas, em uma medida famosa, baniram o jazz, irritados com o que para eles constituía um ritmo racialmente inaceitável.

> De modo algum serão tolerados os excessos negroides no ritmo (chamado *hot-jazz*) ou nos solos (chamados *breaks*); as chamadas composições de jazz devem conter no máximo 10% de síncope; o restante deve consistir no fraseamento natural do legato, sem as inversões rítmicas histéricas que caracterizam a música das raças bárbaras e que induzem a instintos sombrios, estranhos ao povo alemão (chamados *riffs*).[47]

Tradicionais, os entretenimentos cristãos apresentavam ainda mais dificuldades para eles, pois podiam ser vistos como parte legítima da herança ariana. Um artigo de 1939 no jornal do partido nazista mostra a aflição com relação ao Natal.

Pelo costume popular e do ponto de vista do povo, o Natal pode ser visto como um festival de nossa terra natal (...). Mas, se fazemos isso, temos que perceber que o feriado de Natal, como seu respectivo festival, é mais do que uma data do calendário apropriada para os entretenimentos baixos. Não podemos alcançar nossos objetivos ao estilo dos clubes anteriores à guerra com suas "noites variadas", sorteios e a sempre tão popular farsa militar. Nem mesmo se "Bananini, o mágico" ou "Boca de Urso, o engolidor de facas", fizessem aparições de honra.[48]

Enquanto a atitude oficial nazista em relação aos feriados tradicionais era de tolerância, por trás dos panos o partido tentava desestimulá-los. Como observa Michael Burleigh, "dias de festa, peregrinações e procissões religiosas eram um (...) ponto crítico entre os fiéis e os nazistas, especialmente nas regiões católicas".[49] Com certa malícia, os nazistas marcavam as atividades compulsórias da Juventude Hitlerista nas mesmas datas dos eventos da Igreja, ou dificultavam o comparecimento cancelando os trens de ida e volta para os locais das festividades religiosas.

Não tendo passado pela Reforma, a Itália tinha uma tradição mais robusta de festividades com as quais os fascistas se preocupavam. Em 1926, Mussolini declarou que era "tempo de dar um fim a tais cerimônias, assembleias e festivais", citando a falta de "seriedade" delas. Um ano depois, baniu oficialmente "qualquer cerimônia, manifestação, celebração, aniversário e centenário, assim como os discursos de qualquer tipo", exceto os dele, é claro.[50] Ao que parece, essas proibições não eram de todo efetivas, pois em 1932 o secretário do partido fascista Achille Starace baniu "festas de gala" e de Réveillon, que careciam de seriedade e desprezavam o fim de ano oficial dos fascistas, que acontecia no dia 29 de outubro. Ecoando os calvinistas do século XVII, ele fez um apelo contra a participação em banquetes e proibiu as tentativas das pessoas de humanizar os comícios de massa utilizando-os como ocasiões propícias para dançar: não podia haver qualquer dança nos eventos fascistas.[51] Alguns festivais rurais tradicionais eram permitidos, desde que fossem conduzidos de maneira "saudável" — ou seja, desanimada — e estivessem "permeados pelo simbolismo fascista".[52] A celebração pela colheita das uvas, por exemplo, devia ser "muito similar àquela dos romanos, que" — declarava o jornal da juventude fascista — "não admitiam influências bárbaras em seus rituais e não aprovavam qualquer contaminação orgiástica no alegre festival de colheita das uvas".[53]

A ostensiva preocupação de Mussolini era de que as festividades extraoficiais pudessem tomar tempo demais e "saciar" o público.[54] E por que, poderia ponderar um bom fascista, o público iria querer qualquer outra fonte de excitação coletiva além daquela que o Estado oferecia? Tanto Hitler como Mussolini tinham visões grandiosas do impacto psicológico de seus espetáculos, que acreditavam estar à altura das epifanias religiosas. Idealmente, nelas o espectador devia experimentar uma completa perda de si e uma submersão na coletividade — a *volk*, a nação. Na Itália, as lideranças do partido fascista procuravam forjar as massas até que se tornassem "um todo orgânico", o que, em sua retórica, parecia mais uma substância homogênea do que uma coleção de indivíduos.[55] Hitler era tão explícito a respeito da necessidade de fundir o público até que formasse uma unidade singular, e acerca do efeito agradável que essa transformação exerceria sobre o indivíduo: "Não haverá rebeldia ou espaço livre em que o indivíduo pertença a si mesmo. (...) Foi-se o tempo da felicidade individual. Pode haver felicidade maior do que um encontro nacional-socialista em que oradores e público sentem-se como um só?"[56]

Mas a existência desses supostos prazeres dos comícios de massa não significava que se podia confiar que os espectadores seguiriam seus impulsos mais sutis. Os comícios eram acompanhados por grandes forças policiais e eram programados em cada detalhe; muitas vezes o comparecimento era compulsório: "Nenhum cidadão tem permissão para ficar em casa", insistia um oficial nazista em Northeim.[57] Um biógrafo de Hitler, John Toland, conta que os membros do partido que participaram do comício de Nuremberg, em 1934, haviam sido "cuidadosamente selecionados com meses de antecedência, cada um tendo um número, um vagão específico, um assento específico nesse vagão e uma cama específica no vasto acampamento próximo a Nuremberg".[58] Nas celebrações anteriores ao nazismo pelo Dia do Trabalho, era em desordem que a multidão "perambulava, cantando e fazendo discursos", mas no Dia do Trabalho de 1933, já sob o comando do regime nazista, os participantes da classe operária "observaram exemplarmente uma disciplina semelhante à das fábricas, arranjando-se em grupos e linhas e seguindo orientações, sinais e cordões de isolamento: I, II, III, IV..."[59] Na Itália, "ordem e pontualidade dominaram os eventos, estruturados em torno da chegada e da partida de Mussolini nas estações de trem".[60] Mesmo a vestimenta dos espectadores era determinada: não podia haver "roupas festivas" e, ao menos para os homens, a emblemática camisa preta dos fascistas era recomendada. Além disso, o partido Fascista definiu que todas as cerimônias deviam ser "marcadas pela maior austeridade e sobriedade possíveis. Por isso, banquetes e excessos nas recepções eram proibidos".[61]

Não é fácil medir o impacto subjetivo dos comícios nazistas e fascistas. Em primeiro lugar, os testemunhos não são confiáveis, em parte porque na análise final do fascismo os participantes dos comícios tendiam a subestimar as emoções que haviam vivido. E também porque os relatos da época escritos pela mídia dominada pelo Estado não são melhores, sem dúvida errando na direção inversa, exagerando o entusiasmo e a magnitude das multidões. O jornal *Il Popolo d'Italia*, por exemplo, ofereceu uma narrativa tipicamente ufanista sobre um comício fascista de 1932:

> Esquadrões de aviões voam em círculos cada vez mais curtos no alto, como se coroassem a esplêndida assembleia.
> A multidão nunca se cansa de acompanhar essas manobras, e o trovejar dos motores se mescla ao ressoar das fanfarras e às canções dos fascistas. Enquanto isso, a Piazza Venezia chega a sua ocupação máxima. O clamor da música e o constante *alala* [o canto fascista, que não tem significado] ensurdece a todos. As pessoas se deixam levar pelo imenso urro que pede a presença do Duque (...)
> A multidão continua crescendo. A praça está tomada, 50 mil pessoas estão ali à espera de Mussolini, 50 mil gritam seu nome (...)
> As bandas começam a tocar a "Giovinezza". As bandeiras se erguem. Mussolini! (...) "Duque! Duque!" O grito se multiplica infinitamente ao ressoar da música.[62]

Tampouco podemos confiar em *O triunfo da vontade*, editado especialmente para fornecer determinada amostra de imagens do comício de Nuremberg de 1934. Riefenstahl mostra apenas rostos vívidos, sorrindo exultantes — nenhuma criança mal-humorada ou espectador com os pés doloridos.

Há evidências dispersas de que, ainda mais quando a novidade dos comícios se desgastou, muitos dos espectadores e mesmo dos participantes passaram a resistir a eles. Com base num estudo de bilhetes de trem, uma historiadora defende que as massas que assistiam aos comícios fascistas italianos não se reuniam espontaneamente, mas eram recolhidas pelo trem e transportadas para o lugar dos comícios "no intuito de fazer volume".[63] Outro historiador observa que, no caso italiano, "a persistente mobilização graças a rituais coletivos podia de fato ocasionar sentimentos de saciedade e impaciência em alguns".[64] Sabe-se que a muito alardeada performance de massa conhecida como "18BL" — ocorrida em Florença, em 1934, e contando com esquadrão aéreo, brigadas de vários setores militares e 50 dos novos caminhões da FIAT chamados 18BL — foi um fracasso, tendo um comentarista da época declarado com irritação que seu principal resultado teria sido criar "certa aversão por parte das massas em relação a esse tipo de espetáculo".[65] Enquanto isso, na Alemanha, no comício nazista por ocasião do Dia do Trabalho de 1933,

> apenas um pequeno grupo de espectadores se enfileirava pela rota da parada. Ao menos nesse Dia do Trabalho a natureza teatral da produção política nazista ficou clara demais. Para muitos observadores, ficou óbvio que as ruas eram um cenário armado, que os jalecos azuis eram meras fantasias, que os gestos e discursos estranhamente seguiam roteiros e que o público estava bem desanimado.[66]

O historiador Peter Fritzsche cita um trabalhador obrigado a marchar nesse evento: "quando o desfile passou perto de um banheiro público, disse a mim mesmo: 'aqui eu me escondo'. (...) Ao sair da fila, o cara que estava perto de mim me seguiu e, quando todos haviam passado, corremos de volta para casa."[67]

Quanto aos grandes comícios de Nuremberg, nos últimos anos alguns historiadores alemães têm enfatizado o "tédio e a banalidade" deles, além do fato de terem sido tentativas de manipulação. O Centro de Documentação oficial aberto no local dos comícios em

2001 mostra um lado dos eventos que, ou escapou ao olhar de Riefenstahl, ou foi cautelosamente omitido: o influxo de prostitutas que acompanhavam as paradas, assim como a alta incidência de doenças venéreas; a falta de banheiros públicos e a "imundície" dos poucos que estavam disponíveis.[68] E se o show em si era interminável e enfadonho, parece ter havido um alto consumo de cerveja em seus arredores. A polícia registrou a prisão de "líderes políticos" bêbados, pegos por atos de vandalismo contra uma fonte — talvez por sua utilização como mictório.[69] Depois de 1935, até o Partido Nazista começou a perder interesse pelos comícios, que não eram apenas caros, mas também pouco confiáveis com relação ao alcance dos devidos efeitos 'místicos': "Eram necessários ingredientes demais para criar a atmosfera certa para uma celebração de massa: um céu aberto de verão, (...) um público receptivo, um grande coro bem ensaiado ou uma marcha coreografada — e ainda assim uma pancada de chuva podia pôr tudo a perder."[70]

Podemos concluir, então, com algum grau de certeza, que os espetáculos nacionalistas da era moderna — dos festivais oficiais da Revolução Francesa aos comícios de massa dos nazistas e fascistas, nos anos 1920 e 1930 — foram substitutos miseráveis para as tradicionais reuniões festivas cujo lugar ocuparam. Esse fracasso não teve nada a ver com o conteúdo ideológico, que variou entre o esquerdismo radical da Revolução Francesa e o caráter vicioso e reacionário dos estados fascistas do século XX. Foi o meio que falhou: os desfiles intermináveis, as marchas das tropas, os discursos exortatórios. Seria possível argumentar que esse meio contém necessariamente sua própria mensagem — sobre poder, militarismo, a necessidade de o indivíduo ser inserido no coletivo — e que tal mensagem se tornou cansativa com o passar do tempo.

Avaliados apenas como um tipo de entretenimento, os espetáculos nazistas parecem ter errado o alvo. Eram, para começar, eventos inteiramente solenes. O Carnaval tradicional havia sido uma ocasião de humor subversivo, em que as formas habituais de autoridade podiam ser invertidas e na qual os poderosos podiam ser ridicularizados com tranquilidade, ao menos por alguns dias. Já nos eventos nacionalistas que analisamos neste capítulo, não cabia qualquer paródia do puritano Robespierre, por exemplo, e decerto nenhuma encenação de Hitler como "rei dos loucos", montado sobre um burro e passeando pelas ruas. Enquanto o Carnaval era alegre e irreverente, os comícios nacionalistas, em particular os nazistas e fascistas, eram celebrações da autoridade do Estado designadas a infundir a virtude no cidadão ou a inspirar pavor.

Será que alguns espetáculos nacionalistas poderiam ser mais bem planejados, talvez com mais cores, menos discursos, mais partes cômicas? Sim, com certeza, e a celebração do Jubileu de Prata da rainha Elizabeth, em 2002, nos concede um exemplo do que pode ser feito como espetáculo: havia os toques militares usuais — voos rasantes de caças, por exemplo — mas também uma considerável variedade de shows de música pop, de dançarinos vestidos com extravagância, de gestos que humanizam os monarcas. Ainda assim, por sua natureza, o espetáculo oferece uma experiência inerentemente mais limitada do que um evento participativo. Nos carnavais do final da Idade Média, por exemplo, todos tinham um papel a desempenhar e uma chance de se distinguirem como indivíduos pelo brilho de suas fantasias, a graça de suas piadas ou o talento como dançarinos e atletas. Cada um comparecia para ver e também para ser visto. Em eventos inteiramente planejados como um espetáculo, toda a criatividade é investida no espetáculo em si, não restando espaço para qualquer inventividade dos espectadores. Eles não estão ali para serem vistos a não ser como parte da massa inerte. Toda a atenção está focada num ponto central: o desfile, o orador, a comoção que antecede a chegada do chefe de Estado.

Mas não temos que nos limitar a fazer inferências sobre os limites e frustrações desses espectadores em comparação com as formas de participação mais físicas: apenas uma geração depois dos comícios de massa dos anos 1930 e 1940, alguns jovens, no coração do mundo ocidental pós-festivo, rebelaram-se contra a imobilidade exigida do "público" e, contrariando todas as expectativas, começaram a reviver a antiga tradição da festividade extática.

10

A rebelião do rock

O que foi reprimido, não importa quão forçada e cuidadosamente, muitas vezes encontra maneiras de voltar à tona. No final dos anos 1950 e início dos 1960, a cultura anglo-americana foi arrebatada por um surto de "histeria" ou "mania" descrito por observadores alarmados como obsceno, perturbador e até criminoso. Nem os EUA nem a Inglaterra pareciam, em meados do século XX, o cenário provável para esse comportamento irrefreável. Ambas as sociedades carregavam o pesado fardo do legado puritano do século XVI; cada uma havia contribuído para a supressão das tradições festivas e extáticas entre os povos colonizados — ou, no caso dos norte-americanos, escravizados. Mas pode ter sido exatamente esse sucesso em expugnar tradições extáticas "estrangeiras" que aumentou a vulnerabilidade desses países ao chamado, quando ele veio, para levantar-se, mover-se, dançar e gritar.

No início, a rebelião do rock se manifestou como uma simples recusa a ficar parado e respeitar qualquer um que insistisse que essa era a postura adequada. Onde quer que a "nova" música fosse tocada

— e era nova ao menos para a maioria das pessoas brancas — garotos e garotas saíam pulando de seus assentos e começavam a cantar, gritar e a se comportar de uma maneira que as autoridades em geral avaliavam como "bagunceira". A maior parte desses incidentes, de acordo com o livro *Anti-rock: The opposition to rock'n'roll* (Anti-rock: a oposição ao rock-'n'-roll), de Linda Martin e Kerry Segrave, "envolvia apenas jovens dançando nos corredores dos teatros ou em suas poltronas e batendo os pés, aplaudindo, gritando muito — em suma, divertindo-se. As autoridades pensavam que o público devia permanecer quieto e sereno, talvez aplaudindo um pouco apenas no final da apresentação".[1] Em 1956, as apresentações de Bill Haley & His Comets, que naquele momento era a banda de rock mais famosa do mundo, provocaram um "surto nacional de dança nos corredores, canto nas ruas e hostilidade deliberada contra diversas figuras de autoridade".[2] Tanto na Inglaterra como nos EUA, os administradores dos teatros e das casas de espetáculos onde os grupos de rock se apresentavam eram intimados a controlar os "desordeiros", de maneira que os shows de rock passaram a ser um tipo de ritual cômico e vulgar: os jovens se levantavam e começavam a dançar nos corredores; a polícia os perseguia e os sentava de volta em seus assentos; os jovens levantavam-se de novo.

Ao longo da década de 1960, os shows de rock também costumavam sediar conflitos entre jovens fãs e a polícia. Membros do Jefferson Airplane reclamavam que, "assim que os garotos se levantavam para dançar nos corredores, os policiais desligavam os amplificadores".[3] As apresentações dos Rolling Stones invariavelmente acabavam em "confusão", e o chefe de polícia de Vancouver, por exemplo, reclamava que um dos shows da banda havia exigido a "mais prolongada tolerância física que já vi a polícia confrontar em 33 anos de serviço". Em Vancouver, como em outras cidades, a polícia começou a exigir e a assumir total controle sobre as cortinas, a iluminação e o sistema de som nos shows de rock.[4] O público reagiu com um comportamento ainda mais "desordeiro", como subir no palco ou contra-atacar a polícia com extintores de incêndio e arremessando objetos. Jim Morrison, do The Doors, culpou os policiais: "Se não houvesse policiais aqui, será que alguém tentaria subir ao palco? (...) O único incentivo para subir é o fato de haver uma barreira."[5] As barreiras de todos os tipos só serviam para provocar os fãs, que queriam ter liberdade de movimento e uma autoexpressão física que horrorizava o mundo adulto — uma chance de se misturar uns com os outros, de se mover ao ritmo da música e em seguida se afirmar nas ruas, para além do âmbito das apresentações.

É claro que os músicos de rock tinham certa responsabilidade pelo comportamento desregrado dos fãs, nem que fosse pelo fato de também se moverem — dançando e pulando ao som de sua própria música de uma maneira que chocava e ofendia os observadores mais velhos. Cantores pop como Eddie Fischer também haviam se movido no palco, mas de uma maneira convencional e operacional — batendo a palma da mão no peito ou erguendo os braços para cima. Uma boa parte do frisson do início do rock se devia aos movimentos rítmicos e muitas vezes com conotação sexual dos cantores — mover os quadris, colocar a pélvis para a frente, sacudir os ombros, pular e cair no chão, "fazendo rock", enfim, numa maneira de anunciar que a "nova" música era inseparável dessa movimentação criativa, livre e ritmada.

Entre os cantores, Elvis Presley foi o pioneiro nessa expressividade física, tendo feito com que o programa de televisão de Ed Sullivan, voltado para as famílias, censurasse a parte de baixo de seu corpo não mostrando-a na tela. Bo Diddley, um músico negro, não teve tanta sorte. Seu contrato de 1958 com uma rede nacional de TV estipulava que ele tinha de cantar sem se mexer, de maneira a "preservar a decência". Uma vez no ar, ele esqueceu a regra ou, mais provável, simplesmente achou impossível separar seu corpo da música e teve de pagar uma multa alta.[6] Little Richard provavelmente só conseguiu permissão para seus saltos e subidas no piano graças à sua figura meio maníaca e aparentemente assexuada.

Porém, muitas vezes, era o público quem roubava a cena, até para consternação dos próprios músicos. O historiador do rock James Miller conta que, quanto melhor ia ficando Elvis Presley em suas performances, menos tempo ele acabava tendo para executá-las. "O problema era o tumulto que ele provocava, que já havia se tornado rotina." Descrevendo um show de 1957, o jornal *St. Louis Post Dispatch* relatou que "Presley agarrou o microfone e andou de um lado para o outro com certa perturbação, esperando que o barulho diminuísse um pouco".[7] Alguns anos mais tarde, os adolescentes fanáticos pelos Beatles de fato silenciavam seus heróis com berros frenéticos. Durante turnê pelos EUA, em nenhum momento o grupo conseguiu se fazer plenamente audível em meio aos gritos, o que fez com que seus integrantes abandonassem o palco em um show de 1966, apenas dois anos depois de sua primeira aparição no país.

No final dos anos 1960, os cantores de rock começaram a negociar os ajustes de sua própria segurança com os administradores das casas de espetáculos, em parte por medo de serem esmagados pelos fãs se estes decidissem tomar de vez o palco. Mesmo o calmo e cerebral Grateful Dead acabou ficando "farto do comportamento descontrolado dos fãs" e distribuiu um folheto para os espectadores proibindo as invasões, o arremesso de garrafas, a derrubada de grades e a "choradeira" por ingressos de graça.[8] Quando se tratava de rock, os jovens já não estavam dispostos a aceitar a forma convencional de espetáculo, em que grandes quantidades de pessoas devem permanecer sentadas e em silêncio enquanto uns poucos e talentosos tocam.

A revolta do público

A rebelião do rock pode ser interpretada de muitas maneiras. Foi uma insurgência da geração pós-guerra, entediada e reprimida pelas demandas ainda existentes em conformidade com o estilo de vida, nas opiniões e na aparência. Foi um desafio à segregação racial que dividia não só as comunidades, mas a música, que podia ser "pop" (para os brancos) ou "étnica" (para todos os outros). No transcorrer dos anos 1960, essa rebelião alimentou uma contracultura muito difundida, que em troca ajudou a animar um movimento político de reação à guerra e às injustiças sociais.

Mas a rebelião do rock também foi algo mais simples e menos ostensivamente "político" — uma rebelião contra o papel instituído à *plateia*. Na história das festividades, a grande inovação da era moderna havia sido a substituição de velhas formas mais participativas de festividade por espetáculos em que a multidão serve apenas como público. Nos dois séculos que precedem o século XX, mesmo os públicos tinham sido domados com sucesso. Se voltássemos à França e à Inglaterra dos séculos XVII e XVIII, encontraríamos, por exemplo, plateias de teatro bastante descontroladas, interrompendo os atores com seus próprios comentários, circulando durante as apresentações ou até sentando no palco no meio do espetáculo. No final do século XVIII, as ideias aristocráticas de decoro — junto com a inovação dos lugares marcados — fez com que passasse a haver, segundo o sociólogo Richard Sennett, "uma certa apatia no teatro. Não havia mais gritos vindos da plateia, ninguém mais comia durante as peças. O silêncio no teatro parecia diminuir o prazer de assistir à peça".[9]

O que faltava ao novo papel do público era algum tipo de envolvimento muscular para além do aplauso eventual, e essa proibição se estendia também às performances musicais. A partir do século XIX, todas as formas ocidentais de música passaram a ser consumidas por plateias imóveis. Nas paradas militares, por exemplo, a música marcial podia ser agitada e os próprios soldados podiam sentir os prazeres da sincronia rítmica, mas o bom espectador — em oposição ao exibicionista ocasional — tinha de ficar totalmente parado e, exceto ao se estirar para ver melhor, obstruir o mínimo possível. Os concertos se tornaram o cenário mais comum para as apresentações musicais, e neles o papel do público era ficar sentado em silêncio e conter todos os impulsos. Até as formas mais discretas de dança — tamborilar os pés ou mexer a cabeça — podiam perturbar os demais ouvintes; os membros da plateia tinham aprendido a se conter em um estado de atenção congelada.

O estado de assimilação imóvel de uma plateia requer esforço, ainda mais quando a apresentação envolve os movimentos rítmicos dos outros. Como vimos no Capítulo 1, pesquisas recentes em neurociência sugerem que os mecanismos neuronais subjacentes à percepção do movimento de outra pessoa estão diretamente relacionados à *execução* desse movimento por parte de quem o percebe.[10] Ver um homem marchando ou dançando, balançando o corpo ao tocar um saxofone ou simplesmente mexendo os braços para reger uma orquestra é preparar-se internamente para participar da marcha, da dança, do balanço, do movimento. Crianças imitam as ações dos outros de maneira automática; com a idade, adquirem a habilidade de inibir esses impulsos imitativos. De modo que o membro bem comportado de uma plateia — que não bate os dedos ou mexe a cabeça ao ritmo da música — não está exatamente descansando; está realizando um tipo de trabalho, o trabalho interno e silencioso da inibição muscular.

O rock em geral recebe o crédito — ou é tido como culpado — por desafiar a inibição *sexual*, como nas palavras de um escritor que define o rock como "a liberação de gerações de reprimidos sexualmente".[11] Nesse sentido, a música serviria apenas para transportar ao branco reprimido de classe média a sensibilidade sexual menos inibida dos afro-americanos. É indubitável que a cultura anglo-americana de meados do século XX era sexualmente repressiva — homofóbica, além de hostil ao sexo heterossexual. É incontestável, também, que a rebelião do rock tinha muito a ver com sexo, nem que fosse graças ao apelo irresistível, ao menos do ponto de vista das mulheres, de estrelas como o delgado Elvis ou os espertos e vagamente andróginos Beatles: eles representavam possibilidades românticas que iam muito além de namorar, dentro de um carro, algum dos jovens brancos de camisa cáqui desabotoada, tão comuns naquela época. Porém, há mais nessa história do que a repressão sexual e a revolta, talvez inevitável, contra ela. A cultura predominante da metade do século XX era também muito restritiva em relação ao movimento em geral, tivesse ou não algo a ver com sexo.

Entretenimento, por exemplo, significava sentar-se e assistir à televisão ou ir ao cinema. Ainda havia "carnavais", mas já não envolviam danças ou esportes, a não ser, digamos, jogar objetos em um alvo. Num Carnaval ou feira da metade do século XX, as máquinas faziam os movimentos por você; tudo o que os participantes tinham de fazer era sentar e deixar que a montanha-russa ou a roda-gigante propelisse seus corpos por uma rota predeterminada. Igualmente sedentária era a adoração religiosa na tradição protestante dominante, permitindo uma participação limitada no canto dos hinos. Também havia danças, é claro, mas antes da emergência do rock na cultura branca isso equivalia aos bailes — com suas valsas e foxtrotes coreografados que proporcionavam pouquíssima interação grupal e quase nenhuma variação individual. Até andar era um ato que se tornava obsoleto na suburbanização e na decorrente cultura do automóvel. Na época, é claro, ninguém calculou o preço que viria a ter todo esse sedentarismo rotineiro, na forma de obesidade e outros problemas de saúde.

Em meados da década de 1950, os esportes ainda ofereciam uma oportunidade para a expressão física, principalmente para os atletas e as animadoras de torcida. Em sua maioria, contudo, as pessoas eram apenas espectadoras, encorajadas a ficar de pé nas arquibancadas em eventos esportivos para comemorar alguma boa jogada, o resto do tempo deveriam permanecer sentadas. As restrições contra o movimento físico eram pesadas sobretudo para as garotas: além de quase não haver esportes escolares para elas, os que existiam, em geral com o patrocínio das igrejas e associações cristãs de moças, haviam sido modificados em suas regras para limitar a quantidade de movimentos envolvidos. Na versão do basquete oficial para mulheres, por exemplo, as jogadoras só podiam driblar duas vezes seguidas e estavam proibidas de cruzar correndo a linha do meio da quadra. Para as mulheres, até o sexo devia ser imóvel e passivo. Nos EUA, o livro mais vendido da época a respeito de conselhos matrimoniais alertava contra os "*movimentos*" femininos durante o sexo — sendo a ideia perturbadora o bastante para merecer o itálico.[12] Quando a atividade sexual chegava a ser descrita, era apenas em termos de "posições" estáticas.

Por isso, em grande medida, o apelo particular para as adolescentes da mania do rock. Elvis e especialmente os Beatles inspiravam um tipo de histeria de massa nas multidões de garotas brancas, que pulavam, gritavam, choravam, desmaiavam e às vezes até molhavam as calças na presença de seus ídolos. Para observadores adultos, a beatlemania era patológica — uma epidemia que tinha os Beatles como transmissores ou mesmo como "germes estrangeiros". Numa explicação particularmente ingênua, em parte irônica, proposta pela *New York Times Magazine*, em 1964, as garotas estavam apenas se "conformando" e "expressando seu desejo de obedecer". Elas queriam fazer parte da massa, o que, na opinião do autor, equivalia a serem "transformadas em insetos". Afinal, observava de maneira triunfal, já havia ocorrido antes a loucura das *"jitterbugs"** ("insetos nervosos") e "também os Beatles são um tipo de inseto".[13] Ex-beatlemaníacas, porém, contam que a experiência proporcionava uma sensação de poder e libertação. Reunidas na multidão, garotas que sozinhas podiam ser tímidas e obedientes romperam barreiras policiais, invadiram palcos e, é claro, por meio de suas ações, fizeram com que aquele grupo de quatro músicos acabasse se tornando a banda mais famosa e bem-sucedida de toda a história.

O rock teve esse impacto tão forte no final dos anos 1950 e início dos 1960 porque o mundo dos brancos em que se disseminou estava congelado e fragilizado — tanto pela imobilidade física quanto pelas repressões emocionais. Na cultura adolescente anterior ao rock, por exemplo, a postura exigida era *ficar frio*, expressão que conotava não apenas uma aprovação genérica, como hoje, mas também um tipo de apatia, de indiferença emocional, e um senso de superioridade. O rock, com suas exigências de participação física imediata e descuidada, abalou essa frieza, intimou o corpo a agir e tirou a mente desse isolamento e dessa contrição que vinham definindo a personalidade ocidental. Para o líder dos Panteras Ne-

---
*Jitterbugs, devotas da dança Lindy que, no final da década de 1920 e início da década de 1930, haviam passado por críticas semelhantes. De acordo com Katherine Sterne, "as *jitterbugs* eram fascinadas pelo poder dos negros, pela vitória negra, pelo júbilo, e isso as deixava excitadas e nervosas, fazendo com que a mídia criasse uma grande algazarra em torno delas, chamando-as de 'veneno', 'pragas' ou 'vítimas' de alguma infecção perigosa". (Conversa pessoal com a autora, 3 de fevereiro de 2006).

gras, Eldridge Cleaver, os brancos que eram fãs de rock só estavam tentando recuperar "seus corpos depois de gerações de alienação e existência desencorpada".

> Pulavam, giravam e balançavam seus traseiros mortos como zumbis petrificados tentando recuperar o calor da vida, reacender os membros mortos, o traseiro frio, o coração de pedra, dar às juntas rígidas, mecânicas e em desuso uma fagulha de vida.[14]

O rock e a tradição extática africana

É possível que, sem o fenômeno do rock, tivesse havido uma revolta da juventude na segunda metade do século XX. Como observou Daniel Bell, nos anos 1950, a cultura predominante norte-americana estava em equilíbrio instável entre seu legado puritano e o hedonismo estimulado pela cultura consumista que se disseminava. As pessoas eram impelidas a trabalhar pesado e a poupar, ao mesmo tempo que as propagandas conduziam a uma firme exortação para gastar e entregar-se ao aqui e agora. De forma similar, esperava-se que as investidas sexuais pré-maritais não fossem abaixo do pescoço, muito embora a cultura comercial já estivesse bastante sexualizada — embora ainda tímida para os padrões atuais. Essas contradições, ou exemplos de uma grosseira hipocrisia social, podiam acabar suscitando uma revolta cultural.

A contribuição do rock foi pesar decisivamente em favor do hedonismo e contra o velho mote puritano da "satisfação posterior". Em primeiro lugar, porque era um tipo de música — rítmica e pesada na percussão — que quase *demandava* uma resposta muscular imediata. Segundo, porque o tipo de dança que evocava — diferente das variações europeias da polca e da valsa — pegava emprestados alguns traços de uma tradição religiosa extática de muitos séculos de idade. No início, até os primeiros anos da década de 1960, as pessoas dançavam rock em pares, uma forma de dança originária da Europa do século XIX, utilizada sobretudo nos rituais de corte. À medida que o rock foi evoluindo, as pessoas começaram a se mover com mais liberdade, dançando sozinhas ou em filas ou círculos. Um podia se levantar e começar a dançar sozinho, outro o seguia, mulheres dançavam com outras mulheres, homens com homens, casais se dissolviam e voltavam a se juntar, até que todas as pessoas estivessem tomadas pelo ritmo.

Não restam dúvidas, entre especialistas, de que as contribuições negras como o jazz, a música gospel, o blues e o *rhythm & blues* têm raízes na música africana. As características comuns da música africana, afro-americana e de boa parte da caribenha — polirritmias, antifonias e a capacidade de repetição e de variação criativa — delineiam uma tradição musical singularmente ousada, que sobreviveu ao tráfico de africanos e a séculos de escravidão. Mesmo canções bastante estilizadas, como a famosa "Bo Diddley beat" — que inspirou cantores brancos como Elvis Presley, Buddy Holly, Mick Jagger e Bruce Springsteen —, podiam ser rastreadas como originárias do oeste africano, desta vez vindo por Cuba.[15]

E, como vimos no Capítulo 8, uma marca das tradições musicais derivadas da África é sua íntima conexão com a dança. Nas sociedades do oeste e do centro da África, de onde vinham os trabalhadores escravos, tocava-se música também para dançar, não apenas para se ouvir, e os próprios músicos muitas vezes dançavam enquanto tocavam seus instrumentos. A música e a dança africanas eram tão inseparáveis, que muitas línguas de lá carecem de palavras que distingam as duas atividades, embora possuam "vocabulários ricos para formas, estilos e técnicas".[16] Como talvez tenham percebido os policiais que tentavam manter a ordem nos primeiros shows de rock, esse ritmo faz parte de uma família musical à qual é quase impossível *não* reagir com danças ou com alguma outra forma de envolvimento físico.

No Caribe e no Brasil, as tradições africanas de música e dança encontraram nas novas religiões um bom lugar para se assentar, como o vodu e o candomblé, que misturaram elementos tanto do cristianismo europeu como das teologias africanas. Na América do Norte, contudo, as mesmas tradições foram preservadas dentro do âmbito da teologia cristã, que os escravos abraçaram em parte porque a adoração cristã era a única forma de atividade comunal que lhes era permitida além do trabalho nas lavouras.[17] Segregados dos adoradores brancos e ignorados pela maioria deles, os negros cristãos desenvolveram suas próprias formas de adoração baseadas nas tradições africanas de música e dança. Uma delas era a *dança sagrada*, circular, envolvendo "bater palmas, tamborilar os pés no chão e saltar", existente pelo menos desde o início do século XIX na Virgínia.[18] O padre de uma *plantation* escreveu que "a maneira de adoração era quase indescritível. Um certo êxtase de movimento acompanhava a cantoria, todos batendo palmas e sacudindo as cabeças".[19]

Nada semelhante a isso ocorria no contexto da adoração cristã desde que a dança havia sido proibida nas igrejas católicas europeias no século XIII. Outros relatos deixam claro que a dança circular envolvia não só um "êxtase de movimento", mas um êxtase espiritual, como nos rituais pagãos do oeste da África. O historiador Albert Raboteau afirma que a dança circular costumava ir até o ponto em que "o pregador saía de si, literalmente em êxtase, transcendendo tempo e espaço à medida que o ritmo do coro era reforçado pelo bater de mãos, pés e corpos e pela constante movimentação do círculo".[20] Um observador branco do século XIX ofereceu esta descrição da dança circular executada por escravos africanos:

Um por um, cada membro da congregação escapava para o centro da roda e começava a girar (isto é, a dar voltas, cantando e batendo palmas). Depois de um tempo nisso, o entusiasmo se convertia em frenesi e só restavam os homens e mulheres mais aptos — os fracos iam saindo um por um, voltando para as linhas de fora para aplaudir e estimular os que permaneciam.[21]

No final do século XIX, muitos afro-americanos recém-libertados buscaram certa respeitabilidade atenuando suas práticas religiosas — "tentando banir a dança circular, desencorajando a religião entusiástica e adotando hinos mais serenos".[22] Entretanto, conforme a religiosidade dos negros ia ficando mais moderada, seitas de *Sanctity* ("santidade") começaram a aparecer para celebrar as velhas formas extáticas de adoração, com "curas, profecias, glossolalia, possessão por espíritos e danças religiosas".[23] As igrejas que deram origem ao pentecostalismo inter-racial no início do século XX ainda deram o passo de incluir no âmbito das paróquias ritmos negros mais seculares, como ragtime, jazz e blues, além de instrumentos como bateria, pandeiros, saxofones e violões.

A música gospel, que surgiu nos anos 1930, era mais suave e profissional do que essas outras práticas, mas ainda convidava a uma participação física dos membros da congregação e mesmo dos músicos. "Não deixe o movimento sair da música", aconselhava Thomas A. Dorsey, líder de uma banda gospel. "A música negra exige movimento!"[24] Mahalia Jackson escreveu: "Quero que minhas mãos, (...) meus pés, (...) meu corpo inteiro diga tudo o que está em mim. Digo 'Não deixe o diabo roubar a batida do Senhor!' O Senhor não gosta que pareçamos mortos. Se você se sentir assim, bata um pouco os pés, dance pela glória do Senhor!"[25] Nos anos 1950, quando os direitos civis começaram a ganhar espaço em meio à segregação, e às vésperas da emergência do rock na cultura branca, intelectuais afro-americanos reivindicaram a tradição derivada da África da música religiosa e do movimento reativo não só como meio de expressão artística, mas como fundamental para a sobrevivência coletiva. Em *Juneteenth*, por exemplo, o romancista Ralph Ellison fez seu herói, o reverendo Hickman, declarar diante de uma multidão: "Mantenham o ritmo e assim manterão a vida. Mantenham o ritmo e não ficarão esgotados. Mantenham o ritmo e não se perderão. (...) Eles não conseguiram nos dividir graças à música. Porque, onde quer que nos levassem, batíamos os pés juntos."[26] Em tradições musicais que incluem a participação rítmica da congregação, quase não se pode dizer que a "plateia" se limita à função de espectadora. Como um especialista observa, "a barreira ocidental entre apresentador e plateia" havia sido rompida, dando lugar a "um evento comunicativo, inclusivo, comunal".[27]

Essa foi a herança do rock-'n'-roll: uma experiência participativa, enraizada nas tradições religiosas extáticas. Cantores negros de rock ou de *rhythm & blues* dos anos 1950 e 1960 — incluindo celebridades como Little Richard, Ray Charles, Aretha Franklin e muitos outros — reconheceram sua óbvia dívida em relação à música eclesiástica dos negros, muitas vezes transitando livremente entre músicas seculares e religiosas. Com a exceção de Elvis Presley, devoto da música gospel, os cantores brancos nem sempre eram tão polidos, em muitos casos simplesmente roubavam as músicas dos cantores negros, ignorantes de sua origem religiosa. Mas, de uma forma ou de outra, a corrente estava completa — dos rituais extáticos da África pré-cristã, passando pelas formas de adoração cristã dos afro-americanos e pelo *rhythm & blues* secular dos afro-americanos até chegar aos roqueiros, em sua maioria brancos, que inspiravam os jovens brancos a se "revoltar". As primeiras plateias de rock que bateram os pés e saltaram de suas poltronas para dançar estavam anunciando, com consciência ou não, o renascimento da tradição extática que vinha sendo reprimida e marginalizada pelos europeus e euro-americanos havia séculos.

Oposição, triunfo e declínio

A reação da elite cultural contra o rock foi imediata e quase universal. "Nenhuma outra forma de cultura...", escreveram os historiadores do rock Martin e Segrave, desconhecedores da supressão das culturas indígenas dos séculos XVIII e XIX por parte dos europeus, "enfrentou uma hostilidade tão extensiva."[28] Com o passar das décadas, a oposição ao rock do final dos anos 1950 e início dos 1960 foi adquirindo uma curiosa comicidade, mas na época era algo amedrontador para os produtores musicais, se não para os próprios cantores e fãs. Clérigos se uniram a psiquiatras para pedir o banimento da nova música, tão "obscena" e perturbadora. DJs juraram que nunca tocariam aquilo, chegando a queimar pilhas de discos demo para alardear seu compromisso com a "boa" música, em oposição ao novo "lixo" da moda. Como vimos, cidades inteiras mobilizaram forças policiais contra os fãs, e algumas fizeram tudo o que puderam para desencorajar a chegada de grupos de rock. Lideranças cívicas denunciaram o rock por incitar a delinquência juvenil, a violência e o sexo. Não surpreende, então, que as maiores gravadoras de discos tenham a princípio ignorado o rock'n'roll, deixando para as empresas menores e independentes a missão de testar a lucratividade da nova música.

O que ninguém reparava na época era como os comentários contrários ao rock ecoavam a linguagem que os europeus dos séculos XVIII e XIX haviam utilizado para denunciar os rituais extáticos dos "nativos" que encontravam em sua fase de expansão imperialista. Cientes da presença de raízes negras, os inimigos do rock o atacaram dizendo ser "música selvagem", "música tribal" e até, estranhamente, "canibalesca".[29] O regente da orquestra sinfônica da BBC opinou que o rock não era realmente novo porque havia sido "tocado na selva por séculos" — ignorando os séculos subsequentes de inovação afro-americana nos campos sulinos dos EUA. Referências similares a "selva" e "selvagens" apimentaram a retórica antirrock quando a importante publicação *Music Journal* defendeu que os adolescentes fãs de rock estavam "definitivamente influenciados em seu desregramento por esse retorno aos ritmos da selva. Ou de fato incitam os jovens a orgias de sexo e violência (como fazia o modelo entre os próprios selvagens), ou são utilizados como pretexto para a remoção de todas as inibições e para o completo desrespeito às convenções de decência".[30] Imagens de "selvagens" indisciplinados perdendo o controle sob influência de um ritmo envolvente reforçaram a ideia de que o rock era uma ameaça não apenas à ordem pública, mas à própria civilização. Para completar o paralelo histórico, alguns clérigos levantaram a possibilidade de o rock "converter jovens em adoradores do diabo".[31]

Em certo sentido, os críticos estavam corretos: o rock era muito mais do que um gênero musical; no meio da década de 1960, estava se tornando o ponto de convergência de uma cultura alternativa inteiramente apartada das *estruturas* dominantes (como as denominou o antropólogo Victor Turner) do governo, das corporações, da Igreja e da família. Transbordando dos teatros, o rock conduziu os fãs a locais mais expansivos e apropriados — "salões psicodélicos" iluminados por luzes estroboscópicas, e os festivais de rock ao ar livre de Monterey a Woodstock. Nesses cenários, os jovens começaram a reunir os antigos ingredientes do Carnaval: "fantasiavam-se" com calças jeans rasgadas e camisetas desbotadas, vestidões, plumas e cachecóis ondulados. Pintavam seus rostos e se perfumavam com patchuli. Tomavam cerveja e vinho, comiam alimentos vegetarianos e compartilhavam cigarros de maconha. Jovens ativistas contra a guerra, como eu, podiam tirar umas férias de seu trabalho habitual de persuasão e organização, porque a paz emanava no ar.

Os hippies fãs de rock haviam recriado o Carnaval, e para a maioria dos participantes os festivais de rock iam além de interrupções temporárias de vidas estúpidas e dedicadas ao trabalho. Esses eventos eram a fortaleza de uma nova cultura extática que viria a substituir a velha cultura repressiva — ou, como coloca James Miller, "uma utopia bucólica e cosmopolita, um mundo de liberdade benigna, inconformismo feliz e individualismo miraculosamente não possessivo, uma cidade-estado onde dançarinos de caras pintadas que coloriam livremente a multidão agora eram tão celebrados quanto a música de qualquer um no palco".[32]

Uma maneira de expandir o festival e torná-lo uma comunidade permanente era pegar a estrada e ir de um show para o outro. Os "deadheads", fãs do grupo Grateful Dead, formaram uma comunidade itinerante que seguia a banda de cidade em cidade em "vans velhas e ônibus escolares fora de serviço talhados de ferrugem e mobiliados com cortinas e colchões rotos. Nas janelas eram colados adesivos de caveiras e esqueletos dançantes, símbolos do grupo".[33] Um ex-deadhead descreveu seus colegas:

> Eu os via muitas vezes pelos campos, no Madison Square Garden ou em Boston, por todo o país até São Francisco e de volta para o leste. Encontrava coisas para amar nos estacionamentos e nos saguões das arenas. Estranhas e densas pirâmides de deadheads nus que se retorciam entrelaçados num êxtase alucinógeno assexuado. Garotos angelicais passavam horas de olhos abertos e dando risada no mesmo metro quadrado de asfalto. Garotas angelicais giravam no mesmo círculo fechado a noite inteira com pequenos sinos

badalando nos tornozelos. (...) Comida e bebida eram compartilhadas livremente, drogas e ingressos também. Você podia esperar encontrar as mesmas pessoas de cidade em cidade, nômades sujos que o encontrariam entre milhares de desconhecidos e o cumprimentariam com um entusiasmo verdadeiro.[34]

O sonho da contracultura de uma comunidade extática permanente incensou Victor Turner. Ele podia ver o paralelo entre as festividades do rock e os rituais extáticos de sociedades de menor escala; entendia o desafio do rock em relação à sociedade dominante, afirmando com certa crueza que "o rock é claramente uma expressão cultural do estilo *communitas* que surgiu como antítese do tipo de estrutura social burocrática 'quadrada' dos EUA em meados do século XX".[35] Porém, como vimos antes, Turner rejeitava a aspiração dessa cultura rock de substituir a cultura "quadrada" por um estilo de vida continuamente festivo. O êxtase comunal — ou *communitas*, como ele colocou — só podia ser "limiar", ou marginal e ocasional. Qualquer tentativa de transformá-lo em experiência diária seria destrutiva para a *estrutura* e, assim, para a civilização. É muito possível que esse desgosto em relação à contracultura hippie tenha ajudado a moldar suas teorias antropológicas, ou ao menos sua insistência de que o êxtase coletivo só pode ser consumido em doses medidas e agendadas.

A oposição ao rock persiste nos dias de hoje, mas de maneiras menos preconceituosas e, em alguns casos, mais sofisticadas em termos históricos. Políticos conservadores tendem a qualificá-lo como uma manifestação da "permissividade" dos "tóxicos anos 1960", quando os "valores tradicionais" foram supostamente minados pelo hedonismo e pela autoindulgência. Na ocasião da morte de Jerry Garcia, por exemplo, o jornal de direita *Washington Times* desqualificou o rock como sendo "apenas os sons que eles [o

Grateful Dead] fizeram em sua adoração a um hedonismo infantil que ainda infesta a cultura", e prosseguiu para dar voz à questão da "selva": o rock seria um lembrete de "como a civilização é sempre frágil, como a escuridão da floresta a circunda de muito perto".[36] Ou podemos encontrar no site do pastor David L. Brown um ataque ao rock por sua "sexualidade" e por seu "desregramento": "Mas esse não é o único problema! A batida do rock não é nada de novo. Tribos pagãs e animistas tinham a 'batida do rock' muito antes de ela chegar nos EUA. Usavam o ritmo para ficar 'loucos' e chegar a um estado alterado de consciência. (...) Como se pode ver, a batida 'é um veículo para a invasão do demônio'".[37]

O rock, é claro, sobreviveu para ver os primeiros inimigos engolirem suas palavras. Mais ainda, provou-se uma mercadoria muito lucrativa, capaz de enriquecer executivos de gravadoras e músicos, à medida que os shows já não puderam se ater aos teatros e tiveram de passar a estádios de futebol e a locais mais abertos em que eram organizados eventos verdadeiramente extáticos. O mercado falou mais alto: no final dos anos 1960, a música já não tão nova dominava. Tendo se tornado uma mercadoria de sucesso, o rock logo foi alinhado a outras mercadorias, como os carros e os serviços financeiros. O rock era, nos anos 1980, algo de que não se podia escapar, oferecido por milhares de emissoras de rádio, utilizado em propagandas, adaptado para chegar a uma forma amigável aos shoppings e tornar-se música de fundo para lojas como Kmart, Gap e Express. Ao mesmo tempo, foi ganhando matizes tão diversificados — ácido, disco, punk, heavy metal, alternativo, house, techno — que se tornou um alvo inatingível, por ser tão amplo e diluído. O rock e os ritmos que derivaram dele estavam por todas as partes, de eventos esportivos a igrejas; na verdade, a declaração recém-citada do pastor Brown era dirigida ao "rock cristão".

Com certeza a comercialização teve um efeito debilitante sobre o rock. A autoafirmação desafiadora de uma canção como "I can't get no satisfaction" perde-se por completo, por exemplo, quando passa a ser tocada como música de fundo de um shopping. Pior ainda, os negócios buscaram se apropriar da própria postura desafiadora, como quando, nos anos 1990, empresas da "nova economia" usaram o rock em comerciais para projetar como eram novas e legais, e para professar sua total intolerância em relação ao que fosse velho. Não há modo melhor de subverter uma revolução do que colocá-la a serviço dos lucros.

Deixando de lado seu emprego como ferramenta de marketing, a simples ubiquidade do rock pode ter ajudado ainda mais em sua domesticação, por cortar sua ligação direta com a participação física e o prazer coletivo. Se o rock pode ser ouvido em qualquer lugar, isso significa que será ouvido principalmente em lugares em que uma reação física é impossível. Haveria maneira melhor de amenizar os efeitos do rock do que forçar que seja ouvido em lugares como os shoppings, em que nenhuma reação é aceitável ou permitida? Como não se pode começar a dançar no meio de uma loja — ao menos não sem se arriscar à interferência de um segurança — aprende-se a cortar as conexões neurais que ligam a percepção do ritmo a sua expressão por meio do movimento muscular. Essa lição se repete em nossas vidas todos os dias: resistir à provocação do ritmo. Não importa quão tentadora seja a batida, você deve ficar parado ou permanecer sentado.

Mas algo aconteceu na rebelião do rock, algo cujos traços persistem não apenas na cena noturna atual, mas também nos lugares mais banais em que o rock foi adotado, como nas lojas e supermercados. O rock reabriu a possibilidade de êxtase, ou ao menos de uma alegria muito além de qualquer outra que a cultura do consumo podia oferecer. As drogas, em particular, a maconha e o LSD, contribuíram para reavivar a possibilidade extática; assim como a revolução sexual, que significou, nos anos 1960 e 1970, não apenas a exploração masculina como a exigência das mulheres de ter orgasmos. É claro que as pessoas continuaram procurando prazer nas compras, na bebida e nas formas pré-fabricadas de entretenimento que no máximo suscitam um envolvimento suave, mas ao menos, desde os anos 1960, é sabido que podemos muito mais do que isso.

O rock, sem dúvida, encorajou uma aceitação das drogas e do sexo, mas não precisava necessariamente desses recursos, funcionando do mesmo modo que as tradições antigas de êxtase coletivo alcançado apenas por meio da participação rítmica. O consagrado especialista Joseph Campbell afirmou sobre um show do Grateful Dead ao qual compareceu — bastante sóbrio, como podemos imaginar, já que era um conservador e um senhor mais velho: "Foi um festival realmente dionisíaco."[38] Dioniso havia brevemente se dignado a visitar a cultura de seus inimigos históricos e, de vez em quando, quando uma rádio mais tristonha se permite tocar "Layla", do Derek and the Dominos, ou "(I'm a) roadrunner", de Junior Walker and the All Stars, se torna possível imaginar que ele vá voltar.

11

A carnavalização dos esportes

Hoje em dia, para a maior parte das pessoas, é mais provável viver uma experiência de êxtase coletivo — se é que se chega a isso — não numa igreja, num show ou num comício, mas em eventos esportivos. Futebol americano, beisebol, basquete e hóquei nos EUA, e futebol no resto do mundo, são jogos que agora proporcionam o que o sociólogo Allen Guttmann chama de "ocasiões semelhantes às saturnais para a expressão desinibida das emoções rigorosamente controladas em nossas vidas ordinárias".[1] Num estádio ou numa arena, há décadas já se espera que o público levante de seus assentos, grite, gesticule e salte com as vicissitudes do jogo. Essa relativa liberdade de movimentos, combinada às aglomerações nas arquibancadas, cria aquilo que outro especialista em esportes, valendo-se da linguagem que Durkheim empregou para descrever os rituais religiosos extáticos, considera "uma efervescência interna do grupo que gera uma solidariedade comunal".[2] Um torcedor mexicano de futebol relata a experiência de perda de si na multidão: "Em algum momento você chega a sentir que não se importa com o que pode acontecer com você (...) Se alguma coisa despertasse um tumulto, eu ia querer participar. (...) Todos se tornam uma unidade, você não tem nenhuma responsabilidade."[3] E num site que oferece informações sobre turismo na Coreia, os arroubos emotivos dos torcedores locais são apresentados como uma das atrações do país.

> Não se pode ignorar a assustadora solidariedade que se reflete nos torcedores de rua coreanos. Unidos por um jogo, os coreanos ainda nos mostram o que é fazer parte de algo maior que o indivíduo, mesmo que você não consiga compreender exatamente o significado maior da gritaria que se cria em frente a um telão de estádio com milhares de espectadores.[4]

Um *significado* talvez seja algo equivocado a se exigir de um ambiente em que emoções coletivas poderosas são controladas pelos movimentos de uma bola. Uma razão para os eventos esportivos gerarem tanta excitação coletiva é o simples fato de já estarmos esperando isso deles e de sabermos que a expressão física dessa excitação — os gritos, os pulos etc. — é permitida e até incentivada. Os eventos esportivos podem ser pensados, de maneira distinta dos jogos em si, como um meio de gerar excitações coletivas. Uma excitação não inteiramente garantida, pois alguns jogos são monótonos e o time para o qual se torce pode perder, mas ao menos em certo sentido até mais eficiente do que muitas apresentações de rock: no show realizado em um teatro, todos olham na direção do palco e praticamente só veem a nuca dos outros espectadores. Os estádios, por sua vez, são ovais, de maneira que "o espectador se confronta com a emoção perceptível no rosto dos outros espectadores".[5] As pessoas podem dizer que estão ali para ver as equipes, mas o fato é que também querem ver uns aos outros e tornar-se parte de uma massa em que a excitação se constrói pela interação entre as diversas partes do estádio.

No início do século XX, além dos esportes, havia poucas instâncias que oferecessem animação comunal — as seitas religiosas extáticas eram marginais, ao menos nos países industrializados, e havia poucas festividades públicas com exuberância suficiente para competir com o drama da bola em movimento. Com o passar do século, os esportes se expandiram e aumentaram seu domínio sobre a imaginação pública, evocando redes bastante complexas de torcedores no Reino Unido e na América do Sul, invadindo e modificando a celebração de feriados tradicionais, como o Dia de Ação de Graças nos EUA. Já nos anos 1920, o jornalista Frederick Lewis Allen descreveu o esporte como uma "obsessão nacional" desse país.[6]

A partir da segunda metade do século, a crescente comercialização dos esportes alimentou outra explosão de crescimento, talvez mais dramática nos EUA: esportes televisionados passaram a ser realizados em horário nobre e, nos anos 1980, começaram a requerer dezenas de canais de TV a cabo para fornecer cobertura 24h por dia com jogos e comentários. Ao mesmo tempo, a possibilidade de assistir aos jogos de corpo presente começou a se difundir à medida que foi crescendo a capacidade dos estádios. Cento e um estádios foram construídos entre os anos de 1980 e 2003,[7] com uma capacidade média de 70 mil espectadores. Os antigos romanos haviam centrado sua vida cívica nas arenas, construindo uma em cada cidade que conquistavam ou construíam; os americanos parecem determinados a não ficar para trás, muitas vezes dando maior prioridade à construção de estádios do que a gastos rotineiros com serviços públicos como educação, o que inclui as escolas de esportes.[8]

Mas um espetáculo, mesmo aquele em que certo grau de brutalidade é tolerado, sempre tem seus limites. Nos anos 1950, comentaristas norte-americanos muitas vezes lamentavam a desaparição dos jogos de beisebol nos bairros, uma vez que as pessoas agora participavam do esporte de modo mais indireto, como espectadores, e não como jogadores. Se os fãs foram se cansando de seu papel relativamente passivo é difícil dizer; há poucos relatos em primeira mão da experiência dos fãs, a não ser os que são transmitidos pelos jornalistas esportivos, cuja profissão os insere impreterivelmente na indústria do esporte. A partir da década de 1960, no entanto, sobretudo no Reino Unido e um pouco mais tarde nos EUA, o público esportivo foi gerando formas novas e muitas vezes criativas de participação — mais ou menos como as plateias de rock que se recusavam a permanecer sentadas durante os shows. Os espectadores começaram a "carnavalizar" os eventos esportivos, utilizando fantasias, engajando-se em atividades rítmicas coletivas que iam muito além de cantos, acrescentando aos jogos sua própria música, dança e comida. O paralelo com as plateias de rock não é incidental; em parte, o que levou o público esportivo a ganhar vida no século XX foi o próprio rock.

Uma breve história dos esportes ocidentais

É essa pouco notada "revolta" dos torcedores que nos interessa neste capítulo, mas antes precisamos de uma perspectiva histórica dos esportes de que estamos tratando. Para atividades sem significado intrínseco para além das proezas dos jogadores — sem nenhuma ideologia óbvia ou qualquer visão transcendental — os esportes têm uma história bastante surpreendente de conflito em relação a quem pode jogar, quem pode assistir e mesmo se podem ou não acontecer esses jogos. No início do século XX, os choques mais intensos tiveram a ver com cor e gênero: se os negros podiam ou não jogar na liga principal de beisebol dos EUA, por exemplo, ou se as mulheres podiam competir com homens no golfe. Há séculos, porém, as tensões nos esportes giram em torno de questões de classe. As classes mais altas tinham seus esportes, como as caçadas; as classes mais baixas tinham competições de arco e flecha e vários esportes "folclóricos" em que há pouca distinção entre jogadores e espectadores. Nos primórdios, o futebol, por exemplo, muitas vezes contrapunha cidades inteiras — homens, mulheres e crianças batalhando pela bexiga de um porco que servia como bola. Havia corridas para mulheres, para homens e, em alguns casos, competições que colocavam mulheres contra homens e cujo prêmio era uma dança ou um beijo.

Os esportes europeus do início da era moderna ocorriam tipicamente no contexto de festividades como o Carnaval ou, na Inglaterra, em feriados e feiras comunitárias. Assim, quando essas festividades começaram a ser atacadas pelos "reformistas" do século XVI em diante, os esportes também foram alvejados. Os esportes folclóricos mais desordenados, como a forma original do futebol, irritavam particularmente as autoridades, que repetidas vezes tentaram bani-los. Os registros de 1576 da corte de Middlesex, na Inglaterra, mencionam a perseguição de sete homens que, "junto com malfeitores desconhecidos que chegavam a um número de 100 pessoas, reuniram-se ilegalmente e praticaram um jogo ilegal chamado futebol, por meio do qual se criou um grande tumulto, passível de resultar em homicídios ou em acidentes sérios".[9] Quando a industrialização limitou os operários a um único dia de descanso por semana, os devotos mais rígidos se mobilizaram com rapidez para banir nesse dia qualquer outra atividade que não fosse o culto. Os esportes foram condenados como perda de tempo, que seria melhor gasto no trabalho ou na contemplação do estado da alma de cada um. Nas colônias puritanas da Nova Inglaterra, os esportes nunca chegaram a ser permitidos, com a lei banindo até "caminhadas desnecessárias e insensatas" no Dia do Senhor.[10]

Assim como muitas das festividades de que antes os cidadãos participavam, os esportes haviam se transformado, no final do século XIX, em meros espetáculos. A princípio, não eram espetáculos organizados de cima para baixo, mas autorizados com certo rancor pelas elites. O beisebol, por exemplo, que começou como um esporte totalmente ligado à classe trabalhadora nos EUA, sofreu uma oposição ostensiva das elites dirigida ao "comportamento das multidões: bêbados, apostadores, trombadinhas, homens que assediavam mulheres, torcedores que gritavam obscenidades e ameaçavam o juiz", nas palavras do historiador Ted Vincent. Como ele comenta em seguida, o motivo real para a oposição ao beisebol era o medo que a classe média sentia em relação às multidões de classe baixa: "Parecia que determinadas pessoas não gostavam que outras se juntassem em grandes massas, uma situação que fazia com que os torcedores do século XIX tivessem algo em comum com a juventude desafiadora dos shows de rock do final dos anos 1960."[11]

O futebol, que acabou derivando daquele futebol folclórico, havia sido reformulado na Inglaterra em meados do século XIX para se tornar um esporte de elite, destinado a inculcar "as virtudes do trabalho duro, disciplinado, e do autocontrole".[12] Em poucas décadas, a bola foi passada de volta, por assim dizer, para as classes operárias, que aprenderam as regras do jogo com clérigos e donos de fábrica interessados em infundir as mesmas virtudes na força de trabalho. A profissionalização do futebol, a partir dos anos 1880, fez com que os amadores de classe alta fossem substituídos por jogadores profissionais vindos das classes trabalhadoras, o que acaba por fazer com que tanto o jogo em si como as arquibancadas fossem tomados por homens simples uniformizados e, em escalas menores, mulheres da mesma classe. Na América do Sul, as populações locais aprenderam o esporte assistindo aos jogadores amadores ingleses, sobretudo navegadores e representantes dos negócios britânicos. Em 1915, o futebol brasileiro já havia sido transmitido duas vezes: dos britânicos para as elites locais e destas para a classe trabalhadora. "As elegantes senhoras que costumavam assistir aos jogos voltaram para suas casas quando a classe operária assumiu o mando do jogo", conta a especialista Janet Lever sobre o futebol brasileiro.[13] No início do século XX, os esportes com público se tornaram aquilo que Eric Hobsbawn chamou de "culto proletário de massa".[14]

O que fez com que esses esportes de grande público se tornassem aceitáveis para as elites que antes haviam desprezado essas reuniões desordenadas foi o uso dos eventos esportivos, nas palavras de Hobsbawn, como "um meio de identificação nacional e de comunidade artificial".[15] Ainda que as classes altas não pudessem estar presentes, ao menos figuravam nos eventos esportivos as bandeiras e os hinos que simbolizavam a suposta harmonia de ricos e pobres sob a égide de uma nação. Encorajados pelos patrocinadores dos times, os eventos esportivos nos EUA vieram a envolver, na época da Primeira Guerra Mundial, "cerimônias com grande pompa, políticos, bandas militares e hinos nacionais".[16] As bandas e, nos EUA, os grupos de torcedores organizados que se apresentavam nos intervalos faziam com que tais eventos se assemelhassem aos desfiles militares que haviam encantado as multidões britânicas, no século XIX; as bandeiras, as cerimônias e os hinos prenunciavam os comícios nacionalistas de Hitler e Mussolini nos anos 1920 e 1930. Pode-se até dizer que o grande erro estratégico de Hitler na organização de eventos como os comícios de Nuremberg foi ter deixado os jogos de fora.

De uma maneira ou de outra, seja pela proletarização de esportes que antes eram de elite ou pelo aumento da respeitabilidade dos esportes originalmente proletários, o caso é que os eventos esportivos evoluíram para se tornar uma instância aceitável de encontro da classe trabalhadora, em particular dos homens. Reuniam-se também nas fábricas e em outros locais de trabalho, mas os estádios ou as arenas eram unicamente deles — um lugar para encontrar os amigos, beber e torcer, com uma interferência mínima dos membros da elite. A classe trabalhadora, ou ao menos os homens que a constituíam, havia recuperado um vestígio da velha tradição perdida do Carnaval. Muito em breve, iriam reivindicar a tradição inteira.

A carnavalização dos esportes

O primeiro sinal de maior assertividade por parte dos torcedores — e o único jamais notado pela maior parte dos sociólogos e jornalistas esportivos — foi a emergência do *hooliganismo* entre os espectadores ingleses no início dos anos 1960. Jovens torcedores, mais uma vez homens, pareceram começar a levar o jogo a sério demais, instigando tumultos nos estádios e, com maior frequência, envolvendo-se em batalhas nas ruas contra torcedores da equipe "inimiga" após o jogo. Muitos observadores reconheceram que a violência tinha algo a ver com a classe social, com ressentimento de classe, uma vez que os hooligans, ao longo do jogo, em geral ocupavam os assentos mais baratos ou ficavam em pé nos "terraços", como são chamadas as partes altas dos estádios ingleses. Cerca de uma década depois, o hooliganismo começou a aparecer em outras partes do continente, provavelmente difundido por torcedores ingleses que seguiam seus times e por reportagens televisivas que informavam sobre os atos dos hooligans no Reino Unido. Analisando a distribuição geográfica da violência no futebol, um psicólogo belga sugeriu que

> a violência é um sintoma de problemas sociais, não futebolísticos. Na Bélgica e na França há relativamente poucas incidências, enquanto na América Latina, na Grã-Bretanha e na Itália, onde a desigualdade entre ricos e pobres é crescente, há muito mais. O futebol é um jogo de pobres tanto quanto qualquer esporte, e muitas pessoas insatisfeitas estão se rebelando contra aquilo que as circundam.[17]

Seja lá quais fossem as motivações dos hooligans, em muitas ocasiões eles conseguiram roubar a cena. Assim como relatos de "tumultos" em shows de rock muitas vezes eclipsavam as resenhas musicais no início dos anos 1960, as histórias de violência entre torcedores podiam facilmente ofuscar as reportagens sobre o jogo em si.

Entretidos com a violência, poucos observadores notaram uma mudança muito mais generalizada e interessante no comportamento dos fãs. A partir da década de 1970, ou ao menos tendo sido relatado pela primeira vez nessa época, os torcedores de futebol do mundo inteiro e de vários outros esportes nos EUA (futebol americano, basquete, beisebol e hóquei) começaram a encarar os eventos esportivos como ocasiões propícias às atividades carnavalescas: usar fantasias, pintar o rosto, cantar e se entregar a movimentos ritmicamente sincronizados, isso quando não dançavam de fato.

Escrevendo em 1983, quando a tendência já estava bem consolidada, o sociólogo Louis Kutcher observou que os esportes americanos "há tempos vêm mostrando elementos do Carnaval — comida, fantasias, júbilo e suspensão de regras e papéis".[18] No caso norte-americano, fantasiar-se em geral significa vestir o uniforme ou as cores da equipe.* A versão esportiva do rei dos loucos carnavalesco era o mascote, uma pessoa vestida de algo como uma galinha ou um pirata e demonstrando uma cômica falta de habilidade atlética ou mesmo de coordenação. Quanto à comida, estavam incluídos ao menos amendoim, cachorro-quente e pipoca, acompanhados pela quantidade necessária de cerveja. De modo ainda mais elaborado, nos anos 1950, torcedores norte-americanos tinham o hábito de iniciar o dia, horas antes do jogo, com festejos nos estacionamentos dos estádios, acompanhados de churrascos ou especialidades regionais. Embora cada grupo ou família levasse sua própria porção de comida, era comum compartilhá-la com estranhos, em especial com aqueles que podiam trocar uma cerveja por um punhado de comida, como nos banquetes que costumavam acompanhar as festividades tradicionais.

Nas três últimas décadas do século XX, a carnavalização foi muito além do cachorro-quente de porta de estádio e das torcidas com as cores dos times. Em um dos poucos estudos sobre o comportamento dos torcedores, o antropólogo Desmond Morris descreveu fãs ingleses de futebol usando, nos anos 1970, grandes chapéus ou perucas afro, assim como mantas e laços com as cores do time. "Muitas das fantasias são obviamente caseiras", observou, deixando claro que "muitos dias de preparação e planejamento precediam o grande evento".[19] Nos EUA, um torcedor exibicionista, Rollen Stewart (que ficou conhecido como "Rock'n'Rollen Stewart") provavelmente merece algum crédito pela popularização de trajes estranhos nos jogos. Viajava de jogo em jogo de diversos esportes —

---
*O costume de se vestir para os jogos com as cores da equipe pode ter se iniciado no Brasil, a terra do *Carnaval*, por um torcedor chamado Jayme de Carvalho. Alex Bellos conta que "Jayme era um baixo funcionário público, mais anônimo impossível. Apesar disso, nas arquibancadas era uma celebridade, (...) vestia-se com as cores do clube e levava bandeiras e faixas". Como as camisas dos times não estavam comercialmente disponíveis na época, ele contava com sua mulher para costurar as roupas. (Bellos, p. 126).

futebol americano, beisebol e até golfe — tentando atrair as câmeras de televisão para sua imensa peruca afro com as cores do arco-íris, que ele só abandonou depois de uma experiência religiosa de "renascimento", em 1980.[20]

Outro inovador norte-americano, um torcedor particularmente fervoroso do Cleveland Browns que foi apelidado de "Big Dawg" ("Cachorrão") encontrou, em 1984, uma fantasia de cachorro em uma loja e começou a utilizá-la nos jogos, ajudando assim a estabelecer uma tendência de símbolos relacionados aos clubes, como o grande queijo de borracha que os fãs do Green Bay Packers usam na cabeça, os capacetes com chifres dos Minnesota Vikings e os focinhos de porco adotados pelos torcedores do Washington Redskins (todos times de futebol americano). No final dos anos 1980, à medida que grandes empresas comerciais reagiam à crescente demanda por fantasias relacionadas aos clubes, passou a ser necessário muito menos criatividade da parte dos torcedores. Eles podiam simplesmente comprar camisetas prontas de seus times, agasalhos, chapéus característicos e, para o sempre crescente número de torcedoras, brincos e vestidos.*

As fantasias têm, para diferentes pessoas, funções variadas e até opostas. Para a maioria, usar as cores do time permite se unir à massa de torcedores uniformizados; seria imprudente desprezar esse código e usar as cores do adversário quando se está na arquibancada. Para outros, no entanto, vestir-se com essas fantasias — ou desvestir-se delas, como no caso dos estudantes de Yale, que correm nus pelo estádio na competição anual de sua universidade contra Harvard — trata-se de um evidente pedido de atenção, possivel-

---

*De acordo com o jornal USA Today (28 de agosto de 1997), 44% dos torcedores da National Football League (NFL) eram mulheres, enquanto em 1990 elas representavam 33%. A "feminização" do fanatismo esportivo merece análise mais minuciosa, mas não pude encontrar nenhum trabalho satisfatório.

mente até exibicionista, como no caso deste torcedor anônimo do Oakland Athletics observado por um jornalista local:

> Há algo de poético e bonito em assistir a um torcedor de meia-idade vestindo da cabeça aos pés o uniforme dos Athletics, brandindo uma luva de beisebol e ostentando com orgulho uma pochete com as cores dos EUA, fazendo tremular uma enorme bandeira com a imagem de Bob Marley, ritmando as obscenidades que diz com a batida de um tambor e mandando em voz alta que os torcedores visitantes dos Yankees de ascendência japonesa voltem para o Iraque.[21]

É raro que torcedores esportivos usem máscaras para acompanhar suas fantasias; em vez disso, pintam seus rostos com as cores do time. As origens dessa prática são tão turvas quanto as das fantasias. O jornalista futebolístico britânico Simon Kuper afirmou se tratar de um costume europeu, Morris notou-o entre torcedores ingleses nos anos 1970 e alguns norte-americanos insistem que o hábito teve início em seu país fora do contexto esportivo, em encontros de hippies e shows de rock, nos anos 1960. Outra teoria é de que teria começado entre os torcedores sul-americanos, tradicionalmente mais expressivos, e em seguida se disseminado em direção ao norte quando os norte-americanos começaram a apreciar o futebol. Uma reportagem de um jornal de Palo Alto, na Califórnia, sobre a Copa do Mundo de 1994, realizada nos EUA, descreve o comportamento carnavalesco e sem dúvida contagiante dos torcedores que seguiam a seleção brasileira:

> Era uma festa. Uma horda de brasileiros marchava por El Camino em direção ao estádio, dançando e gritando "Brasil". Inúmeras bandeiras brasileiras se agitavam dos carros ou eram usadas como

capas e mantos, ou ainda como saias. Muitos fãs tinham a cara pintada com a bandeira do Brasil, incluindo um nariz azul representando o céu noturno, e o Cruzeiro do Sul que fica no centro da bandeira.[22]

Seja onde for que o hábito de pintar rostos se iniciou, o fato é que a televisão logo cuidou de difundi-lo pelo mundo. Menções a isso nos EUA podem remontar pelo menos ao Super Bowl de 1980, mas não foi até meados dos anos 1990 que o costume se tornou habitual o bastante para merecer exploração comercial. Ainda em 1996, os torcedores norte-americanos usavam canetas ou mesmo tinta normal para conceder a seu fanatismo uma expressão epidérmica. Agora há pelo menos meia dúzia (e possivelmente muito mais) de fornecedores de maquiagem colorida. Representantes dessas empresas entrevistados, em 2000, descreveram o negócio como "realmente surpreendente"[23] e "imenso".[24] Uma indústria similar surgiu na Coreia do Sul, onde "a popularidade da Copa do Mundo criou a loucura secundária dos rostos pintados. O hábito de pintar o rosto em dias de jogo continua crescendo e gerando longas filas nos shopping centers de Myeong-dong".[25]

Mas um evento esportivo dificilmente se torna uma festa sem algum tipo de participação rítmica dos torcedores. A primeira forma de fazer isso foi por meio do canto, muitas vezes simples gritos de chacota dirigidos aos adversários. Assim como as fantasias e a pintura dos rostos, músicas mais elaboradas foram aparecendo de maneira espontânea em meio aos próprios torcedores, em especial no caso do futebol. O jornal *Washington Post* observou em 1994 que "as canções de futebol tradicionalmente nascem nas seções de ingressos mais baratos, (...) onde torcedores de classe baixa muitas vezes são forçados a ficar de pé durante o jogo, passando a compor epítetos musicais e sarcásticos dirigidos aos adversários".²⁶ Um dos raros estudos acadêmicos sobre o comportamento dos torcedores que não se concentra nos casos de violência descobriu que, na década de 1960, os alemães eram bastante quietos e "carentes de imaginação", exceto quando celebravam a vitória com uma música carnavalesca tradicional que se traduz como "Que dia, que belo dia é hoje". Em meados dos 1990, contudo, já haviam memorizado entre 30 e 50 músicas de sua própria autoria, algumas misturando rock com cantos futebolísticos conhecidos — o tradicional "Olé", por exemplo, cantado ao ritmo de uma música da banda Pet Shop Boys.²⁷

Há formas mais enérgicas de participação rítmica. Torcedores sul-americanos muitas vezes saltam e dançam nas arquibancadas ao som de tambores. A Gaviões da Fiel, uma torcida organizada do time de futebol Corinthians, da cidade de São Paulo, costumava cantar uma música chamada "Voa, gavião", com os braços estendidos e mexendo-se em zigue-zague para imitar o voo da ave.²⁸ Na Inglaterra dos anos 1970, Morris observou torcedores de futebol saltitando verticalmente sem sincronia "até que toda uma parte da multidão parece reproduzir as agitações de um mar bravo"²⁹ — uma prática que pode ter se originado em shows de punk rock. Também foram os torcedores ingleses que instituíram as "palmas sincronizadas", em que batem as mãos ritmicamente com os braços estendidos sobre as cabeças. Um psicólogo que estudou essa atividade ficou maravilhado com o grau de sincronia que uma torcida de futebol podia alcançar sem qualquer coordenação central: "Como se alcança essa notável precisão, num grupo em que a maior parte das pessoas avaliaria como uma massa desordeira, é um mistério, (...) chega a ser ordenado num nível absurdo."³⁰

Porém, a mais difundida forma de participação rítmica é a "ola", em que os torcedores de uma determinada parte do estádio se levantam e erguem as mãos, voltando a sentar-se rapidamente para que os torcedores de uma parte adjacente façam o mesmo, de maneira que o movimento parece rodar pelas arquibancadas, "criando o que muitos torcedores consideram uma experiência estimulante e visualmente impressionante".[31] Mais uma vez, não se sabe ao certo quem inventou isso. Os europeus chamam a atividade de "onda mexicana", mas os norte-americanos têm certeza de que foi um norte-americano que a inventou em 1981. Só não sabem quem foi e onde: "George maluco" Henderson, um animador de torcida profissional do Oakland Athletics, alega ser o inventor da ola; outros insistem que foi realizada pela primeira vez num jogo de futebol americano da Universidade de Washington ou da Universidade de Michigan.

Embora os torcedores gostem de pensar que comportamentos exuberantes como a ola ajudam de alguma forma seus times, os treinadores e jogadores a princípio fizeram objeções a essa prática, alegando que causava distração. George Vecsey, colunista de esportes do *New York Times*, chegou a condená-la como uma "praga": "semelhante à chuva ácida que desfolha o país ou um novo surto de vírus ou abelhas assassinas que arrebata sem dó as Américas".[32] Mas a ola se mostrou impossível de ser detida, passando a ser realizada também em jogos de beisebol, em 1984, e de futebol, por volta de 1992, neste último caso ganhando a participação de espectadores notáveis como Fidel Castro, o rei Juan Carlos da Espanha e François Mitterrand. Como observou o sociólogo Michael Givant, em 1984: "É uma forma de não ser passivo. (...) Eles querem participar. Se todo mundo pode ser celebridade nos dias de hoje, eles se perguntam 'por que não posso me envolver?'".[33]

No final do século XX, o duelo entre atletas dentro de campo era apenas uma parte, para muitos uma parte menor, das atividades e eventos que constituíam um jogo. As pessoas iam aos estádios para ter a oportunidade de se fantasiar e de pintar os rostos, de ver e ser visto, de comer e beber sem moderação, de gritar, cantar e se envolver em movimentos equivalentes a danças. Dentro de campo, os jogos haviam mudado pouco desde o início do século; o comportamento dos torcedores é que pareceria absurdo e perturbador para os padrões de, digamos, 1920. Por que aconteceu essa carnavalização global dos esportes nas últimas décadas deste último século? Ou melhor, dada a tendência natural humana de animar os espetáculos com bebida, vestimentas especiais e dança, devemos perguntar por que a carnavalização dos esportes se acelerou de maneira tão espetacular a partir dos anos 1970.

A revolta dos torcedores

O sociólogo britânico Ernest Cashmore sugere que o comportamento festivo foi encorajado pelas elites — proprietários de estádios e de times — como uma alternativa pacífica ao hooliganismo. "Foram pacificados", afirmou sobre os hooligans, "por meio de camisetas, vídeos, bandeiras, tintas para o rosto e uma diversidade de produtos derivados de um esporte que percebeu que a única maneira de prosperar era reinventar-se."[34] Tendo tudo isso sido feito para "pacificar" os torcedores ou não, o caso é que os proprietários de estádios se apressaram em amplificar muitas das novas formas de comportamento: nos Estados Unidos, instalaram "medidores de ruído" nos estádios para que os torcedores pudessem saber com quanto barulho estavam contribuindo, além de placares e telões com mensagens que exortam os torcedores a gritar ainda mais alto e a começar a ola. Acrescentaram fogos de artifício, animadoras em trajes sensuais, novos tipos de mascotes, gravações musicais em volume alto e mesmo música ao vivo com a utilização de órgãos.[35] Passaram a encorajar as fantasias, "muitas vezes pedindo aos fãs que usassem determinada cor. A compra de tais itens se converteu em uma parte importante da renda".[36] Uma mulher que compareceu a um jogo de 1999 declarou, com certo alívio, que finalmente o futebol americano havia se tornado divertido.

> Vim preparada para odiar o jogo, mas ele acabou sendo um espetáculo bastante impressionante e bem organizado. O futebol americano em si era quase uma atração extra. Havia telões fantásticos de cada lado do campo com vídeos muito engraçados e inteligentes, rock e um placar que orientava quando a multidão devia iniciar a ola — não sendo os torcedores espertos o bastante para saber por conta própria.[37]

Mas a exploração comercial de várias formas de comportamento de torcedores — da parte dos fornecedores de tinta para o rosto ou dos proprietários de times tentando atrair novos grupos demográficos, como mulheres, que antes não acompanhavam o esporte — não nos diz nada sobre a vontade inicial de pintar-se, fantasiar-se, cantar e fazer a ola. "Essas demonstrações rituais são impressionantes", Morris observou sobre o comportamento dos torcedores de futebol na década de 1970, "porque têm crescido espontaneamente entre os próprios torcedores."[38] Poucos inovadores individuais merecem algum crédito. Um deles é Cláudio Ribeiro, ou "Cotonete", de São Paulo, vítima de uma pobreza brutal mas que acabou fazendo nome como "o lunático hiperativo que tocava tambor e usava um grande cabelo afro, a quem as redes de televisão sempre filmavam durante os jogos do Brasil".[39] Há também Edward Anzalone, um bombeiro nova-iorquino que aparece nos jogos sempre montado sobre os ombros de seu irmão, usando um capacete verde e branco e coordenando um canto para os Jets.[40] E também podemos mencionar Josh Rosenberg, o fundador do Oakland

Atletics' Drummers, um grupo de cinco jovens que batucam muito alto e de maneira um tanto caótica, sempre no mesmo local das arquibancadas.[41]

Podemos, de modo um pouco inocente, defender a hipótese de que esses comportamentos festivos representam uma intensificação da lealdade em relação aos times, mas é difícil entender por que essa lealdade estaria crescendo tanto num tempo em que os times e seus jogadores vêm sendo cada vez menos leais a seus torcedores. Ao menos nos EUA, o final do século XX assistiu a graus de comercialização cada vez mais cruéis, com times inteiros sendo vendidos para cidades distantes de acordo com a vontade dos proprietários. Em 1992, a revista *Sports Illustrated* observou com alguma perplexidade:

> Os esportes foram tão des-sentimentalizados que é difícil acreditar que qualquer um pode se manter torcendo pelo mesmo time de um ano para o outro. Nem os jogadores nem os empresários parecem levar em conta a lealdade dos torcedores, e muito menos retribuí-la. Ainda assim, cada vez que você pisa em um estádio ou assiste a um jogo pela televisão, parece haver mais e mais torcedores empolgados, ardorosos: torcedores que gritam mais alto, vestem-se de maneira mais vistosa, gastam mais, sofrem mais, gritam mais e até parecem se *importar* mais.[42]

Além disso, a lealdade dos torcedores podia ser expressa de muitas maneiras menos festivas — com uma atenção mais detida ao jogo em si, por exemplo, em vez de ações como a ola que sabidamente irritam os jogadores.

Seja lá qual fosse o nível de fidelidade aos times, o fato é que os torcedores estavam optando por expressá-la em formas que deslocavam a atenção do jogo para eles mesmos. Como observa Susan

Faludi sobre colarinhos-azuis torcedores do Cleveland Browns, os "Dawgs", "torcedores radicais passaram a se concentrar cada vez mais não em ajudar os jogadores, mas em cultivar suas próprias performances. O espetáculo das arquibancadas começou a competir com o drama dos campos, senão a ofuscá-lo".[43] Ou como reflete o repórter — e torcedor ardente — Alex Bellos sobre a torcida organizada Gaviões da Fiel: "Surpreende-me que a experiência do futebol tenha fechado o círculo. Com a Gaviões, o torcedor de futebol já não é um espectador. É o espetáculo. Os Gaviões são os torcedores de futebol que têm seus próprios torcedores."[44]

Ao menos parte da explicação para essa nova insistência dos torcedores em ser parte do espetáculo é a presença da televisão. Os esportes são televisionados quase que desde o advento desse meio de comunicação, mas nos EUA foi nos anos 1970 que eles passaram a ocupar o horário nobre — com a liderança do programa *Monday Night Football*, da rede ABC. Um dos efeitos imediatos da televisão, como notou Guttmann, foi mudar a demografia do público nos estádios. Como os torcedores mais velhos agora podiam assistir aos jogos de suas casas, sem o desconforto de assentos duros e o tempo imprevisível, o público se tornou mais jovem.[45] Podemos generalizar e especular que a televisão tenha permitido a eliminação, do âmbito dos estádios, de qualquer torcedor que não buscasse justamente a experiência do estádio; se era apenas o jogo que interessava, podia-se assistir a ele de casa ou em um bar. Por um processo de seleção natural, as pessoas que frequentavam estádios tenderam a ser aquelas que buscavam a excitação das multidões.

Não há dúvida de que a televisão encoraja o comportamento exibicionista, ao menos de duas formas. Primeiro, oferece aos torcedores mais exuberantes — aqueles dispostos, por exemplo, a vestir-se e pintar-se de um jeito diferente ou a tirar a roupa mesmo em dias muito frios — a chance de alcançar uma pequena fama. "Rock'n'Rollen Stewart", por exemplo, tentava avidamente chamar a atenção das câmeras e foi recompensado com uma participação em um comercial da Budweiser. Em sua análise dos torcedores do Cleveland Browns, Faludi observa: "A batalha, agora, em que torcedores e jogadores estavam igualmente envolvidos, era na verdade pela atenção das câmeras. O espetáculo de chapéus, de fantasias de cachorro, de aguentar a chuva e mesmo a neve, no fim se tornou exatamente isso, um espetáculo, um concurso de figuras com o objetivo de atrair a câmera para caricaturas bizarras."[46] O segundo e mais significativo efeito da televisão foi, é claro, a difusão das formas exibicionistas — ou talvez devêssemos dizer, sem tanto julgamento, formas espetaculares — de comportamento, como pintar o rosto e fazer a ola, uma vez que essas práticas passaram a ser imitadas por outros torcedores muito pouco tempo depois de serem inventadas.

Outra força externa que afetou o comportamento dos torcedores a partir dos anos 1970 foi o rock. Havia tempos que os sul-americanos vinham curtindo músicas dançantes em jogos de futebol, em geral por meio de tambores e acompanhadas de alguma dança nas arquibancadas. Nos EUA, até então os jogos eram bastante carentes de música, a não ser pelo hino nacional tocado no início e pelas marchas tocadas nos intervalos por bandas profissionais. A exceção, até os anos 1950, havia sido os jogos de ligas negras, segregadas, que eram animados por bandas de blues ou jazz e muita dança nas arquibancadas. Foi só nos anos 1970 que o rock encontrou espaço no esplendor das ligas esportivas principais, emprestando-lhes algo de seu espírito rebelde, ou ao menos um desejo de levantar dos assentos e tornar-se parte do espetáculo.

Num primeiro momento, os esportes norte-americanos e o rock não pareciam parceiros prováveis. "Nos anos 1960, imperava uma cultura da juventude, e os esportes não eram postulados como parte dessa cultura", como escreveu um editor da revista *Rolling Stone* em 1999. "Em algum sentido, o rock-'n'-roll se definia em oposição à NFL (Liga de Futebol Americano nos EUA)."[47] Ou, como observou Bob Weir, que havia jogado futebol americano no colégio antes de se tornar membro da banda Grateful Dead: "Nos anos 1960, a música e os esportes eram mundos separados. Quem gostava de esportes em geral aceitava uma vida mais regimentada e basicamente vivia como um soldado. (...) Quanto aos músicos, se algo não nos agradava, combatíamos ou apenas não seguíamos as ordens."[48]

No entanto, no início dos anos 1970, algumas das bandas marciais que tocavam nos intervalos dos jogos universitários começaram a abandonar a música militar e a tocar rock, talvez em resposta ao espírito antibélico que imperava entre os estudantes. O rock começou a aparecer em jogos profissionais no final da mesma década, algo que a revista *Time* atribuiu à emergência de um espírito mais leve e moderno entre os executivos das corporações norte-americanas, o grupo de que faziam parte a maioria dos proprietários de times: "as grandes empresas dispensaram a imagem conservadora que tinham e passaram a incorporar canções subversivas às propagandas",[49] e a partir daí só foi preciso um pequeno passo para incorporar o rock aos eventos esportivos. Mas a inovação nunca teria sobrevivido se os torcedores a rejeitassem. E, de maneira progressiva, as próprias torcidas passaram a serem constituídas por veteranos de shows de rock, talvez realizados nos mesmos estádios que esses jogos. Esses novos sujeitos traziam com eles certa impaciência com relação ao papel do espectador como esquentador de bancos. Além disso, se era possível ouvir rock nas propagandas, nos elevadores, em casamentos, por que não nos grandes jogos?

Por mais improvável que fosse essa união, o rock e os esportes norte-americanos logo se tornaram tão interligados quanto o beisebol e a cerveja. Em 1994, alguns comentaristas já falavam até em uma fusão entre os dois: "As distinções entre as duas indústrias [esporte e música] estão desaparecendo, tornando-se apenas mais uma faceta da gigantesca indústria do entretenimento."[50] Administradores de estádios agora empregam equipes de música de oito ou dez integrantes para determinar a lista de canções que serão tocadas durante os jogos; companhias musicais, por sua vez, passaram a ver os eventos esportivos como uma divulgação de escala semelhante às estações de rádio.[51]

O resultado é um tipo de evento que um cego que transitasse pelo estádio teria dificuldade para diferenciar de um show de rock, com música nos intervalos, depois de jogadas significativas, quando um jogador novo se apresenta para rebater ou para celebrar a vitória no final. Não é qualquer música que serve; criou-se um gênero especial de rock, o "jock rock" (rock de atleta), para servir à indústria do esporte, em geral incluindo sucessos bem conhecidos como "We are family" e "Who let the dogs out", que se tornaram famosas, em grande medida, graças a essa utilização. O jock rock, cujas coletâneas são comercializadas em CDs, vale-se muito de grandes sucessos de grupos famosos, como as estimulantes "We will rock you", do Queen, e "YMCA", do Village People, e inclui também músicas mais recentes de artistas e bandas como Santana, Eminem e Red Hot Chili Peppers. No intervalo do Super Bowl de 2006, houve uma apresentação dos Rolling Stones que fez os espectadores erguerem seus isqueiros acesos, exatamente como fariam num show.

Ninguém, até onde sei, estudou o impacto do rock em qualquer aspecto dos esportes, da venda de ingressos à performance dos atletas. É improvável que provoque alguma melhora de rendimento, a julgar pelas reclamações dos atletas em relação ao barulho, que pode atingir um nível de decibéis semelhante ao dos shows.[52] Para os torcedores, contudo, é provável que o efeito do rock em eventos esportivos seja o mesmo dos shows: faz as pessoas quererem pular e dançar. Sem dúvida essa exuberância é contida com cautela nos estádios, assim como é limitada a momentos específicos, intervalos e outros tipos de interrupção, mas a experiência de dançar nas arquibancadas junto com 50 mil pessoas deve ser intenso. Um torcedor descreveu uma explosão de dança no estádio do New York Yankees, "onde alguns jogadores começaram a cantar e dançar 'YMCA' nos gramados e foram seguidos em massa pela torcida no estádio inteiro".[53] Um comentarista escreveu sobre o efeito da música "Rock and Roll Part 2", de Gary Glitter, que induz os torcedores a gritar "Hey": "A primeira vez que ouvi foi em Denver, num jogo dos Steelers contra os Broncos, e a batida levou os fãs a literalmente chacoalhar o estádio. As arquibancadas tremiam e balançavam de verdade enquanto eles saltavam sem parar gritando 'Hey'".[54] O rock reforça a atmosfera de festa — o espírito de excesso e autoabandono — que por sua vez estimula as fantasias mais extravagantes, a pintura dos rostos e os movimentos sincronizados de todo o estádio. Décadas atrás, na metade do século, os eventos esportivos nos EUA eram encontros bastante disciplinados e inteiramente masculinos, pesados em suas músicas marciais e com outros floreios militares. O rock invadiu esse cenário improvável e cavou espaço para o prazer dionisíaco.

À medida que os norte-americanos adquiriam o hábito de dançar nos jogos, a cultura futebolística global encorajava a noção do jogo como ocasião para festividades, independentemente de seu desfecho. Em 1994, um repórter norte-americano observou que alguns norte-americanos gostam de fazer festa antes dos jogos. Alguns preferem fazer depois. Alguns, antes e depois. Já no Brasil e na Holanda dizem: por que deixar o jogo interromper uma boa festa? (...) Na Copa do Mundo, disputada a cada quatro anos, os torcedores sentem que são parte do jogo. E sua equipe sequer precisa estar ali. Tome-se de exemplo os cinco rapazes vestidos de verde e dourado, um deles fantasiado de banana. São de Tóquio. Cada um gastou cerca de US$ 4 mil para voar até aqui e assistir ao jogo do Brasil.[55]

O nacionalismo continua sendo uma força potencial que motiva os torcedores de futebol em partidas internacionais, mas alguns fãs a transcendem para celebrar a performance de qualquer equipe. No jogo da Inglaterra contra a Dinamarca na Copa de 2002, por exemplo, os espectadores japoneses, que constituíam quase metade de todo o público no estádio, vestiam-se de vermelho e branco em apoio à Inglaterra, mesmo havendo uma possibilidade de o Japão enfrentar a Inglaterra nas semifinais.[56] A maior parte dos torcedores, é claro, mantém uma intensa lealdade em relação a seus times e se interessam pelos aspectos técnicos dos demais jogos, mas parece haver algo como uma diminuição da importância do esporte em si, ao menos em comparação com o esplendor da excitação coletiva induzida por dezenas de milhares de pessoas cantando e dançando em uníssono.

Mas se a carnavalização dos esportes representa uma vitória dos torcedores — uma chance de festejar e romper a tradicional passividade do papel de espectador — não foi uma vitória do mesmo *tipo* de torcedores responsáveis por ter criado esses esportes. Obviamente, poucas pessoas de classe baixa podem pagar para viajar e assistir a jogos de futebol em países distantes, e mesmo o preço dos ingressos para jogos locais cresceu muito a partir dos anos 1990, em função de estádios mais chiques e equipados e dos salários astronômicos dos atletas. Em 1996, um sociólogo do esporte notou que, com o preço de um ingresso para jogos de hóquei, futebol americano e basquete aproximando-se dos 50 dólares, "o alto custo de frequentar esses eventos esportivos acabou por excluir a classe baixa e mesmo a classe média-baixa".[57] No Reino Unido, novos estádios com assentos numerados inflacionaram os ingressos e eliminaram os "terraços" em que os torcedores de classe baixa antes se aglomeravam para cantar e aplaudir em sincronia. As classes trabalhadoras foram "cortadas do circuito", de acordo com Faludi: "Os torcedores desejáveis agora são os ricos empresários que podem pagar por camarotes luxuosos e cadeiras cativas anuais, estas últimas chegando a custar 5 mil dólares em algumas cidades. Assistir a um jogo de futebol *in loco* (...) agora é como comprar um carro; requer um pagamento de entrada."[58]

Se a atmosfera festiva dos jogos irá sobreviver a essa mudança demográfica é algo que ainda há de ser verificado. Nos últimos anos, os torcedores mais ricos têm dado demonstrações de seu desgosto em relação a esses hábitos carnavalescos ao se retirarem para camarotes e suítes de luxo construídas dentro dos próprios estádios, onde os executivos podem tomar coquetéis, fechar negócios e fazer refeições mantendo uma atenção paralela nos jogos. Um artigo da revista *American Way* explica alguns dos motivos para essa crescente separação de classes.

> Se um presidente de empresa paga um milhão por ano [por sua suíte de luxo dentro do estádio] para negociar e conseguir novos clientes, não está nem um pouco interessado em se acotovelar com torcedores na arquibancada. A última pessoa que deseja em seu espaço privado é um fanático que pinta o rosto e grita obscenidades para o juiz. (Ironicamente, os torcedores mais leais de um time quase sempre são os que menos podem pagar por essas acomodações luxuosas.)[59]

Os torcedores de classe baixa que sofreram essa exclusão financeira de seus antigos lugares talvez possam manter vivo esse fanatismo festivo nos bares esportivos, que proliferaram nos EUA a ponto de ser difícil encontrar um bar *sem* uma decoração dedicada aos times e com inúmeras telas de TV permanentemente ligadas em canais esportivos. Ou talvez, como o futebol folclórico e as corridas de séculos atrás, as tradições coloridas das torcidas do final do século XX venham a ser perdidas para sempre — ao menos para aqueles que as inventaram.

Conclusão:
A possibilidade de um renascimento

Como vimos no início do livro, os reformistas protestantes do século XIX às vezes tentavam denegrir os frequentadores dos carnavais imaginando a reação de um "hotentote" convertido que testemunhasse essas condutas inadequadas. O "selvagem" convertido, fantasiavam, sentiria repugnância ao encontrar cristãos supostamente civilizados dançando, usando máscaras e dando cambalhotas em público exatamente como seus irmãos não convertidos em sua terra natal. Seria mais interessante, porém, se um "selvagem" não convertido caísse no mundo urbano moderno — digamos, algum nativo da Austrália, da Índia ou da Nova Guiné do século XIX — transportado até o centro de Manhattan na hora do almoço, quando as multidões tomam as ruas.

Ficaria pasmo com as luzes brilhantes, com os automóveis e com a quase completa substituição de árvores e grama por concreto. Mas, deixando de lado esse primeiro choque e suas possibilidades cômicas, o que mais o surpreenderia seria o tamanho da multidão em que estaria inserido: em um único quarteirão, poderia haver mais pessoas do que ele jamais havia visto em sua vida nas reuniões anuais de sua tribo, quando centenas de pessoas podiam se encontrar ao mesmo tempo, para dias de dança, refeições coletivas e outras atividades carnavalescas.

De acordo com a experiência dele, uma multidão é a matéria-prima para a festividade, e essa massa enorme de gente teria capacidade para fazer uma festa muito mais intensa e criativa do que qualquer festividade de seu próprio grupo de poucas dezenas de pessoas. Por um momento, a prevalência dos rostos pintados das nova-iorquinas e — de seu ponto de vista "selvagem" — as "fantasias" universais que vestem poderiam levá-lo a enganar-se e pensar que havia emergido em algum tipo semelhante de festividade; porém, as expressões faciais das pessoas em volta imediatamente frustrariam essa suposição. Os rostos estão fechados, nada sorridentes, concentrados em missões desconhecidas, desconfiados dos contatos visuais. Seja o que for que essas pessoas estão fazendo, o fato é que não estão celebrando nada. Esse será seu grande choque: a recusa desse povo, ou sua incapacidade, de engajar toda essa abundante convergência de humanos em algum tipo de celebração.

Na batalha, que já chega a pelo menos 3 mil anos de idade, entre Penteu e Dioniso — entre papas e camponeses dançantes, entre puritanos e foliões de Carnaval, entre missionários e praticantes de religiões indígenas extáticas —, Penteu e seus aliados por fim prevaleceram. Não apenas a possibilidade de alegria coletiva foi largamente marginalizada e só surge na fachada das igrejas dos pobres e nos clubes escuros frequentados pelos jovens como a fonte dessa alegria — outras pessoas, inclusive estranhos — já não tem grande apelo. No mundo de hoje, os outros se tornaram um obstáculo para as nossas buscas individuais. Impedem nosso avanço pelas ruas urbanas e pelas estradas; competem por empregos e vagas onde parar o carro; inflacionam o preço das casas e "arruínam" nossos lugares favoritos para as férias com suas estúpidas diversões e sua presença ruidosa; podem até ser criminosos e terroristas. Evoluímos para ser animais altamente sociais e, mais do que qualquer outro primata, capazes de ter relações prazerosas com pessoas de fora da nossa família. No entanto, em um planeta povoado por mais de 6 bilhões de humanos, todos no limite e competindo pelas mesmas provisões cada vez mais escassas de terra, petróleo e água, essa sociabilidade inata parece fora de lugar, ingênua e anacrônica.

Não há nenhuma facção poderosa em nosso mundo dividido engajada em sustentar as glórias dos festejos e da dança. O fundamentalismo protestante dos EUA e o radicalismo islâmico do Oriente Médio são ambos profundamente hostis aos empreendimentos extáticos. O islamismo radical se empenha em suprimir o sufismo extático; opõe-se à música, à dança e ao convívio em público de pessoas de sexos diferentes. O protestantismo evangélico norte-americano pode ter seus momentos de revelação religiosa individual do tipo "nascer de novo", mas na prática é um negócio frio e calvinista — defende o trabalho duro, a sobriedade e formas ínfimas de caridade. Quanto à perspectiva secular representada pelos estudiosos e intelectuais do Ocidente, já analisamos ao longo do livro seu desdém visceral pela excitação "primitiva" das massas. Mesmo o comunismo, de que se esperaria que celebrasse uma socialidade humana, com a questionável exceção de Cuba, acabou sendo marcado por um estado frio e triste das coisas, em que, como no ocidente capitalista, os espetáculos de massa e os desfiles militares substituíram antigas tradições festivas.

Pode-se argumentar — como há séculos vêm fazendo os inimigos das festividades — que as festas e os rituais extáticos são incompatíveis com a civilização, ao menos em sua forma moderna. Mesmo especialistas que compreendem relativamente bem as tradições festivas tenderam a vê-las como reminiscências arcaicas, incapazes de sobreviver "à medida que a sociedade se torna mais complexa e com classes e profissões diferenciadas", nas palavras do antropólogo Alfred Métraux.[1] Ou, como coloca o sociólogo francês Jean Duvignaud, "as economias de mercado e a crescente industrialização estão cristalizando condições sociais para a eliminação de tais manifestações [festividades]".[2] A incompatibilidade das festividades com a industrialização, com as economias de mercado e com a complexa divisão de trabalho é simplesmente presumida, tal como Freud presumia — ou postulava — a incompatibilidade da civilização com as atividades sexuais desordenadas. Se você quer antibióticos, edifícios aquecidos e viagens aéreas, parecem estar dizendo esses especialistas, é necessário se abster de dar as mãos a estranhos e de dançar nas ruas.

A suposta incompatibilidade da civilização com as tradições de êxtase coletivo apresenta algo semelhante a um paradoxo: a civilização é boa — não é? — e se estabelece sobre as melhores feições humanas, como a inteligência, o autossacrifício e as capacidades tecnológicas. Mas os rituais extáticos também são bons e expressam nosso temperamento artístico e nossa nostalgia espiritual, para não falar de nossa solidariedade. Então, como a civilização pode ser vista como uma forma de progresso se elimina algo tão distintamente humano, algo profundamente satisfatório, que é a alegria coletiva das festividades e dos rituais extáticos? Em um notável ensaio intitulado "O declínio da dança coral", Paul Halmos escreveu, em 1952, que a tradição antiga e universal da dança coral — ou seja, da dança em grupo, em oposição à prática de dança em casais instituída mais recentemente pelos europeus — era uma expressão de nossos "impulsos grupais" e de nossa "sociabilidade biológica". Por isso sua desaparição em sociedades complexas, em particular na civilização industrial, só pode representar um "declínio de nossa vida biossocial" — uma conclusão dolorosamente perturbadora.[3]

CONCLUSÃO: A POSSIBILIDADE DE UM RENASCIMENTO

Talvez o problema seja apenas uma questão de escala: os rituais extáticos e as festividades parecem ter evoluído para interligar pessoas em grupos de poucas centenas por vez — um tamanho que permite que cada participante ouça a mesma música (amplificada) e veja os outros participantes ao mesmo tempo. As civilizações, por outro lado, tendem a envolver muitos milhares — hoje, milhões — de pessoas ligadas por interdependências econômicas, exigências militares e leis. Em uma sociedade grande, antiga ou moderna, um senso de ligação emocional pode ser alcançado por espetáculos de massa assistidos por milhares — com o advento da televisão, até bilhões de pessoas ao mesmo tempo.

Vivemos no que o teórico francês Guy Debord chamou de "sociedade do espetáculo", à qual descreveu como ocorrendo em "uma época sem festivais".[4] Em vez de gerar seus próprios prazeres coletivos, as pessoas absorvem, ou consomem, os espetáculos de entretenimento comercial, os rituais nacionalistas e a cultura consumista, com suas intermináveis propagandas voltadas ao prazer da propriedade individual. Debord lamentou a passividade engendrada pela constante condição de espectador, anunciando que "o espetáculo é o pesadelo da sociedade moderna aprisionada que, no final, não expressa nada mais do que seu desejo de dormir".[5]

Mas não há nenhuma razão óbvia para as festividades e os rituais extáticos não poderem sobreviver em sociedades de grande escala. Cidades inteiras foram tomadas pelo grande Festival da Revolução Francesa de 1790, com correntes de dançarinos se estendendo pelas ruas até o campo. Os festivais de rock às vezes levam dezenas de milhares a dançar e socializar pacificamente por dias. O Brasil moderno ainda celebra seu Carnaval; Trinidad preserva o seu. Os levantes não violentos de hoje, como a Revolução Laranja da Ucrânia, invariavelmente incluem o rock ou o rap, dança nas ruas e fantasias na cor da revolução. Não há limite aparente para o número de pessoas que podem festejar juntas.

Tampouco o tamanho crescente das sociedades humanas pode explicar a velha hostilidade das elites em relação às festividades e aos rituais extáticos do povo — uma hostilidade que remonta ao menos às cidades-estado da Grécia Antiga, cada uma contendo apenas poucas dezenas de milhares de habitantes. Não foi uma preocupação com o tamanho da multidão que levou Penteu a enfrentar as mênades, ou Roma a massacrar os cultos dionisíacos. Não, a repressão das festividades e dos rituais extáticos ao longo dos séculos foi obra consciente de homens, ocasionalmente também de mulheres, que viam neles uma ameaça real e urgente. O aspecto da "civilização" mais hostil às festividades não é o capitalismo ou o industrialismo — sendo ambos inovações bastante recentes — e sim a hierarquia social, que é algo muito mais antigo. Quando uma classe ou um grupo étnico subordina uma população a suas regras, passa a temer os rituais que fortalecem os subordinados como uma ameaça à ordem civil.

Vimos como isso se deu no final da Idade Média na Europa e mais tarde no Caribe. Primeiro, a elite se retira das festividades, seja por medo ou por um esforço para manter a dignidade e a distância em relação à massa. As festividades seguem por um tempo sem ela e continuam servindo à antiga função de construir a unidade de grupo entre os participantes. Porém, como os participantes agora são todos, ou quase todos, membros de um grupo ou de grupos subordinados, sua unidade inevitavelmente representa um desafio às partes dominantes, um desafio expresso nos rituais carnavalescos que zombam do rei ou da Igreja. Na maior parte do mundo, foi a elite conquistadora dos europeus colonizadores que se impôs às culturas nativas e passou a ver seus rituais como "selvagens" e ameaçadores desde o princípio. Esse é o real ponto de discordância entre a civilização e o êxtase coletivo: os rituais extáticos ainda constroem uma coesão de grupo, mas quando o fazem entre subordinados — camponeses, escravos, mulheres, povos colonizados — a elite convoca suas tropas.

De certa maneira, as celebrações musicais dos subordinados podem ser consideradas mais perigosas para as elites do que as ameaças políticas abertas. Mesmo reis e colonizadores podem sentir o poder convidativo da música. Penteu não resistiu; vestiu roupas femininas e enfim se juntou às mênades — apenas para morrer terrivelmente, desmembrado pela própria mãe. E por que os colonizadores europeus descrevem tanto os nativos dançantes como "fora de controle"? Os participantes dessas práticas não perdiam o controle sobre suas ações e, em geral, estavam desempenhando rituais cuidadosamente ensaiados. "A perda de controle" é o que os colonizadores temiam que pudesse acontecer com eles próprios. Em alguns casos, a tentação era projetada em outros, especialmente nos jovens. Os romanos temiam o efeito da adoração báquica sobre os garotos mais novos. No conto de fadas, o flautista de Hamelin usa sua música para atrair as crianças de uma vila alemã. O rock podia ter sido mais bem aceito entre os adultos dos anos 1950 se ficasse limitado à população negra, em vez de se infiltrar e tomar uma geração de jovens brancos.

Mas a hostilidade da elite em relação às festividades dionisíacas vai além das preocupações pragmáticas com a possibilidade de insurreições ou com a sedução dos jovens. Filosoficamente, as elites se sobressaltam com espetáculos de alegria pública e desordeiros. A hierarquia, por sua natureza, estabelece barreiras entre as pessoas — quem pode ir a tal lugar, quem pode abordar quem, quem é bem-vindo, quem não é. A festividade rompe essas barreiras. Nas palavras do classicista Charles Segal, "enquanto Apolo impõe limites e reforça barreiras, Dioniso, que se opõe a ele e o complementa, os dissolve".[6]

A hierarquia é um mecanismo de exclusão; a festividade promove a inclusão. A música convida todos a dançar e a comida compartilhada mina por um instante os privilégios de classe. Quanto às máscaras, podem ter funções rituais e simbólicas, mas, à medida em que elidem a identidade, também dissolvem as diferenças entre estranhos e vizinhos, tornando os vizinhos temporariamente estranhos e estes não mais distantes do que qualquer outra pessoa. Nenhuma fonte de discriminação humana ou de identidade está imune aos desafios do Carnaval; o travestismo desafia os gêneros assim como aqueles que se vestem de padres e reis zombam dos cargos e do poder. No auge de uma festividade, saímos dos papéis e status estabelecidos — de gênero, etnia, tribo e posição — e entramos numa breve utopia definida por igualdade, criatividade e amor mútuo. É desse modo que os rituais de dança e as festividades serviam para fortalecer os laços de grupos humanos pré-históricos, e é isso o que ainda nos conclama hoje.

De modo que a civilização, como os humanos a concebem há milhares de anos, tem uma falha fundamental: tende a ser hierárquica, com classes ou grupos que exercem poder sobre a maioria,* e a hierarquia é antagônica à tradição festiva e extática. Assim, as sociedades hierárquicas não têm meios de manter as pessoas juntas senão por meio dos espetáculos de massa — para não falar do uso da força. A civilização contemporânea, que, apesar de suas pretensões democráticas, é flagrantemente hierárquica em termos de

---

*Não sabemos se esse é um aspecto inerente à civilização, embora os defensores da democracia genuína só possam esperar que não. Anarquistas e socialistas contemporâneos discordam nesse ponto, alguns propõem métodos complexos de interferência nas raízes do problema que presumivelmente aboliriam todas as hierarquias preservando os meios modernos de produção. Como exemplo de um desses sistemas propostos, ver o livro *Parecon*, de Michael Albert (Londres: Verso, 2003). Outros, mais notavelmente o pensador anarquista John Zerzan, argumentam que o problema é mais profundo e que não podemos alcançar a democracia sem eliminar a industrialização e, possivelmente, toda a divisão de trabalho.

classe, raça e gênero, pode unir milhões em uma interdependência econômica, mas não os "une" com fortes laços afetivos. Nós, que habitamos as partes mais ricas do mundo, podemos ter consciência de quanto somos dependentes dos trabalhadores das fábricas chinesas, dos operários indianos, dos porteiros imigrantes, mas não conhecemos essas pessoas e, na maior parte das vezes, não temos qualquer interesse por elas. Mal conhecemos nossos vizinhos e muitas vezes vemos nossos colegas de trabalho como competidores. A civilização oferece poucas formas de conexões emotivas comunais além de uma guerra ou um funeral televisionado, o que é lastimável.

Pagamos um alto preço por esse vazio emocional. Individualmente, sofremos de isolamento social e depressão, fatores que, ainda que não sejam fatais, aumentam o risco de problemas cardiovasculares e de muitas outras doenças. Coletivamente, parece que temos dificuldades em ajustar nossa situação, que se torna mais sinistra a cada dia. Metade da população mundial vive em uma pobreza debilitante. Epidemias devastam nações inteiras. As geleiras dos polos estão derretendo e os desastres naturais se multiplicam. No entanto, continuamos em grande parte paralisados, carentes de meios ou de vontade para nos organizarmos em nome de nossa sobrevivência. Na verdade, a própria noção de "coletivo", ou de bem comum, foi erodida pelas agendas dos poderosos em defesa de suas causas próprias — a ganância e a fome de poder que os domina. Pelo mundo inteiro (capitalista e pós-comunista), décadas de políticas sociais conservadoras minaram qualquer senso de responsabilidade geral e puseram o fardo do risco nas costas do indivíduo ou da família.

A família é tudo de que precisamos, nos dizem os cristãos evangélicos dos EUA, o receptáculo perfeito de todas as nossas nostalgias e lealdades sociais. Na prática, se algo representa um tipo de regressão evolutiva, é essa instituição. Ao comprimirmos nossa sociabilidade aos limites da família, parecemos menos com os ancestrais humanos do Paleolítico do que com os primatas pré-humanos que ainda não haviam descoberto no ritual de dança uma "biotecnologia" para a formação de grupos maiores. Os humanos tinham esperteza e generosidade para se relacionar com outros que não só os parentes; os hominídeos se juntavam com quem se identificavam.

É claro que nossa civilização tem seus prazeres compensatórios. O mais citado é a cultura do consumo, que nos encoraja a desviar nossos desejos para a aquisição e ostentação de *coisas*: o carro novo, sapatos ou plásticas no rosto, que aprimoram seu status e fazem-no se sentir menos solitário — ou isso é o que prometem. O shopping pode ser um lugar triste se comparado a uma feira inglesa do final da Idade Média, mas oferece bens jamais sonhados naqueles ambientes mais humildes, apresentando conveniências e tentações do mundo inteiro. Temos também o "entretenimento", na forma de filmes, música nos iPods para divertimento pessoal, jogos de computador e, possivelmente, em breve, experiências de realidade virtual. E temos as drogas, legais e ilegais, que suspendem a depressão, acalmam a ansiedade e reforçam nossa autoconfiança. Uma medida de nossa privação é o fato de a referência ao "êxtase" mais em voga hoje não ter a ver com uma experiência, e sim com uma droga, o *ecstasy*, a substância MDMA, que oferece sensações fugazes de euforia e conexão.

Esses prazeres compensatórios, porém, não matam nossas saudades. Qualquer um que resista ao vício da cultura de consumo, do entretenimento e das drogas, mais cedo ou mais tarde chega à conclusão de que "falta alguma coisa". O que pode ser isso é algo difícil de definir, mas que se expressa em formulações vagas como "espiritualidade" ou "comunidade". Os intelectuais regularmente apresentam discursos contemplativos sobre a cola que falta à nossa sociedade, a ausência de laços fortes que nos conectem aos que não fazem parte de nossas famílias. Em 1985, o livro *Habits of the Heart: Individuals and Commitment in American Life* (Hábitos do coração: indivíduos e compromissos na vida norte-americana), organizado por Robert Bellah, descobriu os norte-americanos presos a suas ambições pessoais, incapazes de imaginar qualquer senso maior de comunidade. Em 2000, Robert D. Putnam publicou *Bowling alone: The Collapse and Revival of American Community* (Jogando boliche sozinho: colapso e renascimento da comunidade norte-americana), em que retrata o declínio não só da participação cívica, mas de qualquer tipo de atividade grupal. Existe até uma corrente intelectual chamada *comunitarismo*, que pretende restaurar de alguma maneira a coesão social característica de sociedades menores e menos divididas, e seus adeptos incluem celebridades como Bill e Hillary Clinton.

Para a maioria das pessoas, contudo, o "algo" que falta é substituído mais prontamente pela religião. Longe de fenecer, como Marx havia previsto, a religião experimentou um renascimento espetacular, em especial na maioria cristã dos EUA e nas partes muçulmanas do mundo. Em suas religiões, as pessoas encontram muitas coisas — um senso de propósito e algumas explicações metafísicas para o sofrimento humano, por exemplo. Também encontram um senso de comunidade — a *umma* do islamismo ou a vizinhança de uma igreja do interior. O deus antropomórfico do cristianismo, em particular, é ele próprio um tipo de substituto para a solidariedade humana, um companheiro amoroso invisível que aconselha e consola. Como uma comunidade que se preocupa genuinamente com seus integrantes, diz-se que ele seria a cura para a depressão, a alienação, a solidão e até para os vícios mundanos e corriqueiros em álcool e drogas.

Mas, em comparação com as religiões dançadas do passado, as "fés" de hoje costumam ser bastante pálidas — nem que seja justamente pelo fato de serem "fés", exigindo e dependendo da crença, e não do conhecimento. A dançarina dos rituais pré-históricos, a mênade ou a praticante de vodu não *acreditam* em seu deus ou em seus deuses; elas os *conhecem*, pois no auge do êxtase grupal haviam sido preenchidas por suas presenças. Os cristãos modernos podem viver experiências semelhantes, mas o requisito primário de sua religião é a *crença*, o que supõe um esforço de imaginação. Dioniso, pelo contrário, não perguntava a seus seguidores se acreditavam ou tinham fé; chamava-os para apreendê-lo diretamente, para deixá-lo entrar, com toda a loucura e toda a glória, em seus corpos e em suas mentes.

Por várias razões, então, nosso "selvagem não convertido" imaginário poderia se desesperar diante do que a civilização forjou. Lamentaria a ausência de deuses, que se manifesta pela necessidade de que sejam intimados pela imaginação, por meio da fé interior, e não pelo ritual compartilhado. Ficaria desnorteado com o fato de nossa grande conquista reprodutiva como espécie — a imensa população, mesmo a superpopulação, do planeta — levar rotineiramente à frustração e à hostilidade, e não ao enriquecimento da experiência individual. Poderia se afligir com a miséria a seu redor — a pobreza e as doenças que nossa capacidade tecnológica não foi capaz de aliviar. Acima de tudo, ficaria chocado de ver a espécie em uma situação que pode até levá-la à extinção — por pandemias, pelo aquecimento global, pela ameaça nuclear, pela exaustão dos recursos naturais — e ainda assim que todos permaneceram isolados demais uns dos outros para se unir e organizar qualquer defesa coletiva, como no passado o *Homo sapiens* havia aprendido a fazer.

Tentamos, é claro. Muitos milhões de pessoas por todo o mundo estão engajados em movimentos por justiça econômica, paz,

CONCLUSÃO: A POSSIBILIDADE DE UM RENASCIMENTO

igualdade e reparações ambientais, e muitas vezes esses movimentos são incubadoras para a solidariedade e a celebração que tanto faltam ao nosso estado habitual de aceitação passiva. Ainda assim, parece não haver nenhum grupo de defensores da alegria coletiva em si. Na verdade, a própria expressão *alegria coletiva* soa bastante estranha e exótica.

O silêncio demanda algum tipo de explicação, então façamos com que os inimigos das festividades — ou ao menos os revolucionários entre eles, como Robespierre e Lenin — cumpram essa obrigação. O que está perdido não é tão importante, poderiam argumentar, se tivessem bom humor suficiente para entrar na discussão. E de fato seria preciso ser um louco, ou um hippie lesado pelas drogas, para imaginar que a restauração das festividades e dos rituais extáticos nos tiraria de nossa crise atual, ou mesmo para pensar que essas atividades *poderiam* ser restauradas em nosso mundo com algo que se aproximasse de sua intensidade e de seu significado originais. Nenhum acúmulo de mãos dadas ou de dança coral daria paz ao mundo e possibilitaria uma cura ambiental. Na verdade, em algumas ocasiões as festividades serviram para confundir ou acalmar os celebrantes. O Carnaval europeu coexistiu por séculos com tiranias, e daí decorreu a habitual teoria de que sua função social seria de "válvula de escape". Americanos nativos praticantes da "dança dos fantasmas" não conseguiram impedir o genocídio com seus rituais extáticos; tampouco os africanos colonizados foram capazes de se proteger dançando até o transe. Diante de ameaças muito sérias à sobrevivência do grupo, o ritual extático pode ser uma perda de energia ou até algo pior. O ditador haitiano "Papa Doc" Duvalier chegou a encorajar o vodu como meio de fortalecer seu domínio sobre a população.

Meus próprios impulsos calvinistas — herdados em parte dos meus ancestrais que eram calvinistas genuínos, escoceses presbiterianos — dizem-me insistentemente para terminar o trabalho, para salvar o mundo, e só então talvez eu tenha tempo para comemorar. Diante da pobreza, da miséria e da possibilidade de extinção, não há tempo ou justificativa para a contemplação de qualquer prazer, dizem essas vozes internas. Feche os ouvidos para o som cada vez mais fraco dos tambores e das flautas; o Carnaval e os rituais dançados pertencem a um tempo distante. As mênades há muito estão mortas, são apenas uma curiosidade para os classicistas; os "nativos" globais foram subjugados. Esqueça o passado, que de qualquer modo é metade imaginário, e vá trabalhar.

E ainda assim essa possibilidade extática não se esvai. Apesar de séculos de repressão, apesar da competente sedução que os espetáculos exercem, as festividades continuam borbulhando, e nos lugares mais improváveis. A rebelião do rock irrompeu em meio ao conformismo ansioso dos EUA no pós-guerra e gerou toda uma contracultura. Em seguida, na outra ponta do espectro cultural, onde o espetáculo esportivo se mesclava ao nacionalismo, o público empreendeu uma carnavalização dos eventos esportivos, exigindo que se tornassem oportunidades para a criatividade e para a alegria coletiva. As religiões, também, ainda geram momentos extáticos, como a peregrinação chassídica anual da cidade ucraniana de Uman, que começou com a queda do comunismo e conta com a participação de milhares de homens chassidim, inteiramente vestidos de branco, dançando e cantando pelas ruas em homenagem a seu rabino morto. O impulso rumo à celebração pública persiste, aproveitando todas as oportunidades que aparecem. Quando o Irã, que certamente é um dos estados mais repressivos do mundo, classificou-se para a Copa do Mundo de 1998, "as comemorações paralisaram Teerã", de acordo com a revista *Newsweek*. "As mulheres rasgaram os véus obrigatórios; os homens distribuíram vodca em copos de plástico até para adolescentes que dançavam pelas ruas, sendo essa bebida terminantemente proibida".[7]

CONCLUSÃO: A POSSIBILIDADE DE UM RENASCIMENTO 313

Também existem casos de pessoas se reunindo e criando festividades do nada, ou ao menos sem o pretexto de um show comercial ou de um evento esportivo. Milhares de mulheres se reúnem todo verão para o Michigan Womyn's Music Festival, descrito em seu website como "a melhor festa do planeta". A cultura gay masculina conta com grandes paradas, envolvendo dança e fantasias, em festas que, com a ajuda de alguns estimulantes químicos, chegam a durar dias. Foi a cultura gay, também, que se apropriou pela primeira vez do Halloween como um feriado para adultos, agora celebrado em desfiles de fantasia por pessoas de todas as tendências sexuais. O historiador Nicholas Rogers resume as práticas recentes desse feriado:

> Em São Francisco, em paralelo às passeatas gays em Castro e Polk, o Trocadero Transfer Club organizou uma festança de três dias de duração tendo como tema o filme *Mad Max 2*. Em Salem, Massachusetts, a bruxaria gerou 40 eventos com a participação de cerca de 50 mil pessoas. Até em Salt Lake City, onde os mórmons condenam profanações públicas e excessos, clubes privados promoveram animadas festas de Halloween. Uma testemunha citou a presença de freiras grávidas e padres libertinos na pista, e três anjos pintados de dourado imitando as figuras que ficam no topo do templo mórmon da cidade.[8]

Podemos destacar também outras festividades inventadas recentemente, como a *Love Parade* de Berlim, uma festa ao ar livre que costuma atrair mais de um milhão de pessoas, ou o festival anual *Burning Man*, em Black Rock Desert, Nevada, onde milhares de pessoas de todas as idades se reúnem para criar arte, dançar, pintar-se e fantasiar-se.

E, sejam quais forem suas deficiências como meios de intercâmbio social, os movimentos de protesto continuam reinventando o Carnaval. Quase todas as manifestações que pude testemunhar ao longo dos anos — contra as guerras, feministas ou por justiça econômica — continham elementos carnavalescos: fantasias, música, dança improvisada, compartilhamento de comida e bebida. A mídia muitas vezes ridiculariza o espírito carnavalesco desses protestos, como se fosse uma autopermissão para se distrair das questões políticas. Organizadores experientes, contudo, sabem que a satisfação não pode ser adiada para depois da "revolução". O radical texano Jim Hightower, por exemplo, lançou no início dos anos 2000 uma série de eventos "Rolling Thunder" por todo o país exigindo o retorno de soldados norte-americanos em guerra, oferecendo em cada um deles música, comida e muito convívio, com o objetivo assumido de "devolver a festa à política". As pessoas devem encontrar, em seus movimentos, a alegria imediata da solidariedade, nem que seja porque, diante de um Estado opressor e do poder corporativo, a solidariedade é a única fonte de força que podem ter.

Na realidade, nos últimos anos, tem ocorrido um carnavalização cada vez maior das manifestações de protesto, talvez ainda mais entre os jovens ativistas "antiglobalização" da Europa, da América Latina, do Canadá e dos EUA. Usam fantasias como a de tartaruga, que simboliza as preocupações ambientais, utilizada num imenso protesto em Seattle em 1999. Vestem máscaras ou pintam os rostos; levam tambores para as manifestações e às vezes dançam pelas ruas; zombam de autoridades em teatros de rua e retratos paródicos. Sobre as manifestações de 1999, um jornal de Seattle reportou: "A cena (...) parecia uma festa de ano-novo: as pessoas batucavam, tocavam cornetas e atiravam discos para o ar. Um foi cair aos pés de um policial, que foi aclamado ao jogá-lo de volta

CONCLUSÃO: A POSSIBILIDADE DE UM RENASCIMENTO 315

para a multidão."[9] A vontade de alterar a própria aparência, de dançar ao ar livre, de zombar dos poderosos e de abraçar estranhos não é fácil de suprimir.

E por que, afinal, alguém iria querer fazer isso? A capacidade de alegria coletiva está criptografada em nós quase tão profundamente quanto a capacidade do amor erótico de um humano por outro. Podemos viver sem ela, como faz a maioria, mas sob o risco de sucumbir ao pesadelo solitário da depressão. Por que não exigir e recuperar nossa herança humana de criaturas que podem gerar seus próprios prazeres extáticos por meio da música, da cor, da comida e da dança?

Alguns anos atrás, na maravilhosa praia de Copacabana, no Rio de Janeiro, onde as montanhas avançam quase até a linha da água, meu companheiro e eu fomos atraídos pelo som de tambores. Caminhando em direção ao norte pela praia, chegamos a uma falange de sambistas, cerca de dez pessoas à frente seguidas por um grupo de gente que tomava todo o quarteirão. Eram membros de um bloco de carnaval ensaiando, fomos informados. Havia pessoas de todas as idades, desde crianças de 4 ou 5 anos até octogenários, homens e mulheres, algumas lindamente fantasiadas e outras vestindo as regatas e os shorts que constituem as roupas corriqueiras do Rio. Para um missionário do século XIX, ou mesmo para um religioso puritano do século XXI, os movimentos dessas pessoas podiam muito bem ser entendidos como obscenos ou pelo menos sugestivos. Certamente a tomada das ruas por parte de uma multidão de pessoas de pele morena teria sido, para eles, por si só inquietante.

Mas o bloco foi dançando até a areia em perfeita dignidade, envolvido por seu próprio ritmo, com os rostos a um só tempo exaustos e brilhantes numa exaltação quase religiosa. Um jovem magro e branco que dançava logo atrás dos músicos ditava o passo. O que ele era na vida real? Um bancário, um motorista de ônibus? Naquele momento, em sua fantasia com penas reluzentes, era um príncipe, uma figura mitológica, talvez até um deus. Por um instante, não havia divisões entre pessoas exceto as criadas de brincadeira pelo próprio Carnaval.

À medida que iam chegando no calçadão, os curiosos começavam a cair no ritmo, sem qualquer convite ou anúncio, sem vergonha e mesmo sem álcool para dissolver as restrições normais da vida urbana. O bloco logo se tornou uma multidão, que logo se tornou um festival momentâneo. Não havia qualquer "objetivo" naquilo — nenhuma conotação religiosa, nenhuma mensagem ideológica ou dinheiro a ser ganho —, era apenas a chance, da qual precisamos cada vez mais neste mundo abarrotado, de reconhecer o milagre de nossa existência simultânea em algum tipo de celebração.

Notas

INTRODUÇÃO: CONVITE PARA DANÇAR

1. Citado em Oesterley, p. 2.
2. Citado em Moorehead, p. 30.
3. Citado em ibid., p. 94.
4. Citado em ibid., p. 128-29.
5. Citado em Durkheim, *The elementary forms of the religious life*, p. 240.
6. Frey e Wood, p. 147.
7. Citado em ibid., p. 59.
8. Citado em Cowley, p. 40-41.
9. Citado em Raboteau, p. 62.
10. Citado em Murphy, p. 149.
11. Citado em Oesterreich, p. 140-41.
12. Citado em Frey e Wood, p. 25.
13. Buchan, p. 83.
14. Hambly, p. 16-17.
15. Cheeseman, p. 124.
16. Citado em Oesterreich, p. 285-86.
17. Goodman, p. 36. Ver também Platvoet.
18. Citado em Oesterreich, p. 286.
19. Michael Taussig, *Mimesis and alterity: a particular history of the senses* (Nova York. Londres: Routledge, 1993), p. 241.

20. Conrad, p. 32.
21. Oesterreich, p. 237.
22. Street, p. 62.
23. Davenport, p. 243.
24. Ibid., p. 306.
25. Kreiser, p. 257-58.
26. Oesterreich, p. 237.
27. Weidkuhn.
28. Stoler, p. 125.
29. Citado em Kupperman, p. 107.
30. Citado em Stoler, p. 124.
31. Crapanzano, p. xiii.
32. Turner, *The ritual process*, p. 7.
33. Ibid., p. 129.
34. Ibid., p. 138-39.
35. Ibid.
36. Crapanzano, p. 234.
37. Citado em Castillo.
38. Citado em ibid.
39. Sass, p. 362.
40. Trish Hall, "Seeking a focus on joy in the field of psychology", *New York Times*, 28 de abril de 1998.
41. Citado em Stallybrass e White, p. 190.
42. Lindholm, p. 57-58.
43. Freud, *Civilization and its discontents*, p. 64.
44. Suryani e Jensen, p. 173.
45. http://www.psychnet-uk.com/dsm_iv/depersonalization_disorder.htm.
46. Lindholm, p. 66.
47. Ibid., p. 70.
48. Lofland.
49. Turner, *Celebration*, p. 12.
50. Ver, por exemplo, Beverly, J. Stoeltje, "Festival", em Bauman, p. 264-66.
51. Ibid., p. 262.
52. Citado em Raboteau, p. 223.

1. AS RAÍZES ARCAICAS DO ÊXTASE

1. Garfinkel, p. 11.
2. John Pikrell, "Unprecedented ice age cave art discovered in U.K.", *National Geographic News*, 18 de agosto de 2004.
3. Dunbar, p. 147-48.
4. Freeman, p. 129.
5. McNeill, *Keeping together in time*, p. 2.
6. D'Aquili, p. 22.
7. Sandra Blakeslee, "Cells that read minds", *New York Times*, 10 de janeiro de 2006.
8. Marcel Kinsbourne, "The role of imitation in body ownership and mental grouth", em Meltzoff e Prinz, p. 312-30.
9. Lewis, p. 35-6.
10. Heather Pringle, "Ice age communities may be earliest known net hunters", *Discover*, 29 de agosto de 1997.
11. Marcel Granet, *Chinese Civilization* (Nova York: Barnes and Noble, 1957), p. 168.
12. Albright, p. 184.
13. André Gunnel, "Ecstatic prophesy in the Old Testament", em Holm, p. 187-200.
14. Garfinkel, p. 61-62.
15. Gunnel, p. 34.
16. Patai, p. 242.
17. Ver Lawler, p. 238-39.
18. Sachs, p. 238-39.
19. Ibid., p. 237.
20. Citado em ibid., p. 238.
21. Citado em Dodds, *The Greeks and the irrational*, p. 271.
22. Citado em Lonsdale, *Dance and ritual play*, p. 21.
23. Lonsdale, *Dance and ritual play*, p. 79.
24. Lawler, p. 92.
25. Evans, p. 52.
26. Nietzsche, p. 23.
27. Ibid., p. 102.

28. Obbink, p. 65-86.
29. Dodds, *The Bacchae*, p. xiv.
30. Evans, p. 160.
31. Calasso, p. 78.
32. Daniélou, p. 39.
33. Turner, *The ritual process*, p. 156.
34. Ibid., p. 160.
35. Ibid., p. 160.
36. Dodds, *The Bacchae*, p. xiv.
37. Joyce, p. 33-34.
38. Dodds, *The Bacchae*, p. 202.
39. Joyce, p. 43.
40. Portefaix, p. 205.
41. Vellacott, p. 25.
42. Otto, p. 136.
43. Dodds, *The Bacchae*, p. 194-95.
44. Evans, p. 19.
45. Jameson, p. 44.
46. Ibid., p. 47.
47. Durkheim, *The elementary forms of the religious life*, p. 250.
48. Dodds, *The Greeks and the irrational*, p. 272.
49. Lawler, p. 50.
50. Burkert, *Ancient mistery cults*, p. 31.
51. Backman, p. 5.
52. Burkert, "Bacchic *teletai* in the Hellenistic Age".
53. Jameson, p. 63.

2. CIVILIZAÇÃO E RETROCESSO

1. Dodds, *The Bacchae*, p. 205.
2. Joyce Marcus e Kent V. Flannery, "The co-evolution of ritual and society: new C-14 dates from ancient Mexico", *Proceedings of the National Academy of Sciences* 1, nº 52 (2004): 18257-18261.
3. Para saber mais sobre como a guerra moldou as primeiras sociedades, ver o Capítulo 9 de meu livro *Ritos de sangue*.

4. Citado em Patai, p. 230.
5. Armstrong, p. 24.
6. Citado em Evans, p. 149.
7. Lawler, p. 95.
8. Burkert, *Ancient mistery cults*, p. 97.
9. Citado em ibid., p. 90.
10. Max Weber, *The sociology of religion*, p. 180.
11. Sachs, p. 248.
12. Weber, *The sociology of religion*, p. 180.
13. Citado em Balsdon, p. 274.
14. O historiador Richard Gordon, citado em Sawyer, p. 122.
15. Sachs, p. 246.
16. Balsdon, p. 275.
17. Juvenal, p. 44.
18. Cumont, p. 29.
19. Gordon Richard, "From Republic to Principate: Priesthood, religion and ideology", em Beard e North, p. 179-98.
20. Beard, p. 165.
21. Gordon, p. 122.
22. Citado em ibid., p. 123.
23. Juvenal, p. 50.
24. Citado em Lívio, p. 409.
25. Citado em Wilken, p. 12.
26. *Oxford Classical Dictionary*, organizado por Simon Hornblower e Anthony Spawforth (Oxford: Oxford University Press, 1996), p. 229.
27. Lívio, p. 401-2.
28. Ibid., p. 406-7.
29. Ibid., p. 402.
30. Ibid., p. 409.
31. Citado em ibid., p. 410.
32. Balsdon, p. 247.

3. JESUS E DIONISO

1. George Steiner, palestra na Universidade de Boston, em 1999, transcrita em www.bu.edu/bridge/archive/1999/features2.html.

2. Timothy Freke e Peter Gandy, *The Jesus misteries: Was the "original Jesus" a pagan god?* (Nova York, Three Rivers Press, 1999), p. 5.
3. Ver Morton Smith, *Jesus the magician*.
4. Dodds, *The Bacchae*, p. 194.
5. Ver Chance.
6. Burkert, "Bacchic *teletai* in the Hellenistic Age", p. 21.
7. Kerényi, p. 387.
8. Momigliano, p. 197.
9. Morton Smith, *Studies in the cult of Yahweh*, vol. 1.
10. Ibid., p. 223.
11. Robert M. Price, "Christianity, diaspora Judaism and Roman crisis", *Review of Rabbinic Judaism 5*, nº 3 (2000): p. 316-31.
12. Kerényi, p. 257.
13. Morton Smith, *Jesus the magician*, p. 158.
14. Freke e Gandy, p. 52.
15. Cumont, p. 65.
16. "Mystery religions", *Encyclopedia Britannica 2006*, Encyclopedia Britannica Premium Sevice, 30 de maio de 2006, http://www.britannica.com/eb/article-15867.
17. Citado em Wilken, p. 96.
18. Citado em ibid., p. 19.
19. Ibid.
20. Armstrong, p. 87. Ver também Meeks, p. 140-63.
21. Sobre refeição comunitária: Robert Jewett, "Are there allusions to the love feast in Romans 13:8-10?", em Julian V. Hills e outros, *Common life in the early Church* (Harriburg, PA: Trinity Press International, 1998), p. 265-78.
22. Stephen G. Wilson, "Early Christian music", em Hills, p. 390-401. Ver também Meeks, p. 144-45.
23. Citado em Backman, p. 21.
24. Ibid., p. 21-22.
25. Citado em Sawyer, p. 104.
26. Citado em Knox, p. 28.
27. Citado em Dodds, *The Greeks and the irrational*, p. 274.
28. Citado em Boles, p. 68.

29. H. Wayne House, "Tongues and mystery religions of Corinth", *Bibliotheca Sacra* 140, n° 558 (abril de 1983): 134.
30. William Samarin, entrevista por telefone com o autor, 30 junho de 1999.
31. Ver, por exemplo, Morton T. Kelsey, *Tongue speaking: An experiment in spiritual experience* (Garden City, NJ: Doubleday, 1964).
32. Janet MacIntosh, comunicação pessoal com a autora, 5 de maio de 2003.
33. "Speaking in tongues — believers relish the experience' *Lo· Angeles Times*, 19 de setembro de 1987.
34. Mary Smalara Collins, "I may speak in the tongue of angels", *U.S. Catholic*, março de 1994, p. 25.
35. Meeks, p. 149.
36. James Hastings, org., *Encyclopedia of religion and ethnics*, vol. 3 (Nova York: Scribner's, sem data), p. 371.
37. Meeks, p. 121.
38. Knox, p. 27-29; Walker, p. 55-56.
39. Burkert, *Ancient mystery cults*, p. 43.
40. Peter Brown, p. 147.
41. Citado em ibid., p. 140.
42. Walker, p. 47.
43. Citado em Backman, p. 25.
44. Citado em ibid., p. 30-31.
45. Citado em ibid., p. 32.
46. Citado em Evans, p. 20.
47. Lewis, p. 34.
48. Ibid., p. 132.
49. Weber, *The sociology of religion*, p. 161.
50. Ibid., p. 160.
51. Ibid., p. 178.

4. DAS IGREJAS PARA AS RUAS: A CRIAÇÃO DO CARNAVAL

1. Gurevich, p. 180.
2. Hutton, p. 65.
3. Delumeau, p. 73-74.
4. Chambers, p. 161.

5. Lonsdale, *Animals and the origins of dance*, p. 29.
6. Backman, p. 157.
7. Cambrensis, p. 92.
8. Backman, p. 51.
9. Ibid., p. 91.
10. Doob, p. 125.
11. Cohn, p. 136-41.
12. Hecker, p. 8.
13. Ibid., p. 2.
14. Ibid.
15. Ibid., p. 12.
16. Donaldson, Cavanagh e Rankin, p. 201-4.
17. Hecker, p. 21.
18. Ibid., p. 2.
19. Ibid.
20. Davis, *Society and culture in early modern France*, p. 137.
21. Citado em Orloff, p. 178.
22. Citado em ibid., p. 294.
23. Chambers, p. 325.
24. Citado em ibid., p. 294.
25. Ibid., p. 292;
26. Ibid., p. 332.
27. Ibid., p. 98.
28. Thompson, *Customs in common*, p. 51.
29. William Shakespeare, *The merchant of Venice*, ato 2, cena 5, linhas 876-81.
30. Goethe, p. 390.

5. MATANDO O CARNAVAL: REFORMA E REPRESSÃO

1. Scribner, p. 303-29.
2. Desplat.
3. Chouraqui.
4. Hoffman, p. 46-54.
5. Hill.
6. Citado em Thompson, *Customs in common*, p. 54.

7. Citado em Elias e Dunning, p. 178.
8. Hill, p. 59.
9. Stallybrass e White, p. 176.
10. Citado em Hoffman, p. 52.
11. Citado em Malcolmson, p. 105.
12. Hill, p. 121.
13. Weber, *The protestant ethic*, p. 168.
14. Citado em Humphrey, p. 33.
15. Citado em Stallybrass e White, p. 13.
16. Citado em Bakhtin, p. 75.
17. Citado em Thompson, *Customs in common*, p. 47.
18. Ladurie, *The French peasantry*, p. 367.
19. Citado em Ladurie, *Carnival in Romans*, p. 100.
20. Jan Darby, "Robin Hood: the lord of misrule", *Renaissance* 9, n° 3 (2004): 41-46.
21. Muir, p. 106.
22. Davis, *Society and culture in early modern France*, p. 119.
23. Weidkuhn, p. 39.
24. Ladurie, *Carnival in Romans*, p. 178-80.
25. Thompson, *Customs in common*, p. 68.
26. Citado em ibid., p 234.
27. Stallybrass e White, p. 14.
28. Citado em Burke, p. 217.
29. Ibid.
30. Scribner, p. 317.
31. Burke, p. 217.
32. Citado em Tripp, p. 136.
33. Scribner, p. 309.
34. Weidkuhn, p. 42.
35. Scribner, p. 321.
36. Weidkuhn, p. 40.
37. Walzer, p. 45.
38. Ladurie, *Carnival in Romans*, p. 42.
39. Ibid., p. 96.
40. Ibid., p. 101.

41. Ingram, p. 82. Ver também Underdown, p. 58.
42. Ozouf, p. 238.
43. Ibid., p. 239.
44. Ibid., p. 241.
45. Ibid.
46. Ibid., p. 89.
47. Citado em ibid., p. 236.
48. Ruiz, p. 311.
49. Twycross, p. 20.
50. Nijsten.
51. Ruiz, p. 311.
52. Ladurie, *Carnival in Romans*, p. 313.
53. Chouraqui.
54. Spencer, p. 369.
55. Citado em Thompson, *Customs in common*, p. 56-57.
56. Muir, p. 37.
57. Citado em Darnton, *The great cat massacre*, p. 133.
58. Ibid., p. 133.
59. Malcolmson, p. 165.
60. Elias, *Power and civility*, p. 236-37.
61. Ibid., p. 271.
62. Citado em ibid., p. 65-66.
63. Ibid., p. 69.
64. Castiglione, p. 75.
65. Greenblatt, p. 103.

6. NOTA SOBRE PURITANISMO E REFORMA MILITAR

1. Huntington, p. 111.
2. Vasil'ev, p. 78.
3. Hakima, p. 35. (Agradeço a Elizabeth Thompson por encontrar e traduzir essa passagem.)
4. Geoffrey Parker, p. 20-21.
5. McNeill, *The pursuit of power*, p. 129-30.
6. Feld, p. 422.

7. Walzer, p. 278.
8. Citado em ibid., p. 287.
9. Corancez, p. 8.
10. Gilsenan.
11. Weber, *The religion of China*, p. 27-28.
12. Ibid., p. 145-46.

7. UMA EPIDEMIA DE MELANCOLIA

1. Citado em Doughty, p. 259.
2. Citado em Oppenheim, p. 14.
3. Boswell, p. 44.
4. Citado em Jamison, p. 232.
5. Solomon, p. 299.
6. Citado em Sánchez, p. 157.
7. Trossbach, p. 5.
8. Goldstein, p. 97.
9. Klerman e Weissman.
10. "Mental disorders, depression set to rise, UN says", Reuters, 11 de janeiro de 2001.
11. Boswell, p. 152.
12. Citado em Porter, p. 84.
13. Citado em ibid., p. 96.
14. Citado em Solomon, p. 300.
15. Citado em Wolpert, p. 7.
16. Citado em Julius H. Rubin, p. 8.
17. Burton, p. 16.
18. Porter, p. 82, 87.
19. Kinsman, p. 275.
20. Burton, p. 346.
21. Boswell, p. 127.
22. Citado em Newton, p. 99.
23. Citado em James, p. 136.
24. Styron, p. 45.
25. James, p. 132.

26. Citado em Coffin, p. 270.
27. Citado em Newton, p. 100.
28. Trilling, p. 19.
29. Sass, p. 2.
30. Ver Hsia, Tuan e Sass.
31. Davis, *The return of Martin Guerre*, p. 40.
32. Burton, p. 53.
33. Citado em Trilling, p. 19.
34. Tuan, p. 139.
35. Ibid.
36. Klerman e Weissman. Ver também Baumeister e Leary.
37. Durkheim, *Suicide*, p. 336.
38. Oppenheim, p. 7.
39. Citado em Brann, p. 70.
40. Weber, *The protestant ant the spirit of capitalism*, p. 106.
41. Bunyan, *Pilgrim's progress*, p. 15.
42. Bunyan, *Grace abounding*, p. 24.
43. Weber, *The protestant ethic*, p. 104.
44. Ibid., p. 119.
45. William Buchan, citado em Jackson, p. 37.
46. Bunyan, *Grace abounding*, p. 14.
47. Citado em Mazlish, p. 68.
48. Citado em ibid., p. 69.
49. Citado em Mitzman, p. 48.
50. Citado em ibid., p. 49-50.
51. Ibid.
52. Durkheim, *Suicide*, p. 154.
53. Hsia., p. 162-65.
54. Citado em Ozouf, p. 15.
55. Citado em Stallybrass e White, p. 182.
56. Ibid., p. 171.
57. Ibid., p. 176.
58. Burton, p. 482.
59. Ibid., p. 451.
60. Ibid., p. 89.

61. Citado em Kinsman, p. 291.
62. Browne, p. 55.
63. Ibid., p. 16.
64. Ibid., p. 65.
65. Citado em Malcolmson, p. 71.
66. Citado em Burkert, *Ancient mystery cults*, p. 113.
67. Solomon, p. 296.
68. Katz, p. 54.
69. Crapanzano, p. 4-5.
70. "Global youth", *For di people* (Freetown, Sierra Leone), 28 de abril de 2001.
71. Hecker, p. 20.
72. Ibid., p. 31.
73. Lewis, p. 76-77.
74. Nietzsche, p. 102.
75. Ibid., p. 23-24.

8. ARMAS CONTRA TAMBORES: O IMPERIALISMO ENFRENTA O ÊXTASE

1. Howarth, p. 162.
2. Davenport, p. 323 (últimas palavras do livro).
3. Citado em Harris, p. 55.
4. MacDonald, p. 58.
5. J. Comaroff, p. 151
6. Janzen, p. 164.
7. Comaroff, p. 151.
8. Citado em *The drums of winter* (documentário), museu da Universidade de Alaska, Fairbanks, Alaska.
9. Kirby, p. 60.
10. Stoeltje Beverly, "Festival", em Bauman, p. 262.
11. Citado em Dougherty, p. 60.
12. Citado em ibid., p. 62.
13. Kirby, p. 61.
14. Citado em Frey e Wood, p. 25.

15. Citado em ibid., p. 26.
16. Murphy, p. 118.
17. Citado em Ward, p. 211.
18. Jean Comaroff, p. 151.
19. Citado em ibid., p. 151.
20. Citado em Oesterley, p. 80.
21. Thorsley, p. 288.
22. Citado em ibid., p. 289.
23. MacDonald, p. 60.
24. Citado em Harris, p. 24.
25. Citado em Comaroff e Comaroff, p. 101.
26. Citado em Tom Englehardt, "The cartography of death", *Nation* 271, n° 12 (23 de outubro de 2000): 25.
27. Citado em Cocker, p. 136.
28. Englehardt.
29. Cocker, p. 6.
30. Raboteau, p. 214-15.
31. Citado em MacRobert, p. 16.
32. Voeks, p. 156; Fenn.
33. Hiney, p. 212-13.
34. "A maior parte dos missionários considerava os administradores coloniais aliados na tarefa essencial de destruir estruturas [nativas] existentes", Kirby, p. 61.
35. MacDonald, p. 57.
36. Jean Comaroff, p. 151.
37. Citado em Ward, p. 210.
38. Citado em Fenn, p. 127.
39. Citado em ibid., p. 138.
40. Uma das principais fontes sobre o Carnaval de Trinidad, em que confio extensivamente aqui, é o livro *Carnival, Canboulay and Calypso: traditions in the making*, de John Cowley.
41. Citado em ibid., p. 20-21.
42. Ibid., p. 22.
43. Ibid., p. 21.
44. Citado em ibid., p. 27.

45. Chasteen.
46. Citado em Cowley, p. 69.
47. Citado em ibid., p. 73.
48. Campbell, p. 14.
49. Fenn, p. 141, 135.
50. Citado em Cowley, p. 13.
51. Bettelheim.
52. Citado em Fenn, p. 141.
53. Cowley, p. 102-4.
54. Citado em Olmos e Paravisini-Gebert, introdução, p. 7.
55. Métraux, p. 89.
56. Joan Dayan, "Vodoun, or the voice of gods", em Olmos e Paravisini-Gebert, p. 19.
57. Raboteau, p. 64; Simpson, p. 17.
58. Voeks, p. 38.
59. Omari, p. 148.
60. Citado em Murphy, p. 47.
61. Ibid.; Laguerre, p. 14.
62. Laguerre, p. 14.
63. Ibid., p. 63-64.
64. Ward, p. 223.
65. Lanternari, p. 143.
66. Ibid., p. 153.
67. Ibid., p. 251.
68. Ibid., p. 252.
69. Ver Karen E. Fields, *Revival and rebellion in colonial central Africa*, para uma excelente discussão sobre a aversão antropológica ao "irracional".
70. Ibid., p. 21.
71. Lanternari, p. 315.
72. Wilson, p. 19.
73. Citado em Maslish, p. 90.
74. Citado em Ozouf, p. 282.
75. Citado em Walzer, p. 313-14.
76. Ibid., p. 310.
77. Ward, p. 202.

78. Fields, p. 140-41.
79. Campbell, p. 7.
80. Laguerre, p. 59.
81. Murphy, p. 47.
82. Mooney, p. 782-83.
83. Citado em Juneja, p. 91.
84. Citado em Cowley, p. 100.
85. Benítez, p. 199.
86. Lewis, p. 116.
87. Comaroff, p. 233.
88. Howarth, p. 124.
89. Ibid., p. 172.
90. Moorehead, p. 83-85.
91. Cocker, p. 263.

9. ESPETÁCULOS FASCISTAS

1. Shirer, p. 15.
2. Toland, p. 492.
3. Shirer, p. 18.
4. Ibid., p. 16.
5. François-Poncet, p. 219.
6. Lindholm, p. 156.
7. McNeill, *Keeping together in time*, p. 151.
8. S. Alexander Haslam e Stephen D. Reicher, "The psychology of tyranny", *Scientific American Mind*, outubro de 2005, p. 44.
9. Citado em Laura Flanders, "Come together!" *Common Dreams News Center*, 18 de abril de 2002.
10. Dave Martin, citado por Kevin Connolly, "Dying with dignity", *Eyecomedy*, 24 de fevereiro de 2000.
11. Citado em Martin e Segrave, p. 123.
12. Leslie Epstein, "The roar of the crowd", *The American Prospect*, 8 de maio de 2000, http://www.prospect.org/web/page.ww?section=root&name=ViewPrint&articleId=4408
13. Le Bon, p. 11.

14. Ibid., p. 33.
15. Ibid., p. xvi.
16. Citado em Turner e Killian, p. 2.
17. Mosse, *Masses and man*, p. 111.
18. Louis-Sébastien Mercier, citado em Gutwirth, p. 243-44.
19. Citado em Ozouf, p. 22.
20. Citado em Blum, p. 212.
21. Ozouf, p. 3.
22. Hibbert, p. 182.
23. Citado em Gutwirth, p. 308.
24. Ozouf, p. 29.
25. Citado em ibid., p. 229.
26. Gutwirth, p. 308.
27. Citado em Hibbert, p. 110.
28. Carlyle, p. 360.
29. Michelet, p. 445.
30. Ibid., p. 448.
31. Ozouf, p. 111.
32. McNeill, *Keeping together in time*, p. 134.
33. Ozouf, p. 6.
34. Myerly, p. 142.
35. Ibid., p. 139.
36. Ibid., p. 39.
37. Citado em ibid., p. 140-41.
38. Citado em ibid., p. 140.
39. Citado em ibid., p. 142.
40. Citado em ibid., p. 161.
41. Le Bon, p. 112.
42. Ibid., p. 114.
43. Ibid., p. 117.
44. Ibid., p. 113.
45. Lindholm, p. 111.
46. Citado em Gentile, p. 88.
47. Citado em Michael Golston, "'Im Anfang War der Rhythmus': Rhythmic incubations in discourses of mind, body, and race from 1850-1944"

SEHR, vol. 5, suplemento: Cultural and Technological Incubations of Fascism, 1996.
48. Kremer.
49. Burleigh, p. 262-63.
50. Citado em Gentile, p. 51.
51. Falasca-Zamponi, p. 104.
52. Gentile, p. 90-91.
53. Ibid, p. 91.
54. Citado em ibid., p. 52.
55. Falasca-Zamponi, p. 25.
56. Citado em Lindholm, p. 112.
57. Citado em Fritzsche, p. 221.
58. Toland, p. 494.
59. Fritzsche, p. 219.
60. Berezin, p. 89.
61. Citado em Gentile, p. 88.
62. Citado em ibid., p. 145.
63. Berezin, p. 85.
64. Gentile, p. 98.
65. Citado em Schnapp, p. 79.
66. Fritzsche, p. 218.
67. Citado em ibid., p. 220.
68. "Nazism punctured: Nuremberg rallies turned inside out", *Guardian*, 6 de novembro de 2001.
69. "Showing off for the party people", *Financial Times*, 10 de novembro de 2001.
70. Peukert, p. 188.

10. A REBELIÃO DO ROCK

1. Martin e Segrave, p. 8.
2. Miller, p. 94.
3. Martin e Segrave, p. 134.
4. Ibid., p. 133.

5. Citado em ibid., p. 136.
6. Ibid., p. 42.
7. Miller, p. 152.
8. David Gates, "Requiem for the dead", *Newsweek*, 21 de agosto de 1995.
9. Sennet, p. 74.
10. Ver Meltzoff e Prinz.
11. Pratt, p. 140.
12. Van de Velde, p. 235.
13. Citado em Barbara Ehrenreich, Elizabeth Hess e Gloria Jacobs, *Re-making love: The feminization of sex* (Nova York: Anchor Press, 1986), p. 16.
14. Citado em Miller, p. 148.
15. Bernard Weinraub, "Pioneer of a beat is still riffing for his due", *New York Times*, 16 de fevereiro de 2003.
16. Small, p. 116.
17. Frey e Wood, p. 118.
18. Ibid., p. 145.
19. Citado em Malone, p. 227.
20. Raboteau, p. 246.
21. Citado em Frey e Wood, p. 147.
22. Levine, p. 179-80.
23. Ibid., p. 180.
24. Citado em Malone, p. 228.
25. Citado em ibid., p. 228.
26. Citado em ibid., p. 234.
27. Ashe, p. 278.
28. Martin e Segrave, p. 3.
29. Ibid., p. 48-51.
30. Citado em ibid., p. 53.
31. Citado em ibid., p. 49.
32. Miller, p. 265.
33. John Skow, "In California, the dead live on", *Time*, 11 de fevereiro de 1985.
34. Ben Ehrenreich, "Burying the dead", Topic, 2003, http://www.webdelsol.com/Topic/articles/04/ehrenreich.html # top.

35. Citado em Chidester.
36. Woody West, "A farewell to the dead", *Washington Times*, 11 de setembro de 1995.
37. http://www.logosresourcepages.org/rock.html#bottom.
38. Citado em McNally, p. 387.

11. A CARNAVALIZAÇÃO DOS ESPORTES

1. Guttman, 156.
2. Lipsky, p. 20.
3. Citado em Goodman, p. 163.
4. http://www.koreainfogate.com/2002worldcup/news.asp?column=97.
5. Lever, p. 16.
6. Citado em Mark Dyreson, "The emergence of consumer culture and the transformation of physical culture: American sport in the 1920s", em Wiggins, p. 207-24.
7. Robert A. Baade, "Evaluating subsidies for professional sports in the United States and Europe: A public sector primer", *Oxford review of economic policy* 19, nº 4 (2003): 587-93.
8. Steve Lopez, "Money for stadiums, but not for schools", *Time*, 4 de junho de 1999.
9. Holt, p. 36.
10. Rader, p. 7.
11. Vincent, p. 28-29.
12. Lever, p. 36.
13. Ibid., p. 41.
14. Hobsbawn, "Mass producing traditions", p. 288-89.
15. Ibid., p. 300.
16. Pope, p. 328.
17. Norman Chad, "World Cup soccer stirs emotions that few Americans can understand", *Los Angeles Times*, 15 de junho de 1986.
18. Louis Kutcher, "The American sports event as carnival: An emergent norm approach to crowd behaviour", *Journal of Popular Culture* 16, nº 4 (primavera de 1983): 34-41.

19. Morris, p. 248.
20. Ver http://www.straightdope.com/classics/a2_186.html.
21. Bob Harvilla, "Thumping for Tejada", *East Bay Express*, 2 de maio de 2003, p. 58.
22. Mark Simon, "A little bit of Brazil in Palo Alto", *San Francisco Chronicle*, 21 de junho de 1993.
23. May Colleen, *The Airbrush Shoppe*, entrevista por telefone com a autora.
24. Bobbi Weiner, entrevista por telefone com o autor.
25. http://www.koreainfogate.com/2002worldcup/news.asp?column=97
26. "Soccer crowds sing, sing, sing for the homeland team", *Washington Post*, 16 de julho de 1994.
27. Klaus Hansen, resenha de *Soccer fan singing: A FANomenology*, de Reinhard Kopiez e Guido Brink, *RPM*, n° 26, verão de 1998.
28. Bellos, p. 140.
29. Morris, p. 258.
30. Citado em ibid., p. 258.
31. Mark Trumbull, "How 'the wave' swept the nation", *Christian Science Monitor*, 29 de janeiro de 1993.
32. George Vecsey, "Help stop the wave", *New York Times*, 25 de junho de 1984.
33. "Sports of the times: Permanent wave in Motown", *New York Times*, 6 de outubro de 1984.
34. Cashmore, p. 182.
35. Wann e outros, p. 128.
36. Kutcher, p. 39.
37. Sheila Moss, http://www.humorcolumnist.com/football.htm.
38. Morris, p. 252.
39. Bellos, p. 128.
40. "It isn't just a game: Clues to avid rooting", *New York Times*, 11 de agosto de 2000.
41. Harvilla, "Thumping for Tejada".
42. Franz Lidz, "Out of bounds", *Sports Illustrated*, 30 de novembro de 1992.
43. Faludi, p. 205-6.
44. Bellos, p. 140.

45. Guttman, p. 145.
46. Faludi, p. 204.
47. Citado em Michael Silver, "Rock'n'roll is here to play", *Time*, 24 de maio de 1999.
48. Citado em ibid.
49. Ibid.
50. Damian Dobrosielski e Deepika Reddy, "The art of sports", http://www.collegian.psu.edu/07-05-94index.asp-news.
51. Catherine Applefeld Olson, "Pro sports marketing pitches for athletic events", *Billboard*, 8 de setembro de 2002.
52. Sean Jensen, "Bring down the noise", *Pioneer Press*, 20 de março de 2002.
53. Tara Rodgers, "Take me 'out' to the ballgame: Interventions into the transformation of the Village People 'YMCA' from disco anthem to ballpark fun", Pinknoises.com, http://www.pinknoises.com/ymca.shtml.
54. Stan Savran, "Stadium music has gone to dogs", http://www.postgazette.com/sports/columnist/20001022stan.asp.
55. David Jackson, "Passion fuels soccer's biggest party", *Dallas Morning News*, 10 de julho de 2004.
56. Masakazu Yamazaki, "A parody of nationalism: Soccer and the Japanese", *Correspondence* [Conselho de Relações Internacionais], inverno de 2002-3, p. 30.
57. D. S. Eitzen, citado em Wann e outros, p. 197.
58. Faludi, p. 211.
59. Jack Boulware, "Plush Rush", *American Way*, 1 de setembro de 1997, p. 51.

CONCLUSÃO: A POSSIBILIDADE DE UM RENASCIMENTO

1. Métraux, p. 9.
2. Duvignaud, p. 16.
3. Paul Halmos, "The decline of the choral dance", em Josephson e Josephson, p. 172-79.
4. Debord, parágrado 154.
5. Ibid., parágrafo 20.

6. Citado em Roth, p. 38.
7. Christopher Dickey, "Iran's soccer diplomacy", *Newsweek*, 27 de abril de 1998.
8. Nicholas Rogers, p. 126.
9. "Party time for the protesters", *Seattle Post-Intelligencer*, 4 de dezembro de 1999.

Bibliografia

Abrahams, Roger D. "The language of festivals: Celebrating the economy", em Turner (1982), p. 161-77.

Anderson, Benedict. *Comunidades imaginadas: reflexões sobre a origem e a difusão do nacionalismo*. Trad. Denise Guimarães Bottmar São Paulo: Companhia das Letras, 2008.

Armstrong, Karen. *Uma história de Deus*. Trad. Marcos Santarrita. São Paulo: Companhia das Letras, 2008.

Ashe, Bertram D. "On the jazz musician's love/hate relationship with the audience", em Caponi, p. 277-92.

Babb, Lawrence. *The Elizabethan malady: A study of melancholia in English literature from 1580 to 1642*. East Lansing: Michigan University Press, 1951.

Backman, E. Louis. *Religious dances in the Christian Church and in popular medicine*. Trad. para o inglês por E. Classen. Londres: Allen and Unwin, 1952.

Bakhtin, Mikhail. *Rabelais and his world*. Trad. para o inglês por Helene Iswolsky. Boston: MIT Press, 1968.

Balsdon, J. P. V. D. *Roman women: Their history and habitats*. Nova York: Barnes and Noble Books, 1983.

Bauman, Richard (org.), *Folklore, cultural performances and popular entertainments*. Nova York: Oxford University Press, 1992.

Baumeister, Roy F., e Leary, Mark R. "The need to belong: Desire for interpersonal attachments as a fundamental human motivation". *Psychological Bulletin* 117, n° 3 (1995): 497-520.

Beard, Mary. "The Roman and the foreign: The cult of the 'Great Mother' in imperial Rome", em *Shamanism, history, and the state*, Nicholas Thomas e Caroline Humphrey (orgs.), p. 164-90. Ann Arbor: University of Michigan Press, 1994.

Bell, Daniel. *The cultural contradictions of capitalism*. Nova York: Basic Books, 1996.

Bellos, Alex. *Futebol: o Brasil em campo*. São Paulo: Jorge Zahar, 2002.

Benítez, Antonia Rojo. "The role of music in afro-Cuban culture". Trad. para o inglês por James Maraniss. Em *The African diaspora: African origins and new world identities*, org. Isidore Okpewho, Carole Boyce Davies e Ali A. Mazrui, p. 197-203. Bloomington, IN: Indiana University Press, 1990.

Bercé, Yves-Marie. *History of peasant revolts: The social origins of rebellion in early modern France*. Trad. para o inglês por Amanda Whitmore. Ithaca, NY: Cornell University Press, 1990.

Berezin, Mabel. *Making the fascist self: The political culture of interwar Italy*. Ithaca, NY: Cornell University Press, 1997.

Bertaud, Jean-Paul. *The army of the French Revolution: From citizen-soldiers to instrument of power*. Trad. para o inglês por R. R. Palmer. Princeton, NJ: Princeton University Press, 1988.

Bettelheim, Judith. "Negotiations of power in Carnaval culture in Santiago de Cuba". *African Arts* 24, n° 2 (1991): 66-75.

Blakely, Thomas E., W.E.A. van Beek e D.L. Thompson (orgs.), *Religion in Africa*. Londres e Portmouth, NH: Heinemann-James Currey, 1994.

Bloch, Maurice. *From blessing to violence: History and ideology in the circumcision ritual of the Merina of Madagascar*. Cambridge: Cambridge University Press, 1986.

Blum, Carol. *Rousseau and the republic of virtue: The language of politics in the French Revolution*. Ithaca, NY: Cornell University Press, 1986.

Boles, John B. *The great revival, 1787-1805*. Lexington, KY: University Press of Kentucky, 1972.

Boswell, James. *The life of Samuel Johnson*. Londres: Penguin Books, 1986.

Boyle, Raymond, e Richard Haynes. *Power play: Sport, the media and popular culture*. Londres: Longman, 1999.

Brann, Noel L. "The problem of distinguishing religious guilt from religious melancholy in the English Renaissance", *Journal of the Rocky Mountain Medieval and Renaissance Association* 1 (1980): 63-72.

Brown, Peter R. *Corpo e sociedade: o homem, a mulher e a renúncia sexual no início do cristianismo*. Rio de Janeiro: Jorge Zahar, 1990.

Browne, Richard. *Medicina Musica or, A mechanical essay on the effects of singing, music, and dancing on human bodies*. Londres: J. and J. Knapton, 1729.

Buchan, John. *Prester John*. Nova York: Doran, 1910.

Bunyan, John. *Grace abounding to the chief of sinners*. Londres: Penguin Books, 1987.

—— *O peregrino*. São Paulo: Mundo Cristão, 2006.

Burke, Peter. *Cultura popular na idade moderna*. Trad. Denise Bottmann. São Paulo: Companhia das Letras, 1989.

Burkert, Walter. *Antigos cultos de mistério*. São Paulo: Edusp, 1991.

—— "Bacchic *teletai* in the Hellenistic Age", in Carpenter e Faraone, p. 259-75

Burleigh, Michael. *The third reich: A new history*. Nova York: Hill and Wang, 2000.

Burton, Robert. *The anathomy of melancholy*. Vol. 1. Whitefish, MT: Kessinger, sem data.

Caillois, Roger. *Man and the sacred*. Trad. para o inglês por Meyer Barash. Glencoe, IL: Free Press, 1959.

Calasso, Roberto. *Ka: Stories of the mind and gods of India*. Trad. para o inglês por Tim Parks. Nova York: Knopf, 1998.

Caldwell, Sarah. "Bhagavati: Ball of fire", em *Devi: Goddesses of India*, org. John S. Hawley e Donna S. Wulff, p. 195-226. Berkeley: University of California Press, 1996.

Cambrensis, Giraldus. *The journey through Wales and the description of Wales*. Londres: Penguin Classics, 1999.

Campbell, Susan. "Carnival, calypso, and class struggle in nineteenth century Trinidad". *History Workshop* 26 (1988): 1-27.

Caponi, Gena Dagel (org.), *Signifyin[g], sanctifyin' & slam dunking: A reader in African American expressive culture*. Amherst: University of Massachusetts Press, 1999.

Carlyle, Thomas. *História da Revolução Francesa*. Trad. Antônio Ruas. São Paulo: Melhoramentos, sem data.

Carpenter, Thomas H. e Christopher A. Faraone (orgs.), *Masks of Dionysus*. Ithaca, NY: Cornell University Press, 1993.

Case, Shirley Jackson. *The evolution of early Christianity: A genetic study of first-century Christianity in relation to its religious environment*. Chicago: University of Chicago Press, 1914.

Cashmore, Ernest. *Sports culture*. Londres: Routledge, 2000.

Castiglione, Baldesar. *The boof of the courtier*. Org. por Daniel Javitch. Nova York: Norton, 2002.

Castillo, Richard J. "Spirit possession in south Asia: Dissociation or hysteria?", em *Culture, Medicine and Psychiatry* 18, n° 1 (1994): 1-21.

Chambers, E. K. *The medieval stage*. Vol. 1. Londres: Oxford University Press, 1903.

Chance, M. R. A. "Biological systems synthesis of mentality and the nature of the two modes of mental operation: hedonic and agonic", em *Man-environment systems* 14, n° 4 (julho de 1984): 143-57.

Chasteen, John Charles. "The prehistory of samba: carnival dancing in Rio de Janeiro, 1840-1917" *Journal of Latin American Studies* 28 (1996): 29-47.

Cheeseman, Evelyn. *Backwaters of the savage south seas*. Londres: Jarrolds, 1933.

Chidester, David. "The church of baseball, the fetish of Coca-Cola, and the potlatch of rock'n'roll", em *Journal of American Academy of Religion* 64, n° 4 (inverno de 1994): 743-66.

Chouraqui, J.-M. "Le combat de carnval et de carême en Provence, XVIe-XIXe siecle", em *Revue d'histoire moderne et contemporaine* 32 (janeiro-março 1985): 114-24.

Clopper, Lawrence M. *Drama, play, and game: English festive culture in the medieval and early modern period*. Chicago: University of Chicago Press, 2001.

Cocker, Mark. *Rivers of blood, rivers of gold: Europe's conquest of indigenous peoples*. Nova York: Grove Press, 1998.

Coffin, Charles Monroe. *John Donne and the new philosophy*. Nova York: Humanities Press, 1958.

Cohn, Norman. *Na senda do milênio. Milenaristas, revolucionários e anarquistas místicos da Idade Média*. Lisboa: Presença, 1970.

Comaroff, Jean. *Body of power, spirit of resistance: The culture and history of a South African people*. Chicago: University of Chicago Press, 1985.

Comaroff, Jean, e Comaroff, John. *Of revelation and revolution: Christianity, colonialism and consciousness in South Africa*. Vol. 1. Chicago: University of Chicago Press, 1991.

Conrad, Joseph. *O coração das trevas*. Trad. Celso M. Paciornik. São Paulo: Iluminuras, 2002.

Cook, Michael. "On the origins of Wahhabism", em *Journal of the Royal Asiatic Society* 2, nº 2 (1992): 191-202.

Corancez, Louis Alexandre Olivier de. *A history of the Wahhabis*. Reading, Reino Unido: Garnet, 1995 (publicado pela primeira vez em 1810).

Cowley, John. *Carnival, Canbouley and Calypso: Traditions in the making*. Cambridge: Cambridge University Press, 1996.

Cox, Harvey. *The Feast of Fools: A theological essay on fantasy and festival*. Cambridge, MA: Harvard University Press, 1973.

Crapanzano, Vincent. *The Hamadsha: A study in Moroccan ethnopsychiatry*. Berkeley: University of California Press, 1973.

Crapanzano, Vincent e Vivian Garrison (orgs.), *Case studies in spirit possession*. Nova York: Wiley, 1977.

Cumont, Franz. *The oriental religions in Roman paganism*. Nova York: Dover, 1956 (publicado pela primeira vez em 1910).

Daniélou, Alain. *Shiva e Dioniso. A religião da natureza e do Eros*. São Paulo: Martins Fontes, 1989.

D'Aquili, Eugene G. "Human cerimonial ritual and modulation of agression", em *Zygon* 20, nº 1 (1985): 21-30.

D'Aquili, Eugene G. e Charles D. Laughlin, Jr. "The neurobiology of myth and ritual", em *The spectrum of ritual: A biogenetic structural analysis*, org. Charles D. Laughlin, John McManus, Eugene G. D'Aquili e outros, p. 152-81. Nova York: Columbia University Press, 1982.

Darnton, Robert. *O grande massacre de gatos e outros episódios da história cultural francesa*. São Paulo: Graal, 1988.

——. *Mesmerism and the end of the Enlightenment in France*. Cambridge, MA: Harvard University Press, 1968.

Davenport, Frederick Morgan. *Primitive traits in religious revivals: A study in mental and social evolution*. Nova York: Macmillan, 1906.

Davis, Natalie Zemon. *O retorno de Martin Guerre*. Trad. Denise Guimarães Bottman. São Paulo: Paz e Terra, 1987.

——. *Culturas do povo. Sociedade e cultura no início da França moderna*. Trad. Mariza Correa. São Paulo: Paz e Terra, 1990.

Debord, Guy. *A sociedade do espetáculo*. Trad. E. S. Abreu. Rio de Janeiro: Contraponto, 1997.

Delumeau, Jean. *O pecado e o medo. A culpabilização no Ocidente*. Florianópolis: Edusc, 2003.

Desplat, Christian. "Reforme et culture populaire en Béarn du XVI siecle au XVIII siecle", em *Histoire, economie et societé* 3, n° 2 (1984): 183-202.

Dodds, E. R. (org.). *The Bacchae*. Oxford: Clarendon Press, 1960.

——. *Os gregos e o irracional*. São Paulo: Escuta, 2002.

Donaldson, L. J., J. Cavanaugh e J. Rankin. "The dancing plague: A public health conundrum", em *Public Health* 111, n° 4 (1997): 201-4.

Donne, T. E. *The Maori past and present*. Londres: Seeley Service, 1927.

Doob, Penelope Reed. *The idea of labyrinth: From classical antiquity through the Middle Ages*. Ithaca, NY: Cornell University Press, 1990.

Dougherty, Michael. *To steal a Kingdon: Probing Hawaiian history*. Waimanalo, HA: Island Style Press, 1992.

Doughty, Oswald. "The English malady of the eighteenth century", em *Review of English Studies* 2, n° 7 (1926): 257-69.

Dowd, David Lloyd. *Pageant-master of the Republic: Jean-Louis David and the French Revolution*. University of Nebraska Studies, n° 3, 1948.

Dunbar, Robin. *Grooming, gossip, and the evolution of language*. Cambridge, MA: Harvard University Press, 1996.

Dunning, Eric, Patrick Murphy, Tim Newburn e Ivan Waddington. "Violent disorders in twentieth-century Britain", em *The crowd in contemporary Britain*, org. George Gaskell e Robert Benewick, p. 19-75. Londres: Sage, 1987.

Durkheim, Émile. *As formas elementares da vida religiosa*. Trad. Joaquim Pereira Neto. São Paulo: Martins Fontes, 1992.

——. *O suicídio: estudo de sociologia*. Trad. Luz Cary, Margarida Garrido e J. Vasconcelos Esteves. São Paulo: Martins Fontes, 2000.

Duvignaud, Jean. "Festivals: a sociological approach", em *Cultures* 3, n° 1 (1976): 13-25.

Ehrenreich, Barbara. *Ritos de sangue. Um estudo sobre as origens da guerra*. Trad. Beatriz Horta. Rio de Janeiro: Record, 2000.

Elbourne, Elizabeth. "Word made flesh: Christianity, modernity and cultural colonialism in the work of John and Jean Comaroff", em *American Historical Review* 108, n° 2 (2003): 435-59.

Elias, Norbert. *O processo civilizador: uma história dos costumes*. Trad. Ruy Jungmann. Rio de Janeiro: Jorge Zahar, 1990.

——. "An essay on sport and violence", em Elias e Dunning.

Elias, Norbert e Eric Dunning. *A busca da excitação*. Trad. Maria Manuela Almeida e Silva. Lisboa: Difel, 1992.

Ellwood, Robert S., Jr. *One way: the Jesus movement and its meaning*. Englewood Cliffs, NJ: Prentice Hall, 1973.

Erikson, Erik H. *Young man Luther: A study in psychoanalysis and history*. Nova York: Norton, 1958.

Evans, Arthur. *The god of ecstasy: Sex roles and madness in Dionysus*. Nova York: St. Martin's Press, 1988.

Falasca-Zamponi, Simonetta. *Fascist spectacle: The aesthetics of power in Mussolini's Italy*. Berkeley: University of California Press, 2000.

Faludi, Susan. *Domados: como a cultura traiu o homem americano*. Rio de Janeiro: Rocco, 2006.

Feld, M. D. "Middle-class society and the rise of military professionalism", em *Armed Forces and Society* 1, n° 4 (1975): 419-42.

Fenn, Eliabeth A. "'A perfect equality seemed to reign': slave society and Jonkonnu", em *North Carolina Historical Review* 65, n° 2 (1988): 127-53.

Fields, Karen E. *Revival and rebellion in colonial Central Africa*. Princeton, NJ: Princeton University Press, 1985.

Flanigan, C. Clifford. "Liminality, carnival, and social structure: The case of late medieval biblical drama", em *Victor Turner and the structure of cultural criticism: between literature and anthropology*, org. Kathleen M. Ashley. Bloomington: Indiana University Press, 1990.

Flynn, Maureen. "The spectacle of suffering in Spanish streets", em Hanawalt e Reyerson, p. 153-61.

François-Poncet, André. *The fateful years: Memoirs of a French ambassador in Berlin, 1931-1938*. Trad. para o inglês por Jacques LeClerq. Nova York: Harcourt, Brace, 1949.

Freeman, Walter J. *Societies of brains: A study in the neuroscience of love and hate*. Hillsdale, NJ: Erlbaum, 1995.

Freud, Sigmund. *O mal-estar na civilização*. Trad.: Margarida Salomão. Rio de Janeiro: Imago, 1997.

——. *Obras psicológicas completas*. Vol. 18. Trad.: Margarida Salomão. Rio de Janeiro: Imago, 1997.

Frey, Silvia R., e Betty Wood. *Come shouting to Zion: African American protestantism in the American South and British Caribbean to 1830*. Chapel Hill: University of North Carolina Press, 1998.

Fritzsche, Peter. *Germans into nazis*. Cambridge, MA: Harvard University Press, 1998.

Garfinkel, Yosef. *Dancing at the dawn of agriculture*. Austin: University of Texas Press, 2003.

Gentile, Emilio. *The sacralization of politics in Fascist Italy*. Trad. para o inglês por Keith Botsford. Cambridge, MA: Harvard University Press, 1996.

Gilbert, Paul. *Depression: The evolution of powerlessness*. Nova York: Guilford Press, 1991.

Gilsenan, Michael. "Signs of truth: Enchantment, modernity and the dreams of peasant woman", em *Journal of the Royal Anthropological Society* 6, n° 4 (2000): 597-615.

Ginzburg, Carlo. *História noturna: decifrando o Sabá*. Trad. Nilson Moulin Lousada. São Paulo: Companhia das Letras, 1991.

Glassman, Jonathan. *Feasts and riot: Revelry, rebellion and popular consciousness on the Swahili coast, 1856-1988*. Portsmouth, NH: Heinemann, 1995.

Goethe, Johann Wolfgang von. *Viagem à Itália*. Trad. Sérgio Tellaroli. São Paulo: Companhia das Letras, 1999.

Goldstein, Jan. *Console and classify: The French psychiatric profession in the nineteenth century*. Cambridge: Cambridge University Press, 1987.

Goody, Jack. *Technology, tradition and the state in Africa*. Londres: Oxford University Press, 1971.

Gordon, Richard. "From Republic to Principate: Priesthood, religion and ideology", em Beard e North, p. 179-98.

Greenblatt, Stephen J. *Learning to curse: Essays in early modern culture*. Nova York, Londres: Routledge, 1990.

Gurevich, Aron. *Medieval popular culture: problems of belief and perception*. Trad. para o inglês por János M. Bale e Paula A. Hollingsworth. Cambridge: Cambridge University Press, 1988.

Guttmann, Allen. *Sports spectators*. Nova York: Columbia University Press, 1986.

Gutwirth, Madelyn. *The twilight of the goddesses: Women and representation in French revolutionary era*. New Brunswick, NJ: Rutgers University Press, 1992.

Hakima, Ahmad Mustafa Abu. *Kitab Lam' al-Shihab fi Sirat Muhammad ibn' Abd al-Wahhab*. Beirute: Dar al-Thaqafa, 1967.

Hambly, W. D. *Tribal dancing and social development*. Londres: H. F. and G. Witherby, 1926.

Hanawalt, Barbara A., e Kathryn L. Reyerson (orgs.), *City and spectacle in medieval Europe*. Mineápolis: University of Minneapolis Press, 1994.

Harris, John. *One blood: 200 years of aboriginal encounter with Christianity. A story of hope*. Claremont, CA: Albatross, 1990.

Harvey, Graham (org.), *Indigenous religions: A companion*. Londres e Nova York: Cassell, 2000.

Hastings, Adrian (org.), *A world history of Christianity*. Grand Rapids, MI: Eerdmans, 1999.

Heaton, John Wesley. *Mob violence in the late Roman period, 133-49 BC*. Illinois Studies in the Social Sciences, vol. 23, nº 4. Urbana: University of Illinois Press, 1939.

Hecker, J. F. C.. *The dancing mania in the Middle Ages*. Trad. para o inglês por B. G. Babington. Nova York: Frankling, 1970 (publicado pela primeira vez em 1837).

Hibbert, Christopher. *The days of the French Revolution*. Nova York: St. Martin's Press, 1997.

Hill, Christopher. *Society and puritanism in the pre-revolutionary England*. Nova York: St. Martin's Press, 1997.

Hiney, Tom. *On the missionary trail*. Nova York: Atlantic Monthly Press, 2000.

Hobsbawn, Eric. *A era das revoluções. Europa, 1789-1848*. Trad. Maria Tereza Lopes Teixeira e Marcos Penchel. Rio de Janeiro: Paz e Terra, 1977.

———. *A invenção das tradições*. Eric Hobsbawn e Terence Ranger (orgs.). Trad. Celina Cardim Cavalcanti. Rio de Janeiro: Paz e Terra, 1997.

Hoffman, Philip T. "The Church and the rural community in the 16th and 17th centuries", em *Proceedings of the annual meeting of the Western Society for French History* 6 (1978): 46-54.

Holm, Nils G. *Religious Ecstasy*. Estocolmo: Almqvist e Wiksell, 1982.

Holt, Richard. *Sport and the British: A modern history*. Oxford: Oxford University Press, 1990.

Horne, Alistair. *The fall of Paris: The seige and the commune, 1870-71*. Nova York: St. Martin's Press, 1965.

Howarth, David. *Tahiti: A paradise lost*. Nova York: Viking Press, 1984.

Hsia, Po-Chia R. *Social discipline in the Reformation: Central Europe, 1550-1750*. Londres e Nova York: Routledge, 1989.

Humphrey, Chris. *The politics of carnival: festive misrule in medieval England*. Manchester: Manchester University Press, 2001.

Huntington, Samuel P. *O choque de civilizações e a recomposição da ordem mundial*. Trad. M.H.C. Cortês. Rio de Janeiro: Objetiva, 1997.

Hutton, Ronald. *The rise and fall of merry England: The ritual year, 1400-1700*. Oxford: Oxford University Press, 1994.

Ingram, Martin. "Ridings, rough music and the 'reform of popular culture' in early modern England", em *Past and Present*, n° 105 (1984): 77-113.

Jackson, Stanley W. *Melancholia and depression: From Hippocratic times to modern times*. New Haven: Yale University Press, 1986.

James, William. *As variedades da experiência religiosa*. São Paulo: Cultrix, 1995.

Jameson, Michael. "The assexuality of Dionisus", em Carpenter e Faraone, p. 44-64.

Jamison, Kay Redfield. *Touched with fire: Manic-depressive illness and the artistic temperament*. Nova York: Free Press, 1993.

Janzen, John M. *Ngoma: Discourses of healing in central and southern Africa*. Berkeley: University of California Press, 1992.

Josephson, Eric, e Mary Josephson (orgs.), *Man alone: Alienation in modern society*. Nova York: Dell, 1962.

Joyce, Lillian Bridges. "Maenads and bacchantes: Images of female ecstasy in Greek and Roman art", dissertação da University of California, Los Angeles, 1997.

Juneja, Renu. "The Trinidad carnival: Ritual, performance, spectacle, and symbol", em *Journal of Popular Culture* 21, n° 1 (primavera de 1988): 87-99.

Juvenal. *Sátiras*. Trad. Francisco Antônio Martins. São Paulo: Ediouro, 1990.
Katz, Richard. *Boiling energy: Community healing among the Kalahari! Kung*. Cambridge, MA: Harvard University Press, 1982.
Kerényi, Carl. *Dioniso: imagem arquetípica da vida indestrutível*. Trad. Ordep Trindade Serra. São Paulo: Odysseus, 2002.
Kinsman, Robert. S. "Folly, melancholy, and madness: A study of shifting styles of medical analysis and treatment,1450-1675", em *The darker vision of the Renaissance*, org. Robert S. Kinsman, p. 273-320. Berkeley: University of California Press, 1974.
Kirby, Jon P. "Cultural change and religious conversion in West Africa", em Blakely e outros, p. 57-71.
Klerman, Gerald L., e Myrna M. Weissman. "Increasing rates of depression", em *JAMA* 261, n° 15 (1989): 2229-35.
Knox, Ronald A. *O credo*. São Paulo: Quadrante, 1989.
Kraemer, Ross S. (org.), *Maenads, martyrs, matrons, monastics*. Filadélfia: Fortress Press, 1988.
Kreiser, B. Robert. *Miracles, convulsions, and ecclesiastical politics in early eighteenth century Paris*. Princeton, NJ: Princeton University Press, 1978.
Kremer, Hanes. "Newertung 'überlieferter' Brauchformen?", em *Die neue Gemeinschaft* 3 (1937): 3005 a-c, tradução para o inglês em http://www.calvin.edu/academic/cas/gpa/feier37.htm.
Kupperman, Karen Ordahl. *Settling with the indians: The meeting of English and Indian cultures in America, 1850-1640*. Totowa, NJ: Rowman and Littlefield, 1980.
Kutcher, Louis. "The American sports event as carnival: An emergent norm approach to crowd behaviour", em *Journal of Popular Culture* 16, n° 4 (primavera de 1983): 34-41.
Kyle, Donald G. *Spectacles of death in Ancient Rome*. Londres: Routledge, 1998.
Ladurie, Emmanuel Le Roy. *O carnaval de Romans*. Trad. Maria Lúcia Alcântara Machado. São Paulo: Companhia das Letras, 2002.
——. *História dos camponeses franceses*. Trad. Marcos de Castro. Rio de Janeiro: Record, 2007.
Laguerre, Michel S. *Voodoo and politics in Haiti*. Nova York: St. Martin's Press, 1989.
Lanternari, Vittorio. *As religiões dos oprimidos: um estudo dos modernos cultos messiânicos*. São Paulo: Perspectiva, 1974.

Lawler, Lillian B. *The dance in Ancient Greece*. Middletown, CT: Wesleyan University Press, 1964.
Le Bon, Gustave. *Psicologia das massas*. Trad. Gustavo Moraes da Silva. Lisboa: Ésquilo, 2005.
Lefebvre, Henri. *A vida cotidiana no mundo moderno*. Trad. Alcides João Barros. São Paulo: Ática, 1991.
Lehmann, Hartmut. "Ascetic protestantism and economic rationalism: Max Weber revisited after two generations", em *Harvard Theological Review* 80, nº 3 (1987): 307-20.
Lever, Janet. *A loucura do futebol*. Rio de Janeiro: Record, 1983.
Levine, Lawrence W. *Black culture and black consciousness: Afro-american folk thought from slavery to freedom*. Nova York: Oxford University Press, 1977.
Lewis, I. M. *Êxtase religioso: um estudo antropológico da possessão por espírito e do Xamanismo*. Trad. José R. Madureira. São Paulo: Perspectiva, 1971.
Lindholm, Charles. *Carisma: êxtase e perda de identidade na veneração ao líder*. Rio de Janeiro: Jorge Zahar, 1993.
Lipsky, Richard. *How we play the game: Why sports dominate American life*. Boston: Beacon, 1981.
Lofland, John. "Crowd Joys", em *Urban Life* 10, nº 4 (1982): 355-81.
Livio, Tito. *História de Roma*. 6 vols. Trad. Paulo Matos Peixoto. São Paulo: Paumape, 1989.
Londsdale, Steven. *Animals and the origins of dance*. Nova York: Thames and Hudson, 1981.
——. *Dance and ritual play in Greek religion*. Baltimore: Johns Hopkins University Press, 1993.
Lovejoy, David S. *Religious enthusiasm in the new world: Heresy to revolution*. Cambridge, MA: Harvard University Press, 1985.
Lyons, Bridget Gellert. *Voices of melancholy: studies in literary treatments of melancholy in Renaissance England*. Londres: Routledge, 1971.
MacAloon. John J. (org.), *Rite, drama, festival, spectacle: Rehearsals toward a theory of cultural performance*. Filadélfia: Institute for the Study of Human Issues, 1984.
MacDonald, A. J. *Trade politics and Christianity in Africa and the east*. Nova York: Negro University Press, 1969 (publicado pela primeira vez em 1916).
MacRobert, Iain. *The black roots and White racism of early Pentecostalism in the USA*. Nova York: St. Martin's Press, 1988.

Maffesoli, Michel. *A sombra de Dioniso: contribuição a uma sociologia da orgia*. Rio de Janeiro: Graal, 1985.

Malcolmson, Robert W. *Popular recreations in English society, 1700-1850*. Cambridge: Cambridge University Press, 1973.

Malone, Jacqui. "'Keep to the rhythm and you'll keep to life': Meaning and style in African American vernacular dance", em Caponi, p. 222-38.

Martin, Linda, e Kerry Segrave. *Anti-rock: The opposition to rock'n'roll*. Nova York: Da Capo Press, 1993.

Mazlish, Bruce. *The revolutionary ascetic: Evolution of political type*. Nova York: Basic Books, 1976.

McKenzie, Peter. *The Christians: Their beliefs and practices*. Nashville: Abingdon Press, 1988.

McNally, Dennis. *A long strange trip: The inside history of the Grateful Dead*. Nova York: Broadway Books, 2002.

McNeill, William H. *Keeping together in time: Dance and drill in human history*. Cambridge, MA: Harvard University Press, 1995.

———. *The pursuit of power: Technology, armed force and society since A.D. 1000*. Chicago: Chicago University Press, 1982.

Meeks, Wayne A. *O mundo moral dos primeiros cristãos*. São Paulo: Paulus, 1996.

Meltzoff, Andrew N., e Wolfgang Prinz (orgs.), *The imitative mind: Development, evolution and brain bases*. Cambridge: Cambridge University Press, 2002.

Métraux, Alfred. *Haiti: black peasants and their religion*. Trad. para o inglês por Peter Lengyel. Londres: Harrap, 1960.

Michelet, Jules. *História da Revolução Francesa*. São Paulo: Companhia das Letras, 1989.

Miller, James. *Flowers in the dustbin: The rise of rock and roll, 1947-1977*. Nova York: Simon and Schuster, 1999.

Mitzman, Arthur. *The iron cage: An historical interpretation of Max Weber*. Nova York: Knopf, 1970.

Momigliano, Arnaldo. *On pagans, jews and christians*. Hanover, NH: Wesleyan University Press, 1987.

Mooney, James. *The ghost-dance religion and wounded knee*. Mineola, NY: Dover Reprints, 1973.

Moorehead, Alan. *The fatal impact: An account of the invasion of the South Pacific, 1767-1840*. Nova York: Harper and Row, 1966.

Morris, Desmond. *Tribo do futebol*. Lisboa: Europa-América, 1981.

Mosse, George L. *Confronting the nation: Jewish and western nationalism*. Hanover e Londres: Brandeis University Press, 1993.

———. *Masses and man: Nationalist and fascist perceptions of reality*. Detroit: Wayne State University Press, 1985.

Muchembled, Robert. *Popular culture and elite culture in France, 1400-1750*. Trad. para o inglês por Lydia Cochrane. Baton Rouge e Londres: Lousiana State University Press, 1997.

Muir, Edward. *Ritual in early modern Europe*. Cambridge: Cambridge University Press, 1997.

Murphy, Joseph M. *Working the spirit: Ceremonies of the African diaspora*. Boston: Beacon Press, 1997.

Myerly, Scott Hughes. *British military spectacle: from the Napoleonic Wars through the Crimea*. Cambridge, MA: Harvard University Press, 1996.

Nandy, Ashis. *The intimate self: Loss and recovery of self under Colonialism*. Delhi: Oxford University Press, 1983.

Newberg, Andrew, Eugene D'Aquili e Vince Rause. *Why God won't go away: Brain science and the biology of belief*. Nova York: Ballantine, 2001.

Newton, Peter M. "Samuel Johnson's mental breakdown and recovery in middle-age: A life span developmental approach to mental illness and its cure", em *International Review of Psycho-Analysis* 11, n° 1 (1984): 93-118.

Nietzsche, Friedrich. *O nascimento da tragédia, ou helenismo e pessimismo*. Trad. Jacó Guinsburg. São Paulo: Companhia das Letras, 1992.

———. *Genealogia da moral*. Trad. Paulo César de Souza. São Paulo: Companhia das Letras, 1998.

Nijsten, Gerard. "The Duke and his towns: The power of ceremonies, feasts, and public amusement in the Duchy of Guelders (East Netherlands) in the fourteenth and fifteenth centuries", em Hanawalt e Reyerson, p. 235-66.

Nye, Robert A. *The origins of crowd psychology: Gustave LeBon and the crisis of mass democracy in the Third Republic*. Londres: Sage, 1975.

Obbink, Dirk. "Dionysus poured out: Ancient and modern theories of sacrifice and cultural formation", em Carpenter e Faraone, p. 65-86.

Oesterley, W. O. E. *The sacred dance: A study in comparative folklore*. Cambridge: Cambridge University Press, 1923.

Oesterreich, T. K. *Possession, demoniacal and other: Among primitive races, in Antiquity, the Middle Ages, and Modern Times*. Trad. para o inglês por D. Ibberson. New Hyde Park, NY: University Books, 1966.

Olmos, Margarite Fernández, e Lizabeth Paravisini-Gebert (orgs.), *Sacred possessions: Vodou, Santeria, Obeah, and the Caribbean*. New Brunswick, NJ: Rutgers University Press, 1999.

Omari, Mikelle Smith. "Candomblé: A socio-political examination of African religion and art in Brazil", em Blakely e outros, p. 135-59.

Oppenheim, Janet. *Shattered nerves: Doctors, patients, and depression in Victorian England*. Nova York: Oxford University Press, 1991.

Orloff, Alexander. *Carnival: Myth and cult*. Wörgl, Áustria: Perlinger Verlag, 1981.

Otto, Walter F. *Dionysus: Myth and cult*. Trad. para o inglês por Robert B. Palmer. Dallas, TX: Spring, 1981.

Ozouf, Mona. *Festivals and the French Revolution*. Trad. para o inglês por Alan Sheridan. Cambridge, MA: Harvard University Press, 1988.

Parker, Geoffrey. *The military revolution: Military innovation and the rise of the west, 1500-1800*. Cambridge: Cambridge University Press, 1988.

Parker, Noel. *Portrayals of revolution: Images, debates and patterns of thought on the French Revolution*. Carbondale, IL: Southern Illinois University Press, 1990.

Patai, Raphael. *The Hebrew goddess*. Detroit: Wayne State University Press, 1990.

Peukert, Detlev J. K. *Inside nazi Germany: Conformity, opposition, and racism in everyday life*. Trad. para o inglês por Richard Deveson. New Haven: Yale University Press, 1987.

Pierson, William D. "African-American festive style", em Capponi, p. 417-34.

Plass, Paul. *The game of death in ancient Rome: Arena sport and political suicide*. Madison: University of Wisconsin Press, 1995.

Platvoet, Jan G. "Negotiating the 'Folk Highway' of the nation: Sport, public culture and American identity, 1870-1940", em *Journal of Social History* (inverno de 1993): 327-40.

Portefaix, Lillian. "Religio-ecological aspects of ancient Greek religion from the point of view of woman: A tentative approach", em *Temenos* 21 (1985): 144-51.

Porter, Roy. *Mind-forg'd manacles: A history of madness in England from the restoration to the regency*. Cambridge, MA: Harvard University Press, 1987.

Pratt, Ray. *Rhythm and resistance: Explorations of the political uses of popular music*. Nova York: Praeger, 1990.

Putnam, Robert D. *Bowling alone: The collapse and revival of American community*. Nova York: Simon and Schuster, 2000.

Raboteau, Albert J. *Slave religion: The "invisible institution" in the Antebellum South*. Nova York: Oxford University Press, 1978.

Rader, Benjamin G. *American sports: from the age of folk games to the age of televised sports*. 2ª ed. Englewood Cliffs, NJ: Prentice Hall, 1990.

Rogers, Cornwell B. *The spirit of revolution*. Nova York: Greenwood Press, 1949.

Rogers, Nicholas. *Halloween: From pagan ritual to party night*. Nova York: Oxford University Press, 2002.

Roper, Lyndal. *Oedipus and the devil: Witchcraft, sexuality and religion in early modern Europe*. Londres e Nova York: Routledge, 1994.

Ross, Robert (org.), *Racism and colonialism*. Leiden: Nirhoff, 1982.

Roth, Marty. *Drunk the night before: An anathomy of intoxication*. Mineápolis: University of Minnesota Press, 2005.

Rouget, Gilbert. *Music and trance: A theory of the relations between music and possession*. Trad. para o inglês por Brunhilde Biebuyck. Chicago: University of Chicago Press, 1985.

Rubin, Julius H. *Religious melancholy and protestant experience in America*. Nova York: Oxford University Press, 1994.

Rubin, Miri. *Corpus Christi: The eucharist in late medieval culture*. Cambridge: Cambridge University Press, 1991.

Rudé, George. *The crowd in the French Revolution*. Oxford: Oxford University Press, 1959.

Ruiz, Teofilo F. "Elite and popular culture in late fifteenth-century Castilian festivals", em Hanawalt e Reyerson, p. 296-318.

Sachs, Curt. *The world of the dance*. Nova York: Norton, 1937.

Samarin, William J. *Tongues of men and angels*. Nova York: Macmillan, 1972.

Sánchez, Magdalena S. *The Empress, the Queen, and the nun: Woman and power at the court of Philip III of Spain*. Baltimore: Johns Hopkins University Press, 1998.

Sass, Louis A. *Madness and modernism: Sanity in the light of modern art, literature, and thought*. Nova York: Basic Books, 1992.

Sawyer, Deborah F. *Women and religion in the first Christian centuries*. Londres e Nova York: Routledge, 1996.

Schnapp, Jeffrey T. *Staging fascism: 18BL and the theater of the masses for the masses*. Stanford: Stanford University Press, 1996.

Scott, James C. *Domination and the arts of resistance: Hidden transcripts*. New Haven: Yale University Press, 1990.

Scribner, Bob. "Reformation, carnival and the world turned upside down", em *Social History* 3, nº 3 (1978): 303-29.

Sennett, Richard. *O declínio do homem público*. Trad. Lygia Araújo Watanabe. São Paulo: Companhia das Letras, 1988.

Shirer, William L. *Berlin diary: The journal of a foreign correspondent, 1934-41*. Nova York: Knopf, 1941.

Simpson, George Eaton. *Black religions in the new world*. Nova York: Columbia University Press, 1978.

Small, Christopher. "Africans, Europeans and the making of music", em Caponi, p. 110-34.

Smith, A. W. "Some folklore elements in movements of social protest", em *Folklore* 77 (1967): 241-52.

Smith, Morton. *Jesus the magician: charlatan or son of God?* Berkeley, CA: Seastone, 1998.

———. *Studies in the cult of Yahweh*. Vol. 1, *Studies in historical method, ancient Israel, ancient Judaism*, org. Shaye Cohen, J.D. Leiden: Brill, 1996.

Solomon, Andrew. *O demônio do meio-dia: uma anatomia da depressão*. Trad. Myriam Campello. Rio de Janeiro: Objetiva, 2002.

Spencer, Elizabeth Glovka. "Policing popular amusements in German cities: The case of Prussia's Rhine Province, 1815-1914", em *Journal of Urban History* 16, nº 4 (1990): 366-85.

Stallybrass, Peter, e Allon White. *Politics and poetics of transgression*. Ithaca, NY: Cornell University Press, 1986.

Stoler, Ann Laura. *Race and the education of desire: Foucault's history of sexuality and the colonial order of things*. Durham: Duke University Press, 1995.

Street, Brian V. *The savage in literature: Representations of "primitive" society in English fiction, 1858-1920*. Londres e Boston: Routledge, 1975.

Styron, William. *Perto das trevas — a história de um colapso*. Trad. Aulyde Soares Rodrigues. Rio de Janeiro: Rocco, 1991.

Suryani, Luh Ketut, e Gordon D. Jensen. *Trance and possession in Bali: A window on western multiple personality possession disorder and suicide*. Kuala Lumpur: Oxford University Press, 1993.

Taiwo, Olu. "Music, art and movement among the Yoruba", em *Indigenous religions: a companion*, org. Graham Harvey, p. 173-89. Londres e Nova York: Cassell, 2000.

Thompson, E. P. *Costumes em comum. Estudos sobre a cultura popular tradicional*. Trad. Rosaura Eichember. São Paulo: Companhia das Letras, 1998.

——. "Patrician society, plebeian culture", em *Journal of Social History* 7, n° 4 (1974): 382-45.

Thorsley, Peter. "The wild man's revenge", em *The wild man within: an image in western thought from the Renaissance to Romanticism*, org. Edward Dudley e Maximillian E. Novak, p. 281-308. Pittsburgh: University of Pittsburgh Press, 1972.

Trilling, Lionel. *Sincerity and authenticity*. Cambridge, MA: Harvard University Press, 1973.

Tripp, David. "The image of the body in the protestant reformation", em *Religion and the body*, org. Sarah Coakley, p. 131-51. Cambridge: Cambridge University Press, 1997.

Trossbach, Werner. "'Klee-Skrupel': Melancholie und Ökonomie in der Deutschen Spätaufklärung", em *Aufklärung* 8, n° 1 (1994): 91-120.

Tuan, Yi-Fu. *Segmented worlds and self: Group life and individual consciousness*. Mineápolis: University of Minnesota Press, 1982.

Turner, Ralph H., e Lewis M. Killian. *Collective behaviour*. 4ª ed. Englewood Cliffs, NJ: Prentice Hall, 1993.

Turner, Victor. "*Carnaval* in Rio: Dionysian drama in an industrializing society", em *The celebration of society: Perspectives on contemporary cultural performance*, org. Frank Manning, p. 103-24. Bowling Green, OH: Bowling Green University Popular Press, 1983.

———. (org.) *Celebration: Studies in festivities and ritual*. Washington, DC: Smithsonian Institution Press, 1982.

———. *O processo ritual: estrutura e antiestrutura*. Trad. Nancy Campi de Castro. Petrópolis: Vozes, 1974.

Twycross, Meg (org.) *Festive drama: Papers from the sixth triennial colloquium of the International Society for the Study of Medieval Theatre, Lancaster, 13-19, July, 1989*. Brewer, 1996.

Underdown, David. *Rebel, riot, and rebellion: Popular politics and culture in England, 1603-1660*. Oxford: Clarendon Press, 1985.

Van de Velde, T. H. *Ideal marriage: Its physiology and technique*. Nova York: Random House, 1961.

Vasil'ev, Aleksei Mikhailovich. *The history of Saudi Arabia*. Londres: Saqi Books, 1998.

Vellacott, Philip. Introdução a *The Bacchae and other plays*, de Eurípides, traduzido para o inglês por Philip Vellacott. Londres e Nova York: Penguin Books, 1954.

Vincent, Ted. *The rise and fall of American sport: Mudville's revenge*. Lincoln: University of Nebraska Press, 1981.

Voeks, Robert A. *Sacred leaves of Candomblé: African magic, medicine, and religion in Brazil*.

Wagner, Ann. *Adversaries of dance: From the puritans to the present*. Urbana e Chicago: University of Illinois Press, 1997.

Walker, Williston. *História da Igreja Cristã*. Rio de Janeiro e São Paulo: Juerp/ Aste, 1980.

Walzer, Michael. *The revolution of the saints: A study in the origins of radical politics*. Cambridge, MA: Harvard University Press, 1965.

Wann, Daniel L., Merril J. Melnick, Gordon W. Russell e Dale G. Pease. *Sport fans: The psychology and social impact of spectators*. Nova York e Londres: Routledge, 2001.

Ward, Kevin. "Africa", em *A world history of Christianity*, org. Adrian Hastings, p. 192-233. Grand Rapids, MI: Eerdmans, 1999.

Weber, Max. *A ética protestante e o espírito do capitalismo*. Trad. José Marcos Mariani Macedo. São Paulo: Companhia das Letras, 2004.

———. *The religion of China: Confucionism and Taoism*. Trad. para o inglês por Hans H. Gerth. Nova York: Free Press, 1951.

――. *Sociologia das religiões*. Trad. Paulo Osório de Castro. Lisboa: Relógio d'água, 2006.

Weidkuhn, Peter. "Carnival in Basle: Playing history in reverse", em *Cultures* 3, n° 1 (1976): 29-53.

Weinstein, Fred, e Gerald M. Platt. *The wish to be free: Society, psyche and value changing*. Berkeley: University of California Press, 1969.

Wiggins, David K. (org.), *Sport in America: From weaked amusement to national obsession*. Champaign, IL: Human Kinetics, 1995.

Wilken, Robert L. *The Christians as Romans saw them*. New Haven: Yale University Press, 1984.

Williams, Roger L. *The French Revolution of 1870-1871*. Nova York: Norton, 1969.

Wilmore, Gayraud S. *Black religion and black radicalism*. Garden City, NY: Doubleday, 1972.

Wilson, Bryan R. *The noble savages: The primitive origins of charisma and its contemporary survival*. Berkeley: University of California Press, 1975.

Wolpert, Lewis. *Tristeza maligna — a anatomia da depressão*. São Paulo: Martins Fontes, 2003.

Wulff, David M. *Psychology of religion*. Nova York: Wiley, 1991.

Zolberg, Aristide R. "Moments of madness", em *Politics and Society* 2, n° 2 (1972): 183-208.

Agradecimentos

Não sou capaz de agradecer a todas as pessoas que ajudaram neste livro por um simples motivo: um furacão destruiu minha lista original de pessoas a agradecer, além de muitos arquivos e livros preciosos. Por isso, com um pedido de desculpas a todos que eu omitir, agradeço a Matthew Bartowiak, Lalitha Chandrasekher, Alison Pugh, Hank Sims e Mitchell Verter pela entusiástica assistência na pesquisa. Heather Blurton e Lauriallen Reitzammer também fizeram contribuições valiosas.

Vários foram os especialistas e jornalistas que responderam graciosamente às minhas diversas e urgentes questões, entre eles Peter Brown, Peter Brooks, Reginald Butler, Michael Cook, E.J. Gorn, Allen Guttman, Edward Hagen, Arlie Hochschild, Riva Hocherman Ann Killian, Marcel Kinsbourne, Simon Kuper, Peter Manuel, Jack Santino, James Scott, Laura Slatkin, Ellen Schattschneider, Wolfgang Schivelbusch, Katherine Stern, Ann Stolar, Michael Taussig e Daniel Wann. Estou especialmente em dívida com Elizabeth Thompson, pelo auxílio em história arábica e pelas traduções do árabe.

Entre as pessoas que foram gentis o bastante para comentar os rascunhos dos capítulos estão Diane Alexander, Darren Cushman Wood, Ben Ehrenreich, Edward Hagen e William H. McNeill. O livro deste último, *Keeping together in time*, ajudou muito para que eu me convencesse de que este era um assunto que valia a pena pesquisar.

Quanto ao papel de Janet McIntosh neste projeto, é impossível categorizar ou expressar minha gratidão. Ela começou, ainda quando estudante de graduação, como minha ajudante de pesquisa, embora *professora* fosse uma palavra melhor, já que sua função era me passar pilhas de textos para ler para que em seguida pudéssemos discuti-los. Há muito pouco neste livro sobre o que ela não tivesse nada a dizer, e espero que algo de seu brilho e de seu conhecimento se deixe entrever aqui.

Na Metropolitan Books (a editora original), minha editora de longa data Sara Bershtel trouxe à baila sua usual erudição e sua lógica afiada. Também sou grata à editora-assistente Vicki Haire, cuja diligente checagem de dados sem dúvida me salvou de muitos embaraços. Finalmente, agradeço a todas as pessoas da gráfica, responsáveis por transformar o manuscrito em um livro de verdade.

Índice

Abissínia, 183
Abo, Klevor, 21n
aborígines ausralianos, 10, 189, 194, 196, 224
Abraham, Roger D., 29n
África:
   cultos carismáticos cristãos na, 89
   igrejas independentes na, 208
   imperialismo europeu na, 189, 193-94, 213
   música da, 198, 261-63, 264
afro-americanos:
   contribuições musicais de, 198, 261-64
   marchas, 238
   rituais de zombaria entre escravos, 113, 200-201
   rituais extáticos transplantados por, 11, 12, 113, 197-209
agricultura e sociedades agrárias, 60, 73
Albert, Michael, 306n
Alemanha, 286
   autos da Paixão na, 112
   epidemia de depressão na, 159-60
   Reforma de Lutero na, 131-35
   repressão ao carnaval na, 123, 131
Allen, Frederick Lewis, 275
América do Sul:
   esportes e torcidas na, 279, 286, 292
   imperialismo europeu na, 195-96, 197-98
amor:
   entre díades, 24, 25
   entre grandes grupos, 24, 25, 38
anatomia da melancolia, A (Burton), 159, 162
Anderson, Benedict, 236
anglicismo, 172
anomia, 170, 172
ansiedade, 171, 172
Antigos cultos de mistério (Burkert), 63
Anti-Rock: The Opposition to Rock 'n Roll (Martin e Segrave), 252
Anzalone, Edward, 289
Apolo, 90
Apuleius, 86

Aquiles, 46
arco e flecha, 156
Aristides Quintilianus, 182
aristocracia, *veja* classe alta
armas, 150-53
   a repressão ao carnaval e as, 135, 150
   exércitos disciplinados e, 151-53, 154
   papel da nobreza mudado pelas, 141.
Armstrong, Karen, 62
arte:
   arte em vasos, 44, 47, 55
   arte grega, 47
   como cura para a melancolia, 181
   danças e rituais extáticos representados na, 43
   pré-histórica, 34, 36
arte rupestre pré-histórica, 34, 43
Ártemis, 47
Átis, 76, 77
Augusto, imperador, 66
Autoflagelação, 108
autos da Paixão germânicos, 112
autossugestibilidade, 17

bacantes, As, 52, 54, 59, 62, 70
Backman, E. Louis, 84, 104, 107
Baco, *veja* Dioniso (Baco)
bailes, 258
Bakhtin, Mikhail, 119
balançar de cabelos, extático, 86, 91, 96
balé, 144
Basileios, 93
Bastilha, comemoração da queda da, 232
batismo, 91
botsuanas do sul da África, 189
Baudelaire, Charles, 159
Beard, Mary, 68
Beatles, 254, 258, 259

Beatrice, Donna, 213
Beguinas, 102
beisebol, 275, 277, 287
Bell, Daniel, 260
Bellah, Robert, 309
Bellingshausen, barão Thaddeus, 216
Bellos, Alex, 282n, 291
Bernays, Martha, 25
"Big Dawg" (torcedor), 283
Bill Haley and His Comets, 252
Blatchford, Robert, 238
Bonaparte, Napoleão, 213
Boswell, James, 158, 165
Botero, Giovanni, 159
Boukman, Samba, 207
Bourguignon, Erika, 14
Bowling Alone: The Collapse and Revival of American Community (Putnam), 309
Brasil, 196, 201, 204, 303, 315-16
   Candomblé, 199, 204, 205, 206, 262
   esportes no, 279, 284, 289, 290
Bright, Timothie, 159
Broadbent, S., 192
Brown, John, 164
Brown, pastor David L., 269, 270
Browne, Richard, 180-81
Bunyan, John, 157, 165, 173-74, 175, 178
Burleigh, Michael, 242
Burning Man, festival anual, 313
Burton, Robert, 159, 161, 164, 169, 172-73, 177, 180-81

caça comunitária, 43, 53
Caitanya, 51
Calasso, Roberto, 50
Calvinismo, 123, 134, 211, 301
   capitalismo e, 126, 174

ÍNDICE 365

disciplina militar e, 151-53
ética do trabalho e, 126
melancolia religiosa e, 172-77, 178
posicionamento em relação a festividades, 126, 134, 175, 179
Campbell, Joseph, 73, 271
Candomblé, 199, 204, 205, 206, 213, 262
cantar hinos, 132, 257
capitalismo, 125-26, 174, 178
Carlyle, Thomas, 193, 262
Carnaval brasileiro, 201, 282n, 303, 315-16
carnaval, 17, 18, 24, 111-19, 193, 303, 315-16
  afastamento das classes altas, 137-45
  armas de fogo e, 134-36
  aspectos políticos do, 113-15, 119, 127-8, 131-37, 201-2, 203, 305
  como os líderes da Revolução Francesa viam o, 230-31
  como perigoso, 127-37
  diáspora africana e carnaval negro, 11, 12, 113, 197-204
  epidemia de melancolia e morte do, 178-85
  eventos esportivos como, 273-76, 280-98
  formas modernas de, 257
  interpretado como válvula de escape, 127, 311
  manifestações de protesto e, 314-15
  motivo para o aumento das festividades na Idade Média, 101
  origens do, 99-103
  repressão e Reforma acabando com o, 121-45, 176
  zombaria dos poderosos durante o, 113-15, 119, 127-28, 131-37, 201, 238, 305
Carter, Elizabeth, 162
Carvalho, Jayme de, 282n
Cashmore, Ernest, 288
Castiglione, Baldesar, 144
Celsus, 83
cerimônias botsuanas, 193
Chambers, E. K., 103, 114, 115
Charles, Ray, 264
Chaucer, Geoffrey, 161
Cheeseman, Evelyn, 13
Cheyne, dr. George, 157, 162, 164
China, 44, 95, 156
Crisóstomo, João, arcebispo de Constantinopla, 94
Cibele, a Grande Mãe, 48, 67-8, 69, 71, 79, 83, 87, 92
cientistas sociais, como o comportamento extático é visto por, 19-27
Cipião Emiliano Africano, 66
classe alta:
  afastando-se de festividades públicas, 137-45, 166, 201, 304-5
  desdém por rituais extáticos, 18
  esportes e, 276-77, 278, 297-98
  maneiras e etiqueta, surgimento de, 143, 169
  veja também imperialismo europeu
classe trabalhadora, *veja* classes baixas
classes baixas, 140-41
  esportes e, 276-77, 178-80, 296, 297-9+8
  Revolução Francesa, comportamento das massas da, 223-24, 239
  ritual extático visto como domínio sobre as, 18, 193, 304-5
Cleaver, Eldridge, 260

Clemente de Alexandria, 84
Clinton, Hillary e Bill, 309
Cocker, Mark, 195
coesão e unidade, rituais extáticos como meio de, 19
Coleridge, Samuel, 193
colonialismo europeu, *veja* imperialismo europeu
Comaroff, Jean, 189, 192, 197
comícios e rituais públicos nazistas, 219-21, 224, 225-26, 239-49, 279
comunitarismo, 308-9
communitas, 20, 21, 24, 37, 268-69
comportamento das massas, 27, 239
  em eventos esportivos, 275-76, 278-98
  na Revolução Francesa, 223-24, 239
  pós-fascista, visto pelos intelectuais, 222-24, 239
  público espectador comparado a massa, 226-27
comunismo, 301
confucionismo, 95
congressos de Nuremberg, anuais, 219-22, 224, 244, 246-47, 279
  triunfo da vontade, O, de Riefenstahl, 225-26, 245
Conrad, Joseph, 15
Conselho da Basileia, 101
Conselho de Constantinopla, 95
Conselho de Roma (séc. IX), 103
Conselho Laterano de 1215, 104
Contrarreforma, 172
Cook, capitão, 10
coração das trevas, O (Conrad), 15
Corpus Christi, festas de, 102, 116
corroborrees australianos, 23
Cowper, William, 163, 171

Crapanzano, Vincent, 14n, 20, 22
cristianismo, 94-6, 310
  apelo a mulheres e pobres, 77, 82, 83, 92
  carnaval como meio para dar vazão ao comportamento extático, *veja* carnaval
  extático, 3-101
  falar em línguas (glossolalia), 87-91, 93, 119
  Igreja Católica, *veja* Igreja Católica
  incompatibilidade com religiões extáticas, 76, 94-6
  medieval, carnaval e, *veja* carnaval
  missionários e imperialismo, *veja* imperialismo europeu
  natureza socialista da Igreja primitiva, 96n
  protestantismo, *veja* protestantismo
  queda do paganismo e, 75
  regra de cobrir a cabeça, 85, 86, 94
  senso de comunidade duradoura e sobrevivência do, 93
  veja também Jesus
Cromwell, Oliver, 152, 157, 175, 211
Cuba, 203, 207, 214, 261, 301
culto "convulsionário" parisiense, 16-7
cultos de mistério da Grécia antiga, 63-4, 83, 92
cultura do consumo, 260, 302, 307-8
Cumont, Franz, 83
Cuvier, Georges, 194

"Dança do Sonho", culto dos índios menominis, 208
Dança dos Fantasmas, 209, 213, 310
dança sagrada (*ring-shout* ou dança circular), 12, 262

Darnton, Robert, 140
Darwin, Charles, 10, 29
Davenport, Morgan, 16
Davis, Natalie Zemon, 112, 168, 203
Debord, Guy, 303
"declínio da dança coral, O", 302
defesa contra predadores, grupo, 35-6, 42
Delumeau, Jean, 101
Deméter, 48, 64, 79
depressão, *veja* melancolia, epidemia de
desfiles militares, 220, 226, 232, 234-38, 240, 256, 301
Desmoulins, Camille, 232
deuses cananeus, 61-2, 63
Dia dos Inocentes, 101
diabo, *veja* Satanás
Diddley, Bo, 253, 261
Diodoro, 62
Dioniso (Baco), 48, 90, 95, 104, 110, 118, 119, 182, 310
   adoração a deuses semelhantes a, 51
   adoração a, em Corinto, 87
   como deus antibélico, 62-3, 78
   como deus democrático, 49
   descrição de, 54-5
   mênades (mulheres membros do culto) e menadismo, 49-56, 304, 305
   origem dos ritos dionisíacos, 55-7
   os judeus e, 79-83
   paralelo entre Jesus e, 76-8, 81, 82-3
   responsabilidade espiritual de, 48
   salvação pessoal e, 79
   supressão romana dos rituais extáticos, 64-5, 69-73
disciplina militar, 150-56
   armas e, 150-51
   dromedários e, 154

Dodds, E. R., 51, 55, 86
Donne, John, 157, 165
Doob, Penelope, 106
Dorsey, Thomas A., 263
drogas, 21, 270, 308
dromedários, armas e a arte da guerra, 154
Dunbar, Robin, 36, 42
Dürer, Albrecht, 159n
Durkheim, Émile, 11, 24, 170, 177, 221, 273
Duvalier, "Papa Doc", 310
Duvignaud, Jean, 302

Eagleton, Terry, 127
efervescência coletiva, 11, 24-5, 220
Eliade, Mircea, 30
Elias, Norbert, 141-42
Elizabeth II, rainha, celebração do jubileu da, 248
Ellison, Ralph, 264
Engelhardt, Tom, 195
Epstein, Leslie, 222
escravidão:
   imperialismo europeu e, 11, 195-96, 197, 198
   na América do Norte, 12, 113, 195-96, 197-204, 214, 262
   preservação de religiões e rituais extáticos, 204-7
   rebeliões, 207
espaço pessoal, noção de, 143-44
Espanha, epidemia de depressão na, 159
espelhos, descoberta do eu interior e popularidade dos, 168, 171
espetáculos fascistas, 219-49, 279
   audiência de, 225, 226-27, 245-47, 248-49

comparecimento obrigatório a, 244, 245-46
congressos de Nuremberg, *veja* congressos de Nuremberg, anuais
controle por meio do espetáculo, 239-49
descrição, 219-21
festivais da Revolução Francesa como protótipos para, 227-34
formas alternativas de celebração, desencorajamento de, 242
massas e, vistos por intelectuais, 221-24
paradas militares em posição de destaque nos, 219-20, 225-26, 240
programação dos, 244
espetáculos:
civilização moderna e, 303
esportes como, 273-98
fascistas, *ver* espetáculos fascistas
esportes e eventos esportivos, 258, 280
a torcida como espetáculo, 291-92
bares esportivos, 298
carnavalização de, 273-77, 280-98, 312
comercialização de, 275, 290
comida em, 282
demografia de idade dos torcedores, 291
estádios, 274-75, 276
expressões físicas de empolgação, 274
história dos, no Ocidente, 276-80
mascotes de times, 281
nacionalismo e, 279, 312
participação rítmica de torcedores, 279, 286-87, 292, 295-96
pintura em rostos, 285-86, 288, 289, 292, 295

rock e, 277, 292-96
sob ataque, 123
transmitidos pela televisão, 276, 290-92
uso de fantasias em, 276, 282-84, 288, 295-96
uso de trajes com cores do time, 281-82, 283-84, 288
ética do trabalho, 125, 193-94
etiqueta, 143, 169
Eurípides, 52, 54, 59, 62, 70, 78, 110
Evans, Sir Arthur, 50, 62
evolução, papel dos rituais extáticos na, 36-40
exércitos, disciplinamento de, 150-56
Êxtase religioso (Lewis), 95, 96
êxtase, derivação da palavra, 64

falar em línguas, 87-91, 93, 119
Faludi, Susan, 290-91, 292, 297
fantasias, 304
em eventos esportivos, 275, 282-84, 288, 295
em manifestações de protesto, 315
espetáculos militares e, 237-38
festivais de rock e, 266
na arte pré-histórica, 34
nos festivais da Revolução Francesa, 227
Feld, M.D., 152
Felipe III, rei da Espanha, 159
Fenn, Elizabeth, 203
Festa do Ser Supremo, 233
Festa dos Loucos, 101, 114-15, 119
festas de Corpus Christi, 102, 115
festivais equatorianos, 113
Festival da Federação, 232-33

festival Hogbetsotso, do povo Anlo-Ewe, 21n
festividades, 121-45
  civilização moderna e, 301-15
  epidemia de melancolia e supressão de, 124-25, 161, 165-66, 178-85
  imperialismo europeu e, 187-217
  renascimento das, possibilidade de, 299-316
  ritual vs., 30, 117
  secularizadas, *veja* carnaval
  supressão das tradicionais, do século XVI ao XIX, 121-45, 174-76, 178-85, 193
Ficino, Marsilo, 182
Fielding, Henry, 139-40
Fiorenza, E. S., 85
Fisher, Eddie, 253
flagelação, 108
Flechere, reverendo John William de la, 122
França:
  epidemia de melancolia na, 159
  espetáculos militares, guerras napoleônicas e, 237-38
  hino nacional, 236
  nacionalismo, 235-37
  revolta contra os impostos de 1548, 128, 130
François-Poncet, André, 220
Franklin, Aretha, 264
Frazer, James, 76
Freeman, Walter J., 40
Freke, Timothy, 83
Freud, Sigmund, 23, 25, 179, 224, 302
Fritzsche, Peter, 246
Fronto, 84

Full Witness Apostolic Church of Zion, 215
Furness, Clinton, 12
futebol, 123, 130-31, 273, 277-78, 278-79, 281, 287, 291, 293
  Copa do Mundo, 284, 285, 289, 296, 312
  feminização do fanatismo, 283n, 288-89

Galileu, 169
Gandy, Peter, 83
Garcia, Jerry, 268
Garfinkel, Yosef, 34, 45
Gaviões da Fiel, 286, 291
germânicos anabatistas, 211
Gillen, Frank, 10
Gilsenan, Michael, 155
Givant, Michael, 287
Glitter, Gary, 295
glossolalia (falar em línguas), 87-91, 93, 119
Goethe, Johann Wolfgang von, 119
Golden Bough, The (Frazer), 76
Goodman, Felicitas, 89
Goody, Jack, 153
Grace Abounding to the Chief of Sinners (Bunyan), 173
Grande Despertar americano, 86
Granet, Marcel, 44
Grateful Dead, 254, 267, 269, 271, 293
Graves, Robert, 62, 73
Gray, Thomas, 157
Grécia antiga, 44, 47-57, 59
  arte em vasos da, 47
  carismáticos itinerantes, 56-7
  cultos de mistério da, 63, 92
  deidades da, 47-57

Dioniso, *veja* Dioniso (Bacco)
   o drama na, 47, 49
   preparo militar e rituais extáticos, 51
   religião da, 47
Greenblatt, Stephen, 145
Gregório IX, papa, 102
Gregório Nazareno, 94
gregos e o irracional, Os (Dodds), 6
Grooming, Gossip, and the Evolution of Language (Dunbar), 36
Grupos:
   amor entre membros de, 25, 26, 38
   caça em, 43-4, 53
   defesa contra predadores, 36, 42
   vantagens evolucionárias de formar, 36-44
guerra baseada em armas, 150-54
   veja também militarismo
guerras napoleônicas, 235-36, 237
Guerras Púnicas, 69
Gurevich, Aron, 100
Guttmann, Allen, 273, 291
Gutwirth, Madelyn, 231

Habits of the Heart: Individuals and Commitment in American Life (Bellah), 309
Halloween, 313
Halmos, Paul, 302
Hambly, W. D., 13
Hau-hau, culto maori, 209
Havaí, missionários cristãos no, 190
hebreus antigos, 44-5, 62
   celebrações do Purim, 113
   judeus helenizados, Dioniso e Jesus, 79-83
Hecker, J. C., 109, 110, 183
Henderson, "maluco George", 287

Hera, 76
Hibbert, Christopher, 230
hierarquia social:
   influências sobre o ritual tradicional, 61, 304-6
   na Roma antiga, 65, 66
Hightower, Jim, 314
Hill, Christopher, 125
Hipócrates, 161
hippies, 21, 267, 268-69
Hispala, 71
histeria, 22, 28, 95, 96, 164, 179, 189
Hitler, Adolf, 219-20, 239, 240-41, 243, 244, 279
Holly, Buddy, 261
Homero, 46
homossexualidade, 71, 72, 605
   cultura gay, festividades da, 312-13
"hotentote", 17, 124, 299
Hsia, R. Po-Chia, 177
Huntington, Samuel P., 148
Hutton, Ronald, 100
Huxley, Aldous, 47

Igreja Católica, 170, 172
   a Inquisição, 102
   Carnaval e, 100-2, 112-17, 127, 131-32
   comunhão, 118
   confissão, 104
   Contrarreforma, 172, 231
   dança dentro de igrejas medievais, 105-11
   dramas eclesiásticos, 103, 112, 115
   espetáculos de massa medievais, 225
   guerra contra a dança, 103-11
   indulgências, 115
   libertinagem na, 126

missionários e imperialismo, *veja* imperialismo europeu
mudanças na Idade Média, 90, 103
purgando igrejas de comportamento extático, 99-111
sufismo comparado com o catolicismo, 148
veja também cristianismo; protestantismo
Igreja Reformada da Holanda, 172
igrejas de Santidade, 263
imortalidade, 79, 82
imperialismo europeu, 9-28, 187-217, 305
  ataque a religiões e rituais comunitários de nativos, 12, 16-8, 188-97, 212-17
  carnaval negro, 197-204
  escravidão e, 195-93, 197
  exportação da atitude cristão em relação ao emocionalismo, 188
  extermínio de nativos, 188, 194-95
  preservação de religiões e rituais nativos, 204-7
  revolução extática, 207-11
Império Romano:
  disciplina militar, 15-56
  espetáculos, 225
Índia, 44, 113, 196
índios menominis, 208
individualismo, 22, 243
  descoberta do eu interior, 166-72
indivíduo, noção do, 25
  descoberta do eu interior, 166-72
Inglaterra:
  armas de fogo durante carnaval na, 135
  ascensão do capitalismo na, 126
  church ales, 116, 123
  epidemia de depressão na, 157-58, 162-63
  espetáculos militares, 238
  esportes e torcedores na, 277-78, 280, 285-86, 296-97
  hooliganismo entre torcedores de esporte, 281
  imperialista, *veja* imperialismo europeu
  rebelião do rock na, 252
  repressão do carnaval na, 123
Inocêncio III, papa, 114
Inquisição, 102
interiorização, 171
interpretação do carnaval como válvula de escape, 127, 311
Irã, 312
irmandades Hamadsha do Marrocos, 20, 22
Ísis, 48, 67, 73, 79, 92
Islã, 310
  fundamentalista, 301
  movimento de Wahhabi para reformar o, *veja* wahhabismo
islâmicos, militantes, 148
isolamento, sensação de, 170, 178, 184
  religião e, 172, 173
Isoma, culto ritual do povo Ndembu, 20
Itália, espetáculo fascista na, 239-46

Jackson, Mahalia, 263
Jacobinos, 230-31, 232, 233, 236
Jagger, Mick, 261
Jamaica, 11, 192, 196, 199
James, William, 160, 165
Jamison, Kay Redfield, 166n
Javé, 45, 62, 73, 79
  como austero, deidade impessoal, 82

Dioniso, identificação com, 80, 81
Jesus como filho de, 74, 77
Jefferson Airplane, 252
Jensen, Grodon, 26
Jesus, 96
    apelo a mulheres e pobres, 77-8, 82, 83
    como carismático errante, 77
    como curador, 77
    como deus-vítima, 76
    como filho de Javé, 74, 77
    como operador de milagres, 77
    judeus helenizados, Dioniso e, 79-83
    morte do histórico, 82
    paralelos entre Dioniso e, 76-80, 81, 82-3
    salvação pessoal e, 78-9, 82
    veja também cristianismo
    vinho, associação com o, 77, 81
    visão hedonista da comunidade, 79
jitterbugs, 259
Johnson, Samuel, 158, 161n, 162, 165, 171
Joyce, Lillian, 52
judeus:
    festivais cristãos medievais e, 118
    hebreus antigos, *veja* hebreus antigos
Juneteenth, 264
junkanoo, 199, 203
Junod, Henri, 12
Juvenal, 66, 69

Keeping Together in Time (McNeill), 38
Kerényi, Carl, 81
Kimbangu, Simon, 213
Kinsbourne, Marcel, 40
Kinsman, Robert, 159n
Kirby, Jon P., 190

Krishna, 51
!Kung, rituais de cura de, 28, 29, 182
Kuper, Simon, 284
Kutcher, Louis, 281

Ladurie, Emmanuel Le Roy, 135, 139, 203
Lanternari, Vittorio, 209
Lawler, Lillian, 47, 55, 63
Le Bon, Gustave, 223-24, 227, 239
Lenin, Nicolai, 212
Lever, Janet, 279
Lévi-Strauss, Claude, 216
Lewis, I.M., 95, 184, 215
Lindholm, Charles, 25, 26-7, 221, 241
Little Richard, 254, 264
Lofland, John, 27
Lonsdale, Steven, 104
Love Parade, Berlim, 313
Luciano de Samósata, 86
Luís XIV, rei, 125, 235
luteranismo, 172
Lutero, Martinho, 131-34, 169

macabeus, 81-2
Mackenzie, John, 197
Mahmud II, sultão otomano, 155
Mair, Lucy, 210
manifestações antiglobalização, 314
Manual diagnóstico e estatístico de distúrbios mentais (4ª ed.) *DSM-IV*, 26, 164
marchas grupais, 235
Marcião, 90-1
"Marseillaise, La", 236
Marte (deus da guerra), 64
Martin, Linda, 252, 265
Martyr, Justin, 84
Marx, Karl, 309

máscaras, uso de, 134, 168, 306
  em eventos esportivos, 282
  na arte pré-histórica, 34
  proibição do, 122
mastro, 121, 126, 131, 136, 147, 228, 231
Maurício de Nassau, 151-53, 235
Maximila, 91
McNeill, William H., 38, 99n, 151, 221
Meeks, Wayne A., 90, 91
Mehmet Ali Pasha, 155
melancolia, epidemia de, 157-85, 307, 308
  declínio em oportunidades para prazer e, 161, 166, 178-85
  descoberta do eu interior e, 166-72
  disseminada pela Europa, 157-59
  historicamente, 162-63
  perda da cura para, 179-85
  religião e, 172-77, 178
  suicídio e, 157, 160, 163, 164, 179
Melville, Herman, 10
Mesopotâmia antiga, 44
Métraux, Alfred, 22, 205, 302
Mical (filha do rei Saul), 61
Michelet, Jules, 178, 233
militarismo:
  na cultura romana, 64, 72-3
  rituais extáticos, influências sobre a prática do, 61-2
Miller, James, 254, 267
Miller, reverenda Darlene, 89
Mirabeau, 232
mistérios de Jesus, Os (Freke e Gandy), 83
Mitras, 48, 79, 83
mobilidade ascendente, 168
modernização, 178
montanistas da Frígia, 91-2
Montano, 91

Moorehead, Alan, 216
Moritz, Karl Philipp, 159
Morris, Desmond, 282, 284, 286, 289
Morrison, Jim, 253
Mosse, George L., 226
movimento pelos direitos civis, 264
movimento Watchtower, versão africana do, 213
movimentos de protesto, elementos de carnaval em, 314
movimentos milenares, 102, 208, 210
Muir, Edward, 140
Music Journal, 266
música clássica, 144
música gospel, 261, 263
Mussolini, Benito, 239, 240-41, 242, 243-44, 279
Myerly, Scott, 235, 236-37

nacionalismo, 234, 235-37
  espetáculos fascistas como demonstrações de, 239-49
  eventos esportivos e, 279, 312
Namaquas da África do Sul, 193
Natal, 199, 200, 241
Nepos, Cornelius, 65
neurociência, 19, 40, 256-57
neurônios-espelho, 39-40
Nietzsche, Friedrich, 48, 184
nobreza, *veja* classe alta
Nova Guiné, 13
Nxele, 192

O mal-estar na civilização (Freud), 25
Oakland A's Drummers, 289-90
obeah, 204, 207, 213
"Ode à melancolia", 162
Oesterreich, T. K., 14, 17

"ola" (por torcedores), 286, 292
Olmsted, Frederick Law, 12
Oppenheim, Janet, 171
oráculo de Delfos, 90
oreibasia (dança de inverno), 49-50
Orígenes, 91
orpheotelestae, 56
Osíris, 76
Otto, Walter, 54
Ovídio, 51
Ozouf, Mona, 136, 230, 231, 234

Pan, 75, 76, 104
papel limiar de rituais extáticos, 21, 33, 34-5, 268
Paulo:
    carta aos coríntios, 85, 87, 88, 93-4
    e o dom de falar em línguas, 8-9, 90, 91
Pausânias, 50
pentecostaliso, 263
Penteu, 59, 77, 304, 305
peregrino, O (Bunyan), 173, 175
Perto das trevas (Styron), 164-65
Pítia, 90
Plínio, o Jovem, 70
Plutarco, 50, 75
Polinésia, 14
Pôncio Pilatos, 77
Popolo d'Italia, Il, 245
Portefaix, Lillian, 53
Porter, Roy, 162
possessão por uma deidade, *veja* transe, estado de
povo Azande, da África, 11
povo Ba-Ronga, Moçambique do sul do, 12
"prazeres da melancolia, Os", 162

predadores, grupo como defesa contra, 36, 42-3
presbiterianismo, 172
Presley, Elvis, 253, 258, 261, 264
Prester John, 13
Price, Robert M., 81
primitivos, veja "selvagens", ideia europeia de
Priscila, 91
processo ritual, O (Turner), 20-1
protestantismo, 123, 257, 301
    calvinismo, *veja* calvinismo
    imperialismo e exportação do, *veja* imperialismo europeu
    Reforma de Lutero, 131-34, 169, 172
    Wahhabismo e Reforma, paralelos entre, 147-49
Psicologia das massas (Le Bon), 223
psicologia, 22-7
    do comportamento de massa, 223-24
públicos espectadores:
    a rebelião do rock e os, 251-60, 264-65
    em eventos esportivos, 273-98
    multidões comparadas a, 226-27
    para espetáculos fascistas, 225, 226-27, 245-47, 248
Publius Aebutius, 71
puritanos ingleses, 173, 175
Putnam, Robert D., 309

Raboteau, Albert, 262
raízes arcaicas dos rituais extáticos, 33-57
raízes pré-históricas dos rituais extáticos, 33-57
rebelião do rock, 251-71, 311
    a contracultura e a, 266-68, 312

ÍNDICE

festivais de rock, 266-67, 271, 304
oposição à, 21-2, 265-69, 305
espectadores de eventos esportivos e a, 277, 292-96
transformação do rock em mercadoria, 269-70
recrutamentos militares, 152, 154, 220, 235
Reforma protestante:
calvinismo, *veja* calvinismo
de Lutero, 131-34, 169, 172
"religiões orientais", 67, 76, 83, 86, 92, 93
Rembrandt, 167
Renascimento, 129, 159n
representação de papéis, 169, 171
Revolução Francesa, 136, 137, 211-12, 236, 240
comportamento das massas e, 223-24, 239-40
Festa do Ser Supremo, 233
festivais da, como protótipos para espetáculos fascistas, 227-34
Festival da Federação, 232-33, 303
Rhys, Jean, 178
rhythm and blues, 264
Ribeiro, Cláudio ("Cotonete"), 289
Riefenstahl, Leni, 225, 245
ring-shout, 12, 262
ritos aborígines, 30
Ritos de sangue (Ehrenreich), 31
rituais marroquinos islâmicos, 182
ritual vs. festividade, 29-30, 117-18
Robespierre, Maximilien, 211, 233
Robin Hood, 128
"Rock and Roll Part 2", 295
Rogers, Nicholas, 313
Rolling Stones, 222, 252, 294

"Rolling Thunder" eventos, 314
Roma antiga, 48
ameaça política dos cultos "orientais", 68-9, 70
cristianismo primitivo na, 76, 83-97
cultura militarista, 64, 72-3
homossexualidade, atitude em relação à, 71, 72, 305
religião oficial, 66-7
repressão a rituais extáticos, 64-74, 304
Romans, França, carnaval em, 128, 129
Roraffe, costume dos habitantes de Estrasburgo, 132
Rosenberg, Josh, 289
Rousseau, Jean-Jacques, 159, 228, 235

Sabázios, 83
sacrifício de animais, 67
Saint-Just, Louis de, 211-12, 230
Samarin, William, 88
samburu, homens do Quênia, 41
santeria, 199, 204, 207
Santo Estêvão, Dia de, 106, 112
São João, Dia de, 106
Sass, Louis, 167
Satanás, 104
comportamento de massa e, 224
saturnálias romanas, 65, 113, 199
Saud, Muhammad ibn, 149, 153-54
Savonarola, Girolamo, 131
Schechner, Richard, 29n
Scribner, Bob, 133, 134
Segal, Charles, 305
Segrave, Kerry, 252, 265
"selvagens", ideia europeia de, 9, 16, 18, 193, 194, 224, 266, 305
veja também imperialismo europeu

Sennett, Richard, 255
sexo, 15
  homossexualidade, 71, 72
  passividade da mulher, 258
  preferência sexual, dança e rituais extáticos, 41-2
  psicologia freudiana, 23, 179, 302
  rebelião do rock e, 257
  revolução sexual, 271
  rituais extáticos incluindo, 23
Shakespeare, William, 118, 169
sharia, 22, 147
Shirer, William, 219-20
Shiva, 80
sítios arqueológicos palestinos, 44
Smith, Adam, 181
Smith, Morton, 80, 81, 82
Sociedade Bíblica da Basileia, 17
Sociedade Missionária Londrina, 197
sociedade, surgimento do conceito de, 171
sociologia, 27
Solomon, Andrew, 159
Somália, celebrações terapêuticas na, 183-84
Speer, Albert, 220
Spencer, Baldwin, 10
Springsteen, Bruce, 261
St. Blaise, festividades do Dia de, 128
St. Eluned, Dia de, 105-6
Stallybrass, Peter, 123, 131, 179
Starace, Achille, 242
Stern, Katherine, 259n
Stewart, Rollen ("Rock 'n Rollen"), 282, 292
Stoeltje, Beverly, 190
Stoler, Ann, 18
Styron, William, 164-65

subjetividade, ascensão da, 166-72
sufismo, 148, 155, 301
suicídio, 157, 160, 163, 164, 170, 177
Suryani, Luh Ketut, 26

Tahiti, 10, 188, 216
tambores, uso de, 13, 20, 202, 213-14
  em eventos esportivos, 289
  na Grécia antiga, 48, 56
tarantela, 110, 111, 182
Taussig, Michael, 15
Taylor, Frederick Winslow, 151
teatro, 168, 169, 256
técnicas do êxtase, 30
Tertuliano, 90-1, 92
Teseu, 46
Thompson, E. P., 116, 125, 130
Tibério, imperador, 73
Tiryns, mito das três princesas de, 56
Tito Lívio, 70, 71, 72
Toland, John, 244
Tolstói, Léon, 160
Touched with Fire (Jamison), 161n
tradição haitiana do vodou (vudu), 22, 199, 204, 205-6, 207, 213, 262, 310
tragédia grega, 47
Trajano, imperador, 70
transe, estado de, 14, 28, 91, 204-6, 209
  e o falar em línguas, 87
  mênades gregas e, 50
  possessão por uma deidade, 97, 108, 205
transtorno de despersonalização, 26
Tratado de melancolia (Bright), 159
travestismo, 112, 202-3, 230, 306
Trilling, Lionel, 166, 168, 169
Trinidad, 11, 201-3, 202, 203-4, 207, 213-14, 303

triunfo da vontade, O, 225-26, 245
Tuan, Yi-Fu, 169, 170
Turner, Victor, 20-2, 24, 29, 34, 35, 37, 51, 266, 268
Twycross, Meg, 138

Ucrânia:
  peregrinação chassídica a Uman, 312
  Revolução Laranja na, 303
Uganda, ritual cristão em, 182
uniformes militares, 237-38
urbanização, 129, 178

Vecsey, George, 287
Velho Testamento, 45
Vellacott, Philip, 54
vida após a morte, promessa de, 79, 82
Vincent, Ted, 278
Violência:
  do comportamento de massa, *veja* comportamento das massas
  do menadismo, 52, 55
  em eventos esportivos, 281
  perigos do carnaval, 127-37
visão funcionalista dos comportamentos extáticos, 19-20
vodou (vudu), 22, 199, 204, 205-6, 208, 213, 261-62, 310

Wahhab, Muhammad ibn Abd al-, 147, 149, 150
Wahhabismo
  ibn Saud e o, 150, 153-54
  paralelo com a Reforma Protestante, 147-49
Walzer, Michael, 134, 211
Warton, Thomas, 162
Weber, Marianne, 176-77
Weber, Max, 65, 95, 96, 125, 126, 156, 160, 174, 176-77
Weir, Bob, 193
White, Allon, 123, 131, 179
Wilson, Bryan, 210-11, 215
Womyn's Music Festival, 313
Wounded Knee, 213

xamãs, 89, 184
Xangô, 204

Yup'ik, povo do Alaska, 189

Zagreus, 53
Zerzan, John, 306n
Zeus (Júpiter), 74, 76, 77, 79, 80, 81

Este livro foi composto na tipologia
Aldine401 BT, em corpo 11,5/16, e impresso
em papel Offwhite 80g/m² no Sistema Cameron
da Divisão Gráfica da Distribuidora Record.